世界一やさしい
日経225先物の教科書1年生

ジョン・シュウギョウ

ソーテック社

ご利用前に必ずお読みください

本書は株式売買、投資の参考となる情報提供、技術解説を目的としています。株式売買、投資の意思決定、最終判断はご自身の責任において行ってください。

本書に掲載した情報に基づいた投資結果に関しましては、著者および株式会社ソーテック社はいかなる場合においても責任は負わないものとします。

また、本書は2020年1月現在の情報をもとに作成しています。掲載されている情報につきましては、ご利用時には変更されている場合もありますので、あらかじめご了承ください。

以上の注意事項をご承諾いただいたうえで、本書をご利用願います。

Cover Design & Illustration...Yutaka Uetake

はじめに

❶ 先物の解説書の歴史をやさしく塗り替えたい

タイトルから大げさだな……と思うかもしれませんね。

しかし、タイトルを見てこの本を手に取ったあなたは、間違いなく日経225先物に興味を持っていることでしょう。

違うといっても、少なくとも投資には興味を持っているはずです。

❷ 「先物取引」といったらどんなイメージを持ちますか？

「何のことかさっぱりわからない」から、「少しは知っているけれどギャンブルみたいなものでしょ」まで、さまざまだと思います。これは、私が信用取引と空売りに関する本「世界一やさしい 株の信用取引の教科書1年生」（ソーテック社刊）を出す前にもよくいわれたことです。「信用取引で、資金の3倍を使って株価が下がるときに利益をあげることができる」この怪しさ満載の文章を誰にでもわかるように解説して、「信用取引のイメージが完全に変わりました」という評価をたくさんいただきました。

しかし日経225先物取引となると、その怪しさは、さらに数十倍に倍増します。

「20倍以上のレバレッジで変動幅の100倍利益を出せる」「それでもって銘柄選びは必要ない」「銘柄は日経の動きひとつだけ」どうでしょう？　何もわからずに聞くと、信用取引なんか比べ物にならないほど怪しいものです。

ところが、本書の1時限目まで読んで、ここに戻ってきてみてください。この話が、なるほど！　と納得できるはずです。

❸ 初心者から中級以上の人まで、再入門にも適した構成

本書は日経225先物の入門書ですが、先物の入門書でもあります。理由は、先物の概念をしっかり覚えてもらうことからスタートしているからです。また「**入門書といいながらも、中・長期で利益を取っていくスイング戦略から、数秒単位で取引を完結するスキャルピングと呼ばれる領域までカバー**」しています。この1冊があれば、初心者レベルから中級以上の実力がつくまで、十分活用できるように構成しました。しかも、曖昧なところは何ひとつ残さず、「いくらで買って

いくらで売る」か、10円単位まで詳細に説明しています。そんなことが本当にできるのか？　それはぜひ自分の目で読んで、自分の手を動かして納得いくまで試してみてください。

必要なところだけをつまんで読むより、できることなら順番にそってひととおり全部読んでみてください。いつの間にか先物について説明できて、取引までできる自分を発見することができます。

本書の企画が進む間に、私たちが口をそろえて言ったのは「これは先物テキストの歴史を塗り替えるかも」でした。そうです、本書の目標は「参考になさってください」ではなく、「**歴史が刻まれる瞬間への招待**」です。

わくわくするこの瞬間、最後まで一緒に旅してください。

ジョン・シュウギョウ（J.Jung）

目次

1時限目 「日経225先物」を正しく理解しよう

2時限目 「日経225先物」取引を開始

3時限目 「日経225先物」勝ちの戦略 取引全体の概要を覚える

4時限目 「日経225先物」中・短期の勝ち戦略

5時限目 ファンダメンタルズ分析の実践

6時限目 実践 スイングトレードの戦略と売買ポイント

7時限目 「日経225先物」短期の勝ち戦略

0時限目

まずは先物を理解しよう

「日経225先物」が
続かないのは、先物
がわからないから。
まずは先物を
しっかり理解するこ
とからはじめよう！

01 ようこそ「日経225先物」の世界へ！

1 「日経225先物」の前に「先物」を理解する

これからみなさまを日経225先物取引が持つ計り知れない魅力の世界に案内します。いつものとおり息を吸う暇もないので、しっかりとシートベルトを締めてください。それでは早速、日経225先物の取引について……といいたいところですが、ちょっと待ってください！

この本は「**〝日経225先物〟の前に、まず〝先物〟を理解することからはじめます**」。日経225先物の本なのに、先物が先って、なんで？　と思う気持ちもわかりますが、ちゃんと理由があるので1回耳を貸してみてください。

2 なぜ先物が先？

「先物が先」って、面白くもないダジャレみたいですが、では、逆に私から真面目な顔で聞きましょう。３行くらいで説明してください。

Q1 「先物」とは何ですか？

この質問にすぐ答えられる人は、０時限目は必要ないので飛ばしていただいても大丈夫です。早速飛ばそうとするアナタ、ちょっと待ってください。次の質問まで答えてみてください。

Q2 先物の目的とメリットは？ つまりなぜ先物が必要ですか？

この質問の答えもすぐ言えるなら、本当に飛ばしても大丈夫です。

難しいと感じる人は、ここからの解説を読んで理解するようにしてください。

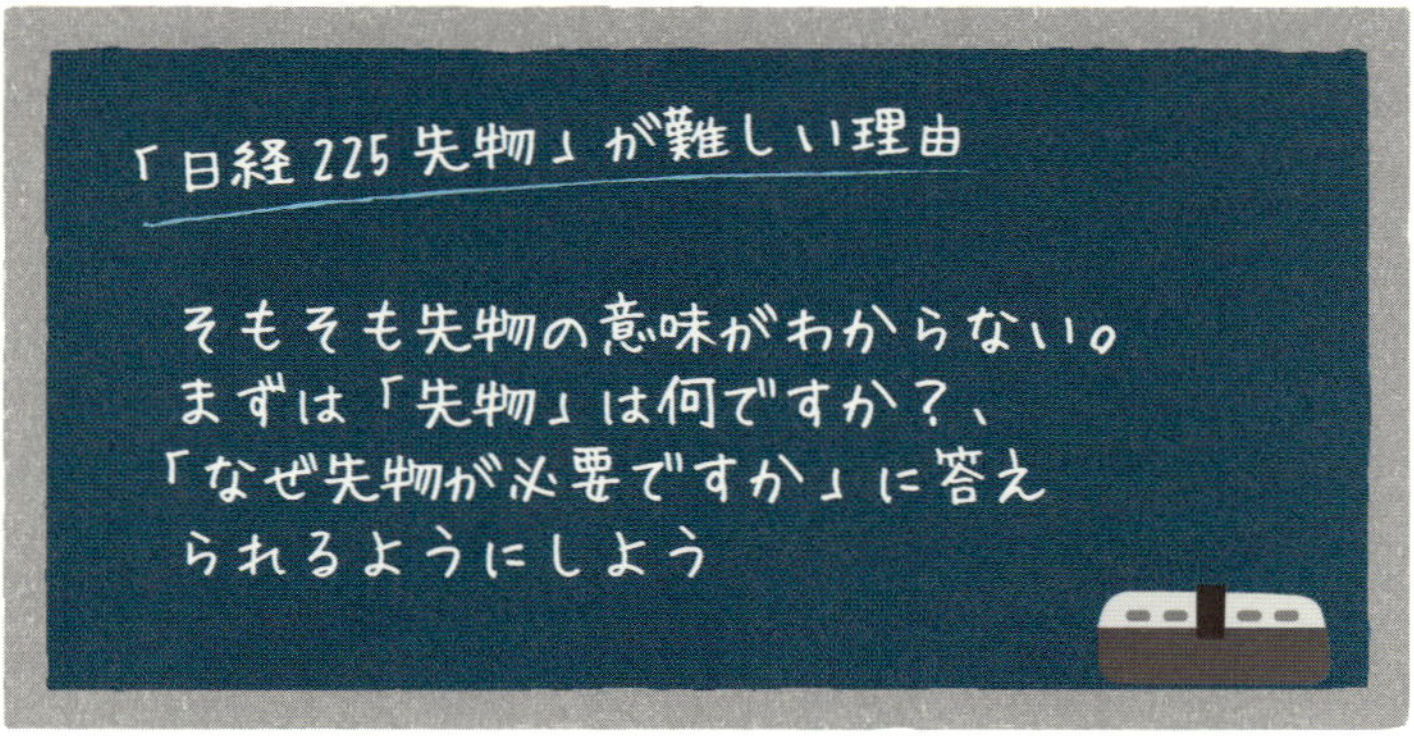
「日経225先物」が難しい理由
そもそも先物の意味がわからない。
まずは「先物」は何ですか？、
「なぜ先物が必要ですか」に答えられるようにしよう

3 日経225先物をはじめられない理由の半分は「先物」

自慢ではありませんが、著者としてのデビュー作「世界一やさしい株の教科書1年生」は、わかりやすさと実践できるということで高い評価をいただきました。発売当初から読者から届くコメントやリクエストで多かったのが「日経225先物に関してもわかりやすく解説した本」を出版してほしいというものでした。

しかし本屋さんに足を運んでみると、日経225先物に関する本はすでにたくさん出版されています。不思議に思った私は、リクエストをくれる読者に会う度にアンケートをとってみました。

「どうして日経225先物に進むことができないのですか？」

驚くことに半数以上の人は「まず先物が理解できず、日経225指数先物たるものに進む前に〝先物〟の段階で挫折している」ことがわかりました。たしかに、先物もわからないのに、なおさら〝指数の先物〟なんてわかるはずがないですね。だから先物を先に理解しておかなくてはいけないのです。

4 先物もわからないのに「指数先物」なんてもっとわからない

なるほど、早速調べてみると、先物の説明と同時に日経225の説明もしてしまうので、頭の中で混乱するようなことがよくありました。これはたしかにわかりにくい。掛け算は足し算の繰り返しだよ、と教えてもらったけれど、足し算がわからないというようなもの。

専門用語は不思議なもので、知っている人にとってはあたりまえで「今さら何を？」という感覚ですが、わからない人には何を言われてもわからないものです。

そこでいろいろな方法を試した結果、先物の概念を先にしっかり理解してもらってから日経225先物を説明するのが、遠いようで、実は一番早い道だということがわかりました。

ということで、本書はまず先物の概念をしっかり理解するところからはじめます。日経225の理解が早まることのほかに、このアプローチのもうひとつのメリットは、原油、金や銀など商品先物の概要も一気にわかるようになるということです。

● 先物を先に理解すること

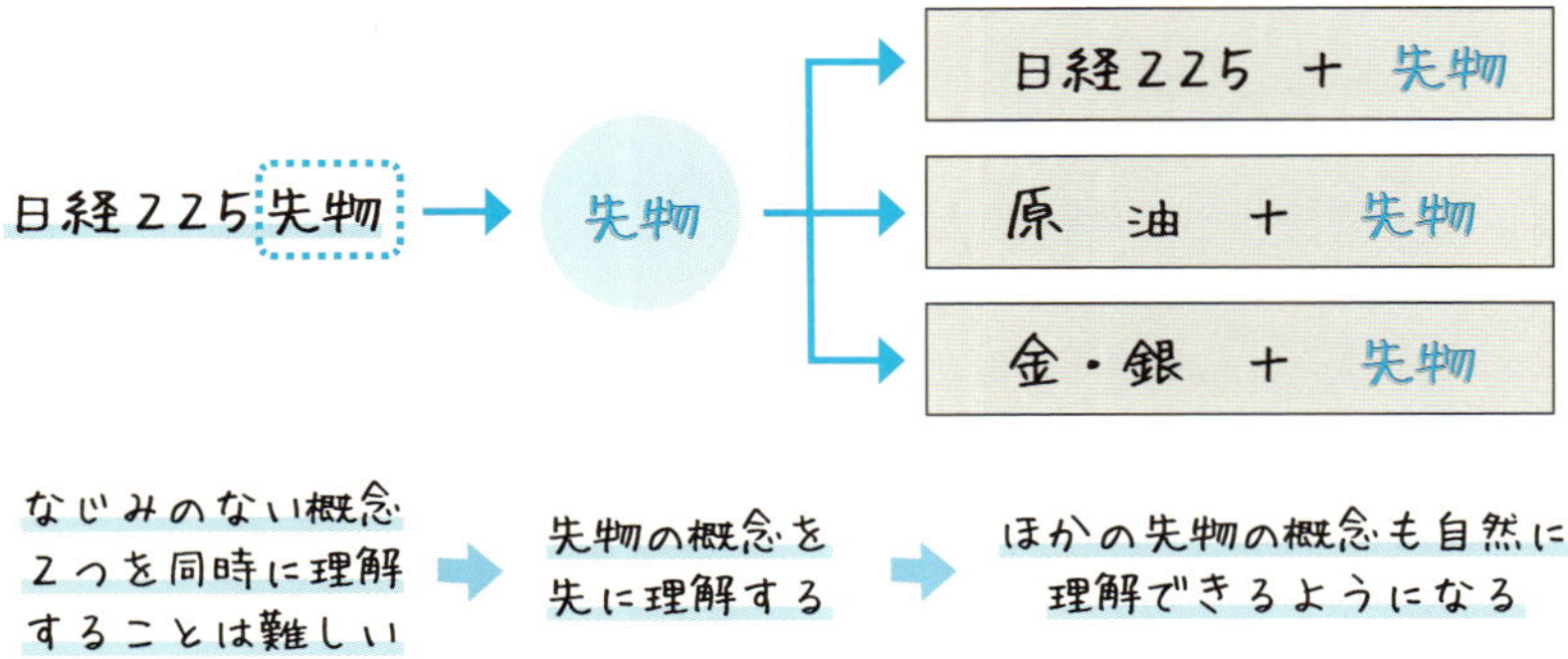

02 今のうちに価格を固定しておくのが「先物」

1 ストーリー❶

中小デパートのバイヤーとして就職した秋山くん、4月早々先輩から特命がくだる

秋山くんのデパートでは、昨年、新潟のお米職人「神米農場」のお米を10キロあたり1万円で仕入れて1万5000円で販売しました。品切れになるほどの人気で、1000キロしか仕入れできなかったのを社長が悔しがっていました。そこで先輩からの指令です。

「今年は秋山くんに任せるので、2000キロ仕入れるようにがんばって！」

お米の仕入れなんて経験ないですけど……、なんて言ってる状況じゃありません。

早速、秋山くん、現地に飛んで頑固そうな神米農場さんと交渉です。お米ができあがる9月まではまだ5カ月あります。まだ米粒すら見えない状態でどうやって仕入れの交渉をしたらい

いのか頭をひねります。

ここで秋山くんにひとつのアイデアがひらめきます。

「お米ができあがらないうちに、今、買う予約をしてしまうのはどうか？」

秋山くん、早速交渉をはじめます。

秋山くん、神米農場さんに去年と同じ値段を提示しました。10キロあたり1万円で9月の末日にお米を買う約束を取りつけます。

2 物が見えてから値段が上がるのはあたりまえ

いいお米ができあがってからなら、誰が見てもいい品物だというのがわかります。当然、ほかのバイヤーも飛びつくはずです。競争が激しくなるので値段も上昇します。10キロあたり1万円で仕入れるはずだったのが1万2000円、1万

● 新米バイヤー秋山くんの挑戦

❶9月に収穫するお米を今のうちに、
❷10キロ1万円で買う予約をしておきたいです。
いいよ。でも、お米のできがよくなくても、ちゃんと買い取ってね。
米
秋山くん
神米農場さん

3000円とドンドン値上がりして、ついには販売予定価格の1万5000円も超えてしまうとビジネスとしては成立しません。

そこで登場するのが「お米を先に買い取る約束(契約)」です。難しいことは何ひとつなく、この**「買い取る約束(契約)のことを〝先物〟」**と呼びます。先物の定義がわかったので、同じ図を使って、先物特有の用語を覚えましょう。

「実際の代金とお米の交換をする期限(9月)のことを〝限月《げんげつ》〟」(❶)といいます。また**「9月に買い取る金額を表す1万円は、〝約定価格《やくじょうかかく》〟」(❷)**と呼びます。

「限月」とさらっと言ってしまいましたが、馴染みのない言葉なので、もうちょっとわかりやすくお話ししましょう。

限月とは読んで字のごとく、「期**限**となる**月**」のことです。お米は9月に収穫されるので、それよ

● **新米バイヤー秋山くんの挑戦に先物の用語を重ねてみる**

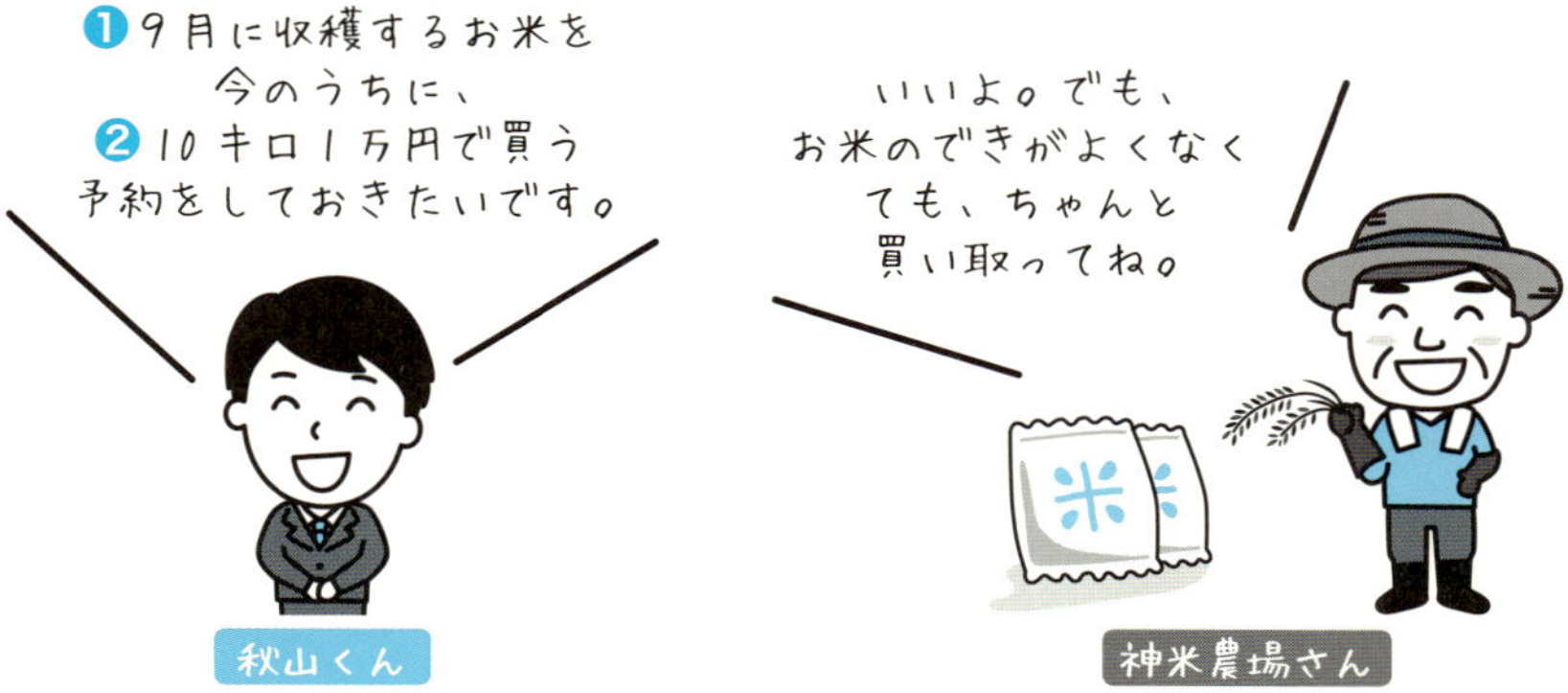

❶9月 ➡ 限月 商品を最終的に決済しなければならない期限

❷1万円 ➡ 約定価格 売買契約を締結する価格

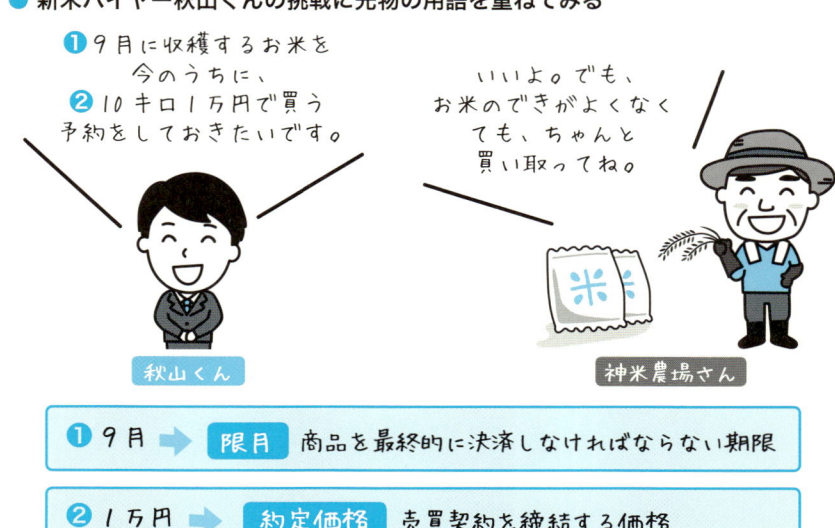

り先まで先物を持っていることができません。何もない畑で一人でボーッとお米ができあがるのを待つことはできないですね。つまり、9月末日が収穫日と決まっていれば、それにあわせてお米と代金を交換して決済をしなければなりません。この場合、このお米の先物は「**〝9月が限月〟の先物、略して〝9月物〟**」と呼びます。

同様に、すでに9月を迎えているので、新たに先物を契約することもできません。期限をすぎているからです。では、どうすればいいでしょうか？　次のお米ができるのは来年の9月になるので、新たに来年9月を限月とする先物を設定して買い取ることになります。この場合は「**20XX年9月物**」になります。

「**限月は、先物で〝銘柄〟としての役割を果たす大事な概念**」なので、少しくどいくらいお話ししました。限月が銘柄になるということは、今はわからなくても大丈夫です。あとで詳しくお話しします。

3 お米ができる前に買う契約

概略はわかったので、もうちょっと正確な言葉で整理してみましょう。「**先物とは、将来の一定時期に受け渡す条件で売買契約をすること**」を指します。または、売買契約の対象になるその商品を先物と呼ぶ場合もあります。この場合はお米のことですが、本書では「**売買契約を交わす、またはその契約自体を売買することを先物と定義**」して話を進めます。

先ほどの24頁の図は簡単な会話のようですが、先物の大事な概念がすべて入っています。まず、「**9月という期限**」（限月といいましたね、覚えていますか？）を決めていること、そして「**10キロあたり1万円という価格条件**」も提示されています。高くなるはずのものを先に押さえておく、ここまでくると先物というのはいいことばかりのように見えますが、実は神米農場さんの言葉に先物のリスクが隠れています。どこかわかりましたか？

先物のリスクとは？

そうです。「**できがよくなくても**」という部分です。「**予想に反してお米のできがよくなければ、1万5000円の売値はつけられないかもしれません。場合によっては買った値段の1万円を割り込むことすらあります。しかし1万円で買い取る契約をしたので、9月になったらその値段で買わざるを得ません。これが先物で認識しておくべきリスク**」です。

それでは、先物についてさらに押さえておくべき概念を理解したうえで、「先物で得をする、損をするということはどういうことなのか」、詳しく見ていくことにしましょう。

4 ただで先物はもらえない、契約に必要なこと

売ってもらえる約束を取りつけたので、秋山くんは胸を張って本社に戻ればいいのでしょうか？　ここで「はい」と答えたら、ダメですよ。先物の契約にはさらにいくつか決めるべきこと

があります。これは常識から考えてもすぐわかることです。

❶ 取引の単位と数量を決める
取引単位と取引枚数

最初の交渉では単価と受け渡す日程を決めましたが、どれくらい買いつけるかは決まっていませんでした。取引なので、これは当然必要なことです。

神米農場さんが3000キロを収穫予定していて、100キロを1口（枚）にして取引したいと言っています。そこで秋山くんは20枚（2000キロ）お願いします。「**〝100キロを1口〟のように、取引する際に必要な最小の単位を取引単位**」（❸）といいます。通常、1枚と呼びます。

100キロ1枚の取引単位の場合、ここでは20枚を買っています。「**この場合の20枚を〝取引枚数〟**」（❹）と呼びます。

まとめると、次のような契約になります。

● **お米の先物には取引枚数が必要**

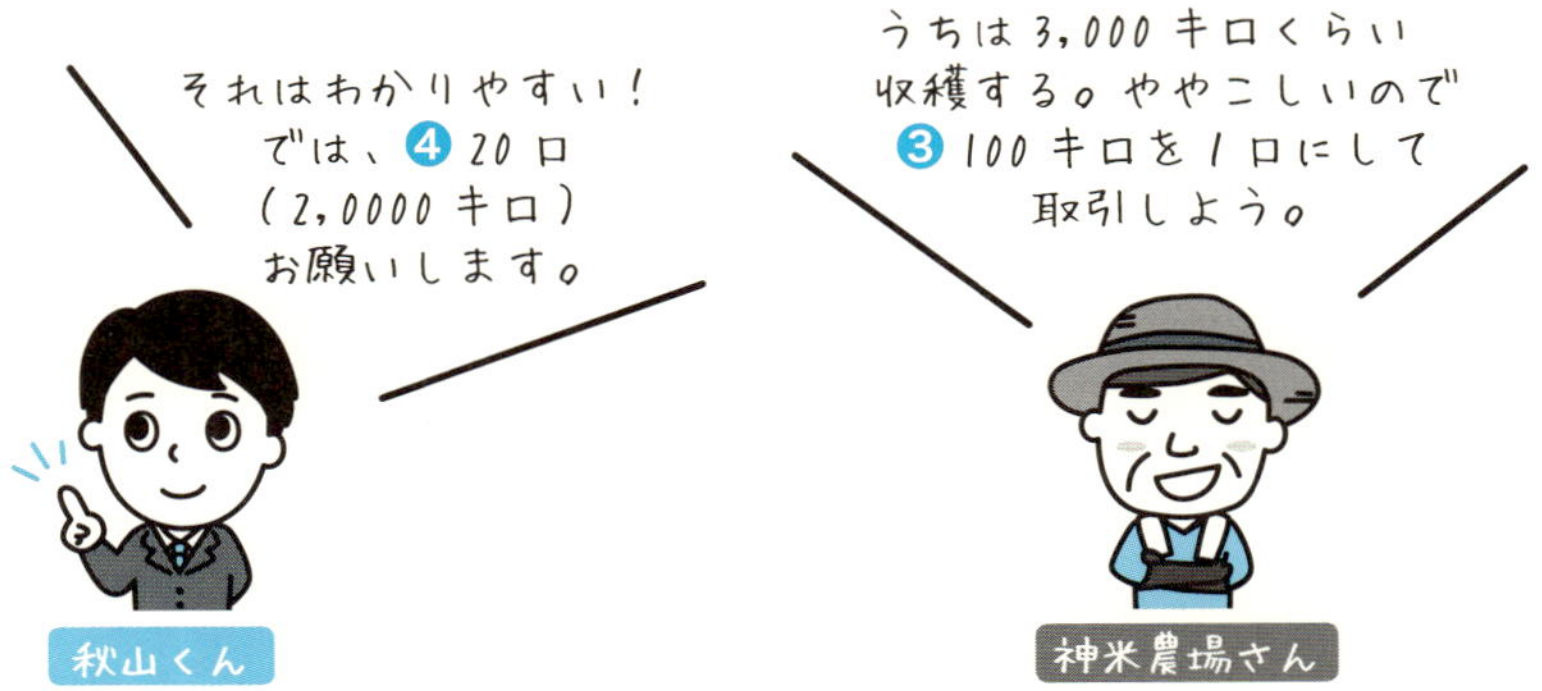
それはわかりやすい！
では、❹20口
（2,0000キロ）
お願いします。
うちは3,000キロくらい
収穫する。ややこしいので
❸100キロを1口にして
取引しよう。
秋山くん
神米農場さん

❸100キロを1口 ➡ **取引単位** 取引する場合の1口あたりの数量「枚」

❹ 20口 ➡ **取引枚数** 取引する場合の売買の枚数（ここでは20枚）

100キロを1枚とするお米の先物を20枚買う

❷ 取引の担保金（証拠金）の決定
金額の決定と支払い

これで契約は無事成立！　何の問題もないように思えますが、実はもうひとつ大事なことが残っています。神米農場さんはこの契約を確かなものにするため、担保金をもらう必要があると考えています。収穫する3000キロのお米のうち2000キロは、秋山くんのデパートの予約が入っています。

とはいえ、期限をすぎて取引が成立しないと新たな取引相手を探さないといけないといったリスクもあります。「**取引に必要な担保金を〝証拠金〟**」といいますが、ここでは10キロあたり1000円の証拠金をリクエストしています（❺）。

秋山くんがこの契約を成立させるために用意すべき証拠金の総額はいくらでしょうか？　難しい問題ではないですね。

1000円（証拠金）×（2000キロ（取引数量）÷10キロ）＝20万円

「新規の先物取引を成立させるために必要な証拠金の総額20万円を〝委託証拠金必要額〟」（❻）と呼びます。

これは少し難しい言葉なので、説明が必要ですね。先物取引のみならず、FX取引のように「**担保金を預けてそれに基づいて取引を行うことを〝証拠金取引〟**」といいます。つまり、「**担保金のことを証拠金という**」とだけ覚えてください。

10キロあたり1000円の証拠金が設定される場合、10キロで1万円の買い取り価格を想定しているので、「証拠金率は10％」になるわけです。

秋山くんが預けて（委託）おくべき証拠金の総額は、証拠金1000円に総取引数量を掛けた金額になり、単純に「**委託証拠金必要額**」と呼びます。「**この先物の契約をほしい数量分したければ、これだけのお金が必要ですよ**」ということです。

これで秋山くんは無事にお米の先物契約を締結することができました。あとは9月まで天候が順

● **担保金（証拠金）の設定**

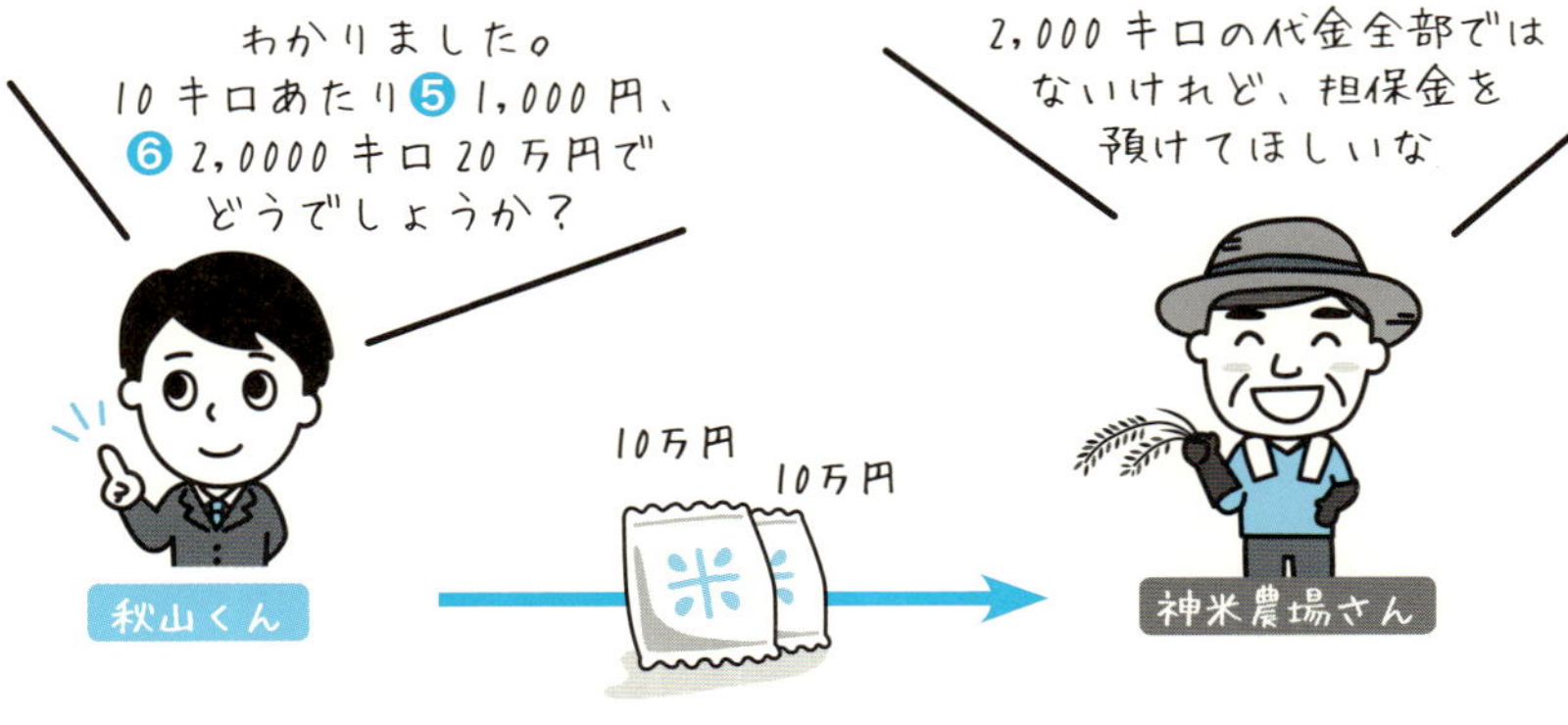

わかりました。
10キロあたり❺1,000円、
❻2,0000キロ20万円で
どうでしょうか？
2,000キロの代金全部ではないけれど、担保金を預けてほしいな
10万円
10万円
米
秋山くん
神米農場さん

❺1,000円 ➡ 証拠金　先物の取引で必要になる担保金

❻20万円 ➡ 委託証拠金必要額　新規の注文を出すときに必要になる金額

調でお米のできがよくなることを祈るだけです。

先物の概要はわかったので、今度は先物で得する、損するなど、損益が発生するしくみについて考えてみましょう。

5 先物で得する、損するとは？

いよいよ9月になりました。秋山さんが先輩に褒められ、会社の収益に貢献できるのはどんな状況でしょうか？　1万円で買い取ったお米を1万円で売っては意味がないですね。

お米のできがよく、先物で買い取った価格より高く売ることができれば、「先物によって得した」ことになるのは明白です。たとえば、9月に約束どおり10キロあたり1万円を支払ってお米を受け取りましたが、市場では人気があって2万円でも売れるとしましょう。この場合、秋山くんは10キロあたり、1万円も得することになります（次頁の図右上）。

反対に、今年は天候不順で思ったほどの品質にならず、市場では5000円でやっと売れる状態になった場合を考えてみましょう。1万円で買い取ったので、10キロあたり5000円の損失を被ることになります（次頁の図右下）。

このように先物で利益が発生するとは、期限（限月）を迎えて、実際に受け取ったもの（お米）の品質がよく、市場価値が上昇することを意味します。もちろん反対の場合は、損失を抱えることになります。

これで、先物の契約を締結して期限を迎えながら決済を行い、市場で利益を得るまでの一連のプロセスを把握しました。これで先物の概念はばっちりですね。

しかし、実は先物にはもうひとつ利益を得る方法があります。次節のストーリーで、その例と先物の詳細まで飛び込みましょう。

● 期限を迎えてから損益が決まる

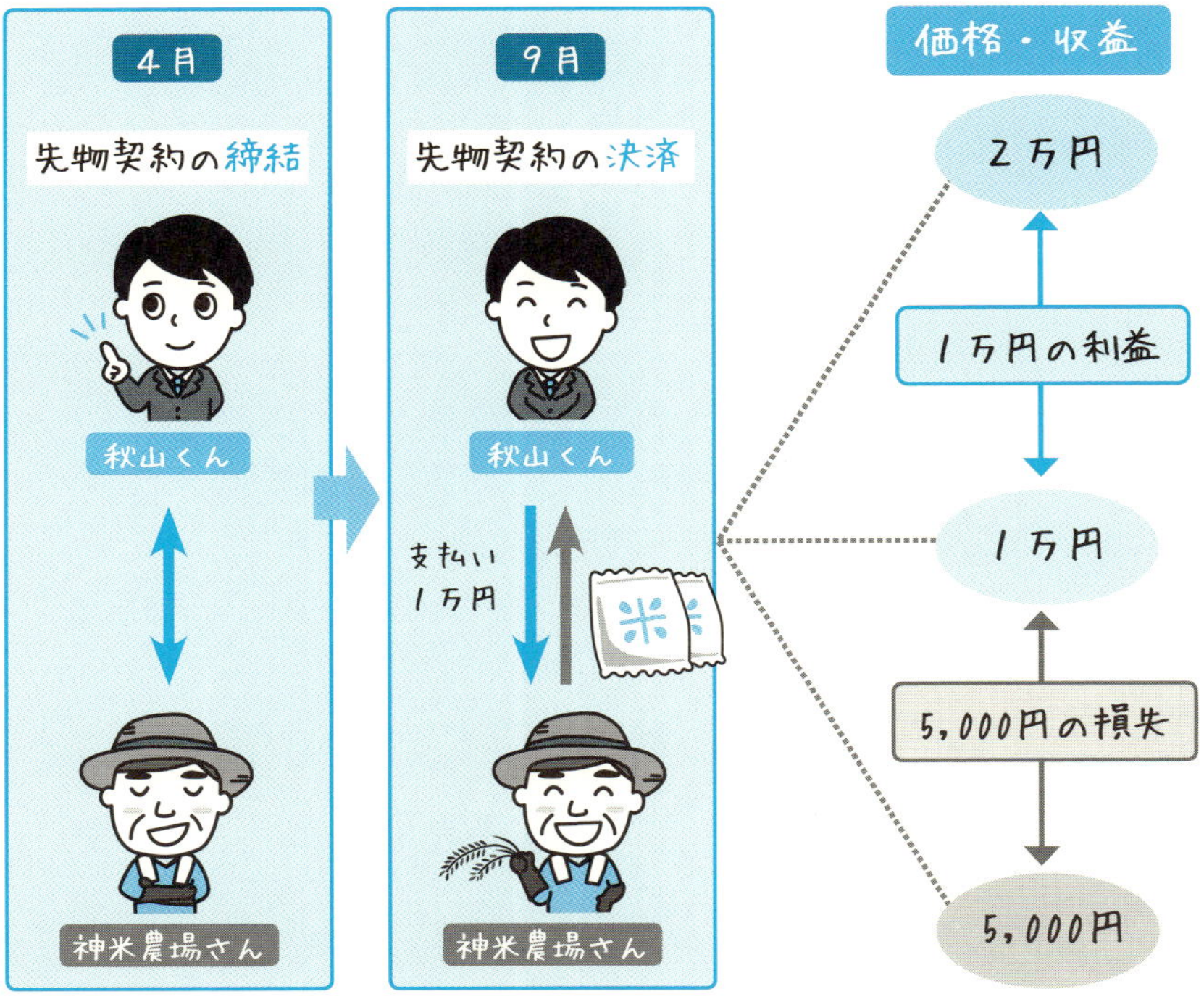

03

「先物」の価格が上がる、下がるとは？

1

ストーリー❷ お米の争奪戦が発生！新米バイヤー秋山くん、どうする？

バイヤー歴2年目に入った秋山くん。

去年は新人でありながら、2倍の収益をもたらしたお米の先物取引でいい評価をもらえました。今年はもっといい評価を得ようと秋山くんは意気込みます。同じお米の先物をより大きい単位で買い取ることにして、去年の2倍の量を注文します。いい売値でお米が売れたおかげで生産量を増やすことに成功した神米農場さんも、快く応じてくれました。

生産量が増えたうえに天候にも恵まれ、7月をすぎて収穫が近づくと、見るからにいいお米ができそうです。去年と同じかそれ以上のできかもしれません。満足そうに収穫を待つ秋山くんのところへ、知りあいのバイヤーから悩みの相談が入りました。去年の実績があまりよくなかった彼は、今年の成績もよくないことが予想され、このままだったら年末まで自分の机が残っているかわからないといいます。その打開策で、秋山くんが確保しているお米の先物を分けて譲ってほしいというわけです。お米ができてもいないのに、9月にお米を1万円で買い取る権利を1万1000円で買い取る条件を出してきました。

「10%増しか、悪くないな。しかし、このまま順調にいけば2万円でも売れるのに、1万1000円は安すぎる気がする」

しかし、悩めるバイヤーは彼だけではありませんでした。ほかのバイヤーが1万1500円を提示してきたのです。それを聞いた最初のバイヤーが今度は1万1800円を提示、秋山くんの先物を買いたいというオファーは増える一方で、1万2000円まで上がりました。2割増し、2万円まではほど遠いけれど、8月、9月は台風の季節だし、そこで急にお米がダメになるかもしれないので、今のうちに利益を確定しておくのも悪くなさそうだ。

実体もないお米を巡って巻き起こった争奪戦、秋山くんどうする？

お米の先物に争奪戦が勃発

このままだと自分の机が危ない。お願い、秋山くん！そのお米の先物、1万1,000円で譲って！
うちは1万2,000円で2割増します。ぜひ譲ってください！
秋山くん
バイヤーA
バイヤーB

2 物ではなく先物の価格が変わるとは？

たしかによく考えるとこれは奇妙な話ですね。いいお米ができると予想されるものの、まだ存在しないものの値段が上がるということです。たまに「先物なんて、詐欺でしょう。存在しないものを取引するなんて」といった話をする人もいますが、果たしてそれは本当に詐欺でしょうか。

身近な例として、新築マンションを買うときを考えてみてください。中古物件ではないかぎり、新築マンションは設計図とイメージしかないのがほとんどです。つまり、実体がないものに35年のローンを組んで一生の夢を託しているわけです。未来の価値を見込んで存在しないものを売買するというのは意外と身近なものです。

目に見えないものでも、需要が高まれば当然価格は上昇します。秋山くんの持っているお米の先物も一緒です。去年の実績に裏づけされ、秋山くんは大胆な行動に出ます。最高1万2000円まで提示したバイヤーの仲間に、1万4000円なら譲るとダメ元で言ってみました（次頁図上段）。

すると、なんとこのバイヤー、OKを出しました。元の先物の価格より4割も上昇したわけです。先物の期限に行われる決済を待たずに途中で持っている先物を売却して契約を解除することになりました（⑦）。

　このように、「**決済期限の前に先物を売却することを〝転売〟**」といいます。期限前の転売もなんら変なことではなく、先物では普通に発生する取引です。残ったのは売却代金の受け渡しだけです。10キロあたり1万4000円をもらって、神米農場に1万円を渡すと手元に4000円が利益として残るわけです。ここで、先物を買い取ったバイヤーが言います。

「期限になると私のほうから神米農場に1万円を渡すよ。秋山くんには差額分の4000円だけ今渡せばいいんじゃない？　1万4000円を渡して、1万円を引いてとか、大金を動かすよりは簡単だと思うよ」

　なるほど、考えてみたらそのとおりです。そこで売却代金全体を受け取る

● 先物を買いたいバイヤーが殺到

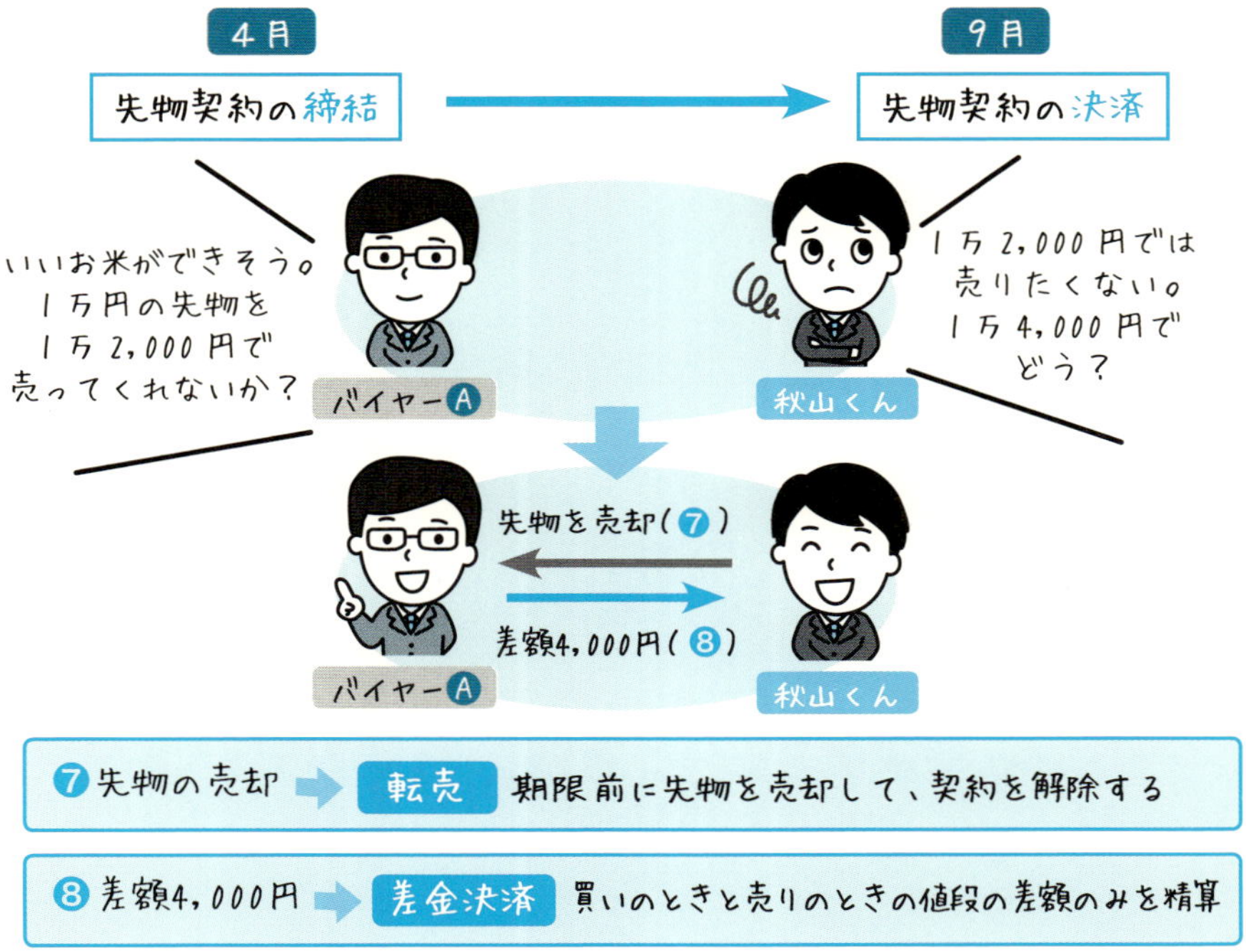

のではなく、10キロあたりの差額4000円を受け取る取引条件にしました。先物1枚（100キロ）あたり4万円で新しいバイヤーが40枚（4000キロ）を買い取るとすると、4万円×40＝160万円を差額で受け取ることで先物を手放しました。「**売却代金全体ではなく、買いのときと売りのときの値段の差額のみを精算することを〝差金決済〟**」（❽）といいます。

先物の価格が変わるということ、よくわかりましたか？　先物で利益になることは、2つあることも忘れないでください（下図参照）。

このような取引を繰り返し、持っている先物をどんどん売却して利益をあげていた秋山くんは、2年目も好調な成績を残しました。しかし、3年目になると状況が一変します。何が起きたのでしょうか？

3 殺到するバイヤーに対処するために仲介者が登場

バイヤー歴3年を迎えるころ、お米の先物がいいビジネスだと

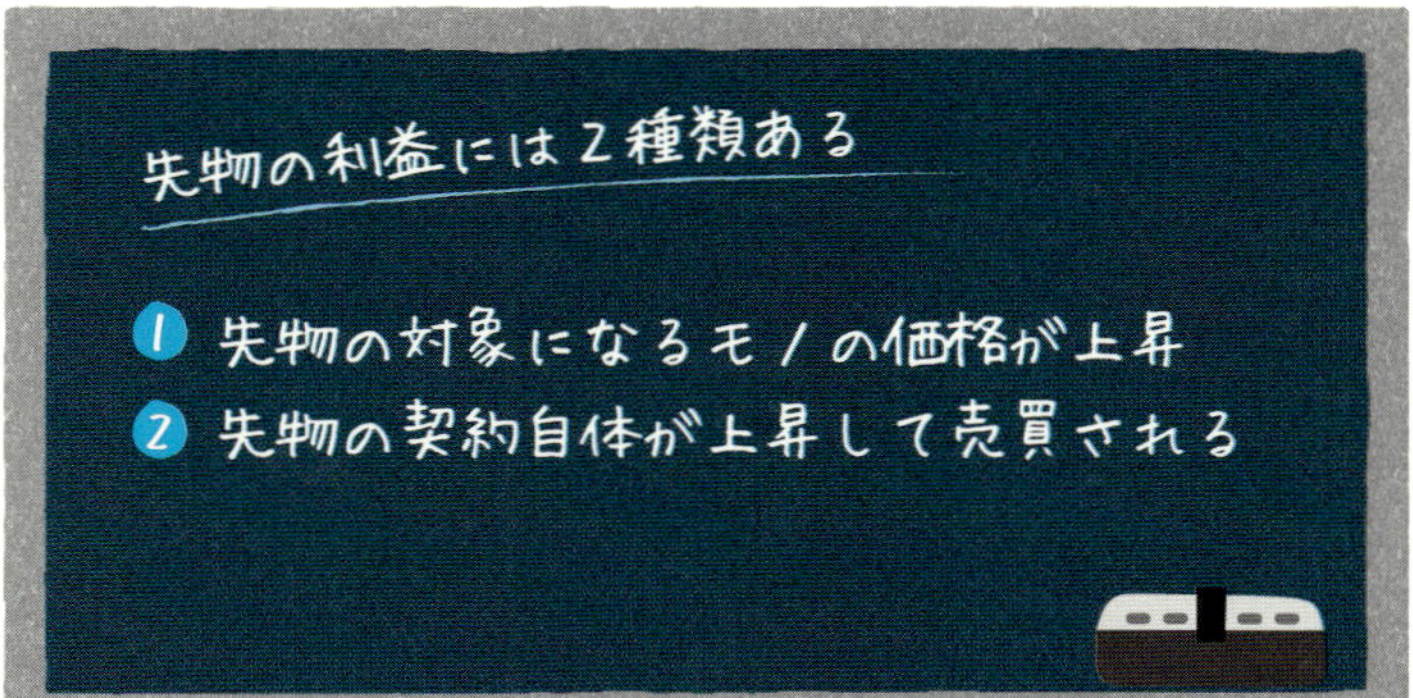
先物の利益には2種類ある
1 先物の対象になるモノの価格が上昇
2 先物の契約自体が上昇して売買される

いうのはもはや秘密ではなくなって、神米農場さんには大変なことが起きます。

バイヤーたちが秋山くんの先物を買いにいくのではなく、直接神米農場に取引を申し込むようになったのです。うちにも先物をと、毎日のように電話がかかってきて、メール、メッセージが殺到、その対応だけで日が暮れるほどになりました（下図参照）。

これでは肝心なお米づくりができない。断っても、逃げても、利益がほしいバイヤーたちは次から次へと訪ねてきます。その修羅場を目の当たりにした金融業者が新たなビジネスチャンスに気づきます。

「いちいちバイヤーたちの相手をするのは大変ですね。販売可能な先物を私に任せてくだされば、バイヤーたちの注文をまとめて処理しますよ。われわれの手数料を除いた金額を神米農場さんにお支払いしますので、安心してお米づくりに専念していただけます」

手数料はかかるものの、貴重な時間を節約することができるし、売買の事務もすべて任せられるならいいと結論を

● **先物を買いたいバイヤーが神米農場に殺到**

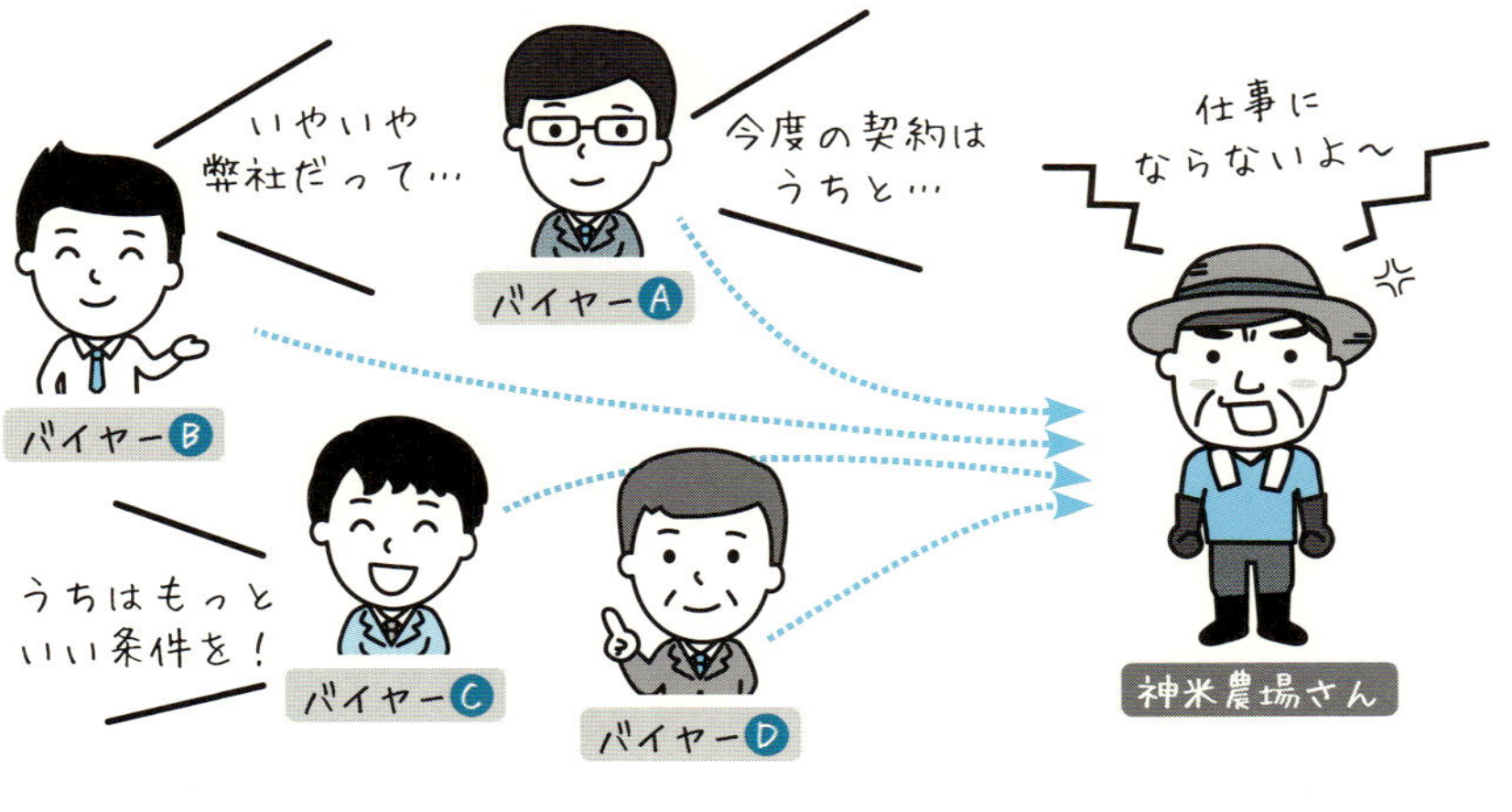

出した神米農場さん。先物の売買を委託することにしました。これが「**仲介業者**」の登場です（下図参照）。

仲介業者は言葉どおり、農場とバイヤーなど取引当事者が直接取引するのではなく、先物の取引にまつわる業務を引き受けて取引を円滑にさせる役割を持ちます。

4 「株式の銘柄」にあたるものが「限月」

ここまでのストーリーで先物が生まれる背景から、取引のプロセス、仲介業者の誕生までを目撃することができました。

ここにきて、仲介業者はもっとビジネスの規模を増やすことに夢中になりました。年に1回9月に収穫するお米の先物ビジネスでは限界があるからです。

バイヤーからの注文が多くなった現在、今年1年の先物だけでは足りなくて、来年9月に収穫するお米に対しても先物を発売するようになりました。この場合、今年9月に期限を迎える先物と、来年9月が限月の先物の2つが存在

● 先物をまとめる仲介業者が登場

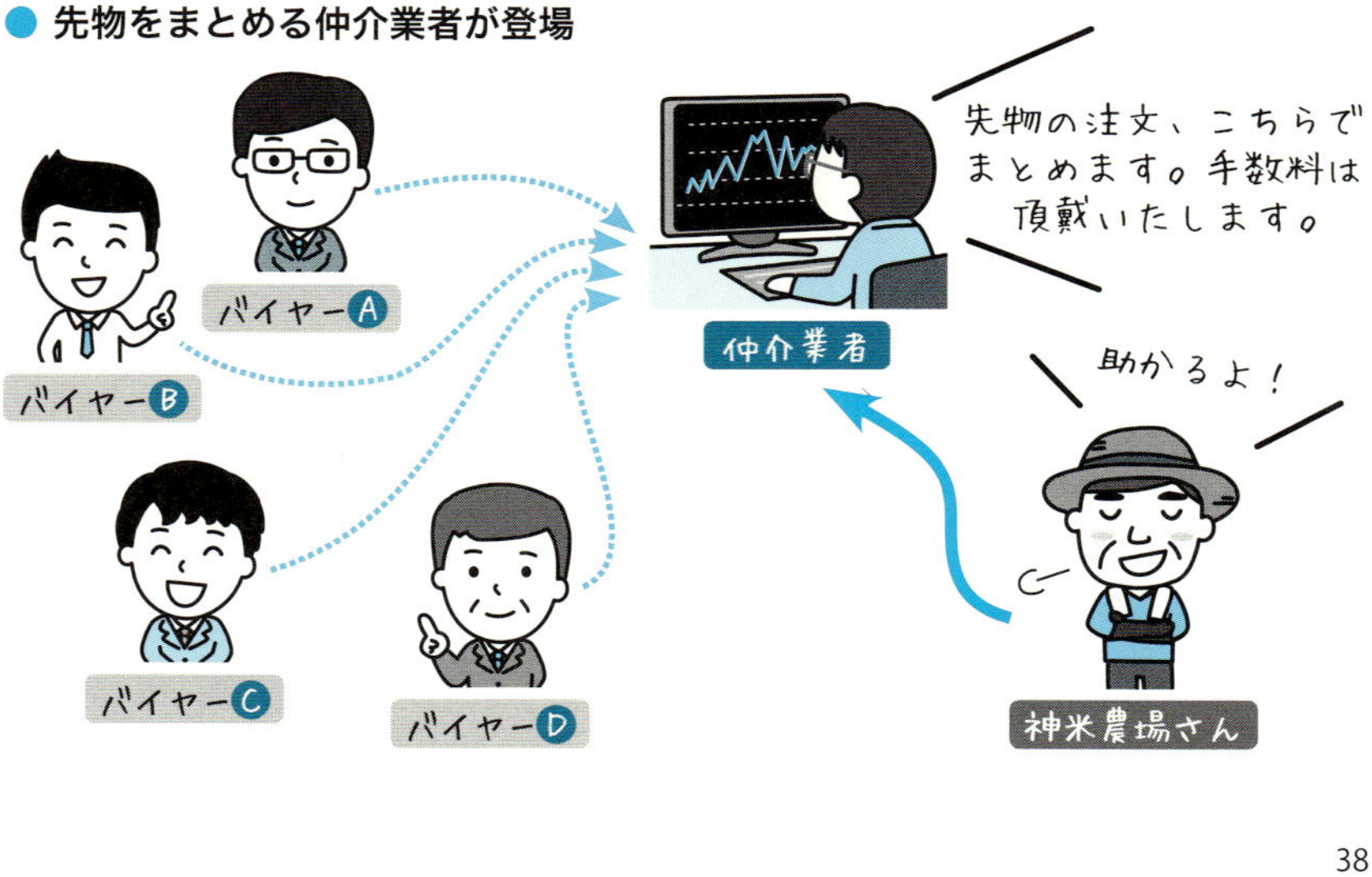

することになります。つまり、**「限月が異なると、物（お米）は一緒でも別の先物として扱われる」**ということです（下図左側）。

「〝限月の異なる先物〟は〝株式市場でいう銘柄〟」にあたるといえます。

手数料を収益源とする仲介業者が収益を増やすためには、何をすればいいのでしょうか？　1番簡単な方法は同じ銘柄の売買回数を増やすか、銘柄を増やして取引参加者と頻度を増やすことです。

たとえば、仲介業者が著名な学者と協力して、同じ品質のお米を3カ月に1回収穫できる方法をつくりあげたとしましょう。仲介業者はこのテクノロジーを農場に提供して再来年からは3カ月ごとに限月の先物を発売できるようにします。これは1年に限月が4回訪れること、つまり銘柄が4つに増えたことを意味します（下図右側）。

● 限月は株式市場でいう「銘柄」

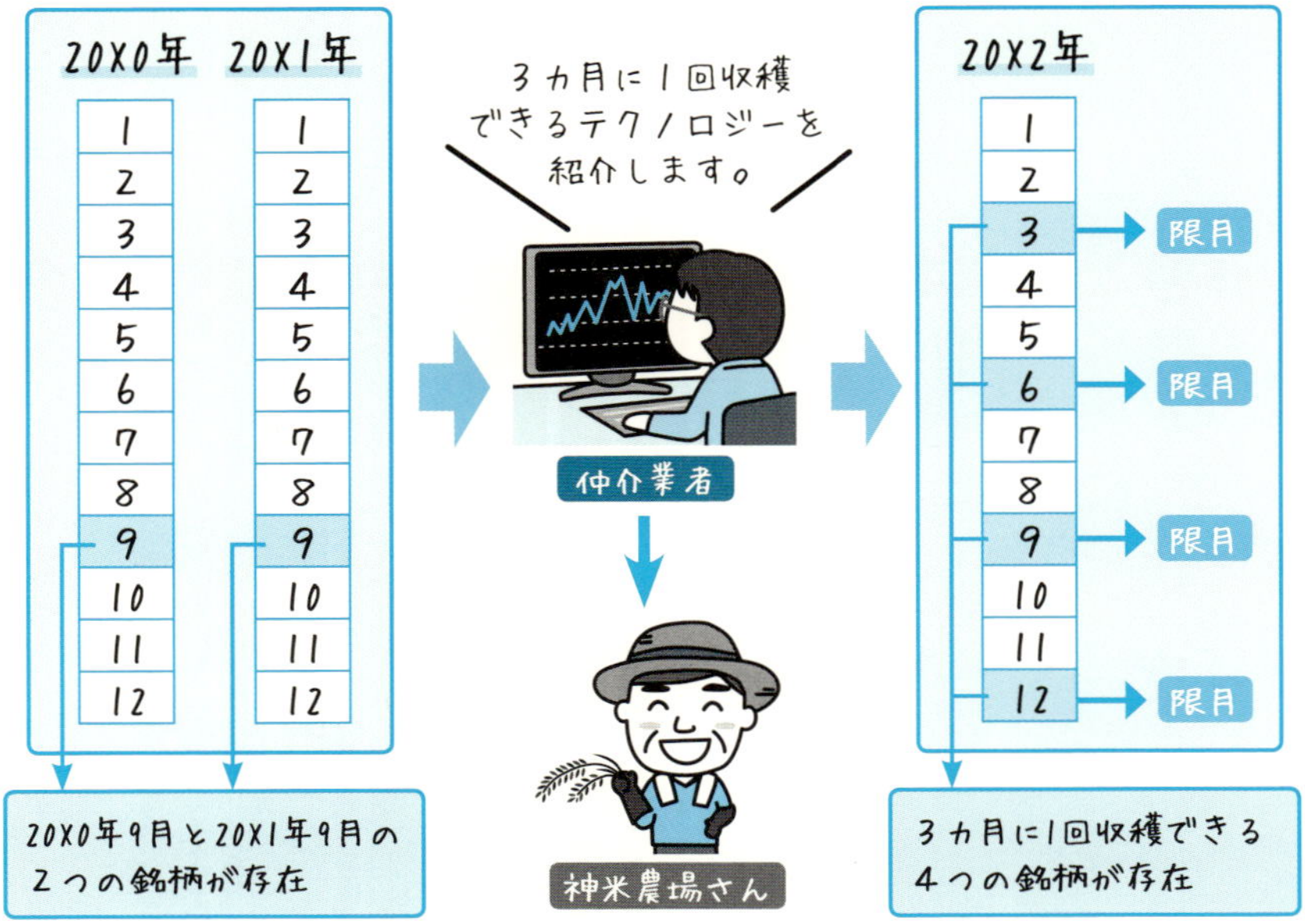

この概念が理解できると、お米だけではなくほかの商品にも一気に広げることができます。商品先物では「**○月物**」という表現が頻繁に登場しますが、「**○月に限月を迎える先物**」という意味です。

下の黒板を見てください。

いかがですか？　銀でも、原油でも考え方はまったく一緒です。ひとつ覚えてすべてがわかるというのは、便利なものですね。先物に関する詳細まで、ストーリー仕立てで見てきました。振り返ってみると、新米バイヤーだった秋山くんは先物をつくりあげ、市場を活性化させて銘柄を増やすところまで成長しました。

先物がしっかり理解できたうえで、いよいよ日経２２５先物の旅に出ましょう。しくみは商品の先物と何も変わりませんが、手に触れることのできない「**指数**」を売買するということで、「**指数先物**」特有の概念がいくつかあります。難しそうですか？

何のために私と旅に出ましたか？　楽しい旅にするので、しっかりついてきてください。

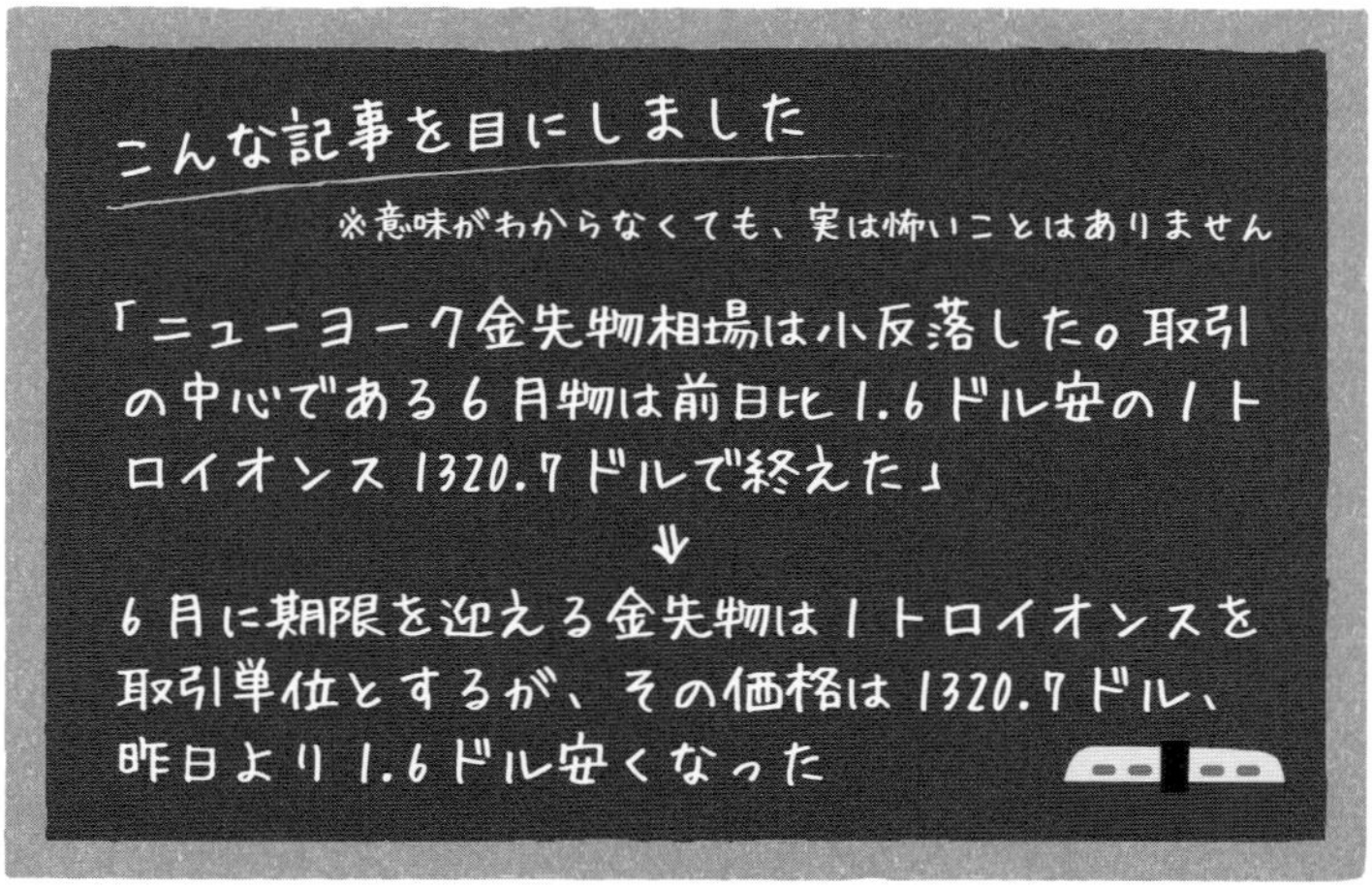
こんな記事を目にしました
※意味がわからなくても、実は怖いことはありません
「ニューヨーク金先物相場は小反落した。取引の中心である6月物は前日比1.6ドル安の1トロイオンス1320.7ドルで終えた」
↓
6月に期限を迎える金先物は1トロイオンスを取引単位とするが、その価格は1320.7ドル、昨日より1.6ドル安くなった

1時限目
「日経225先物」を正しく理解しよう

先物の概念はしっかり理解できましたね。ここからは、「日経225先物」の概念を理解していきます。

01 「日経225先物」も、しくみは「お米の先物」と一緒

1 先物は使い方によって、生産者も消費者も活性化させる素晴らしい商品

ここまでのストーリーでは、秋山くんが先物という市場をつくりあげて活性化させ、そこに仲介業者が登場し、最新のテクノロジーを用いて収穫サイクルを短くすることで銘柄を増やすところまで目撃してきました。

これからみなさんが理解して取引することになる日経２２５先物も、結局はお米の先物としくみはほぼ一緒です。ただ、実体がないものを取引するという概念に馴染みがないだけなので、この章を読んで確実にわかるようにしましょう。

2 お米から先物は広がる、物から数字に広がる

0時限目では、お米の先物が理解できれば、金の先物だってすぐに理解できることをお話しして、ニューヨーク金先物の6月物の記事を一緒に読みました。記事があるということは、「金の先物」は確実に存在するということですね。

では、ほかの先物はどうでしょうか？　先物の幅は実に広く、小麦、トウモロコシといった穀物を含め、金、銀、プラチナなどの貴金属、原油、天然ガス、石炭などのエネルギー資源など、形あるものはすべて先物になるのではないかと思えるほどさまざまな商品先物が存在します。

実際に下のサイトに載っているリストだけでも、どれだけの先物が存在しているか確認してみてください。

● 先物はこんなにも多くの種類が存在する

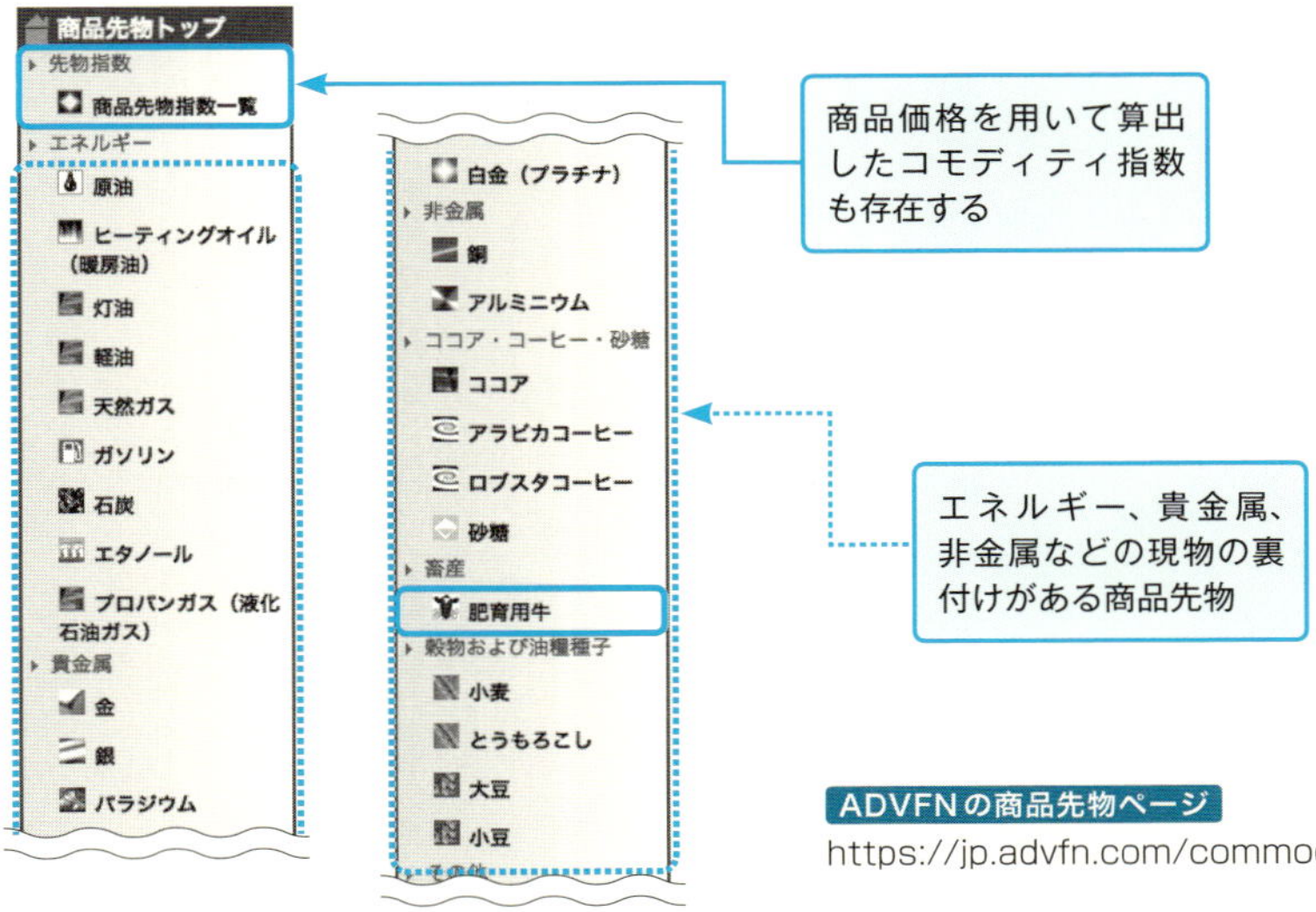

ADVFNの商品先物ページ
https://jp.advfn.com/commodity

サイトはご覧になりましたか？　「肥育用牛」という動物の先物までもが存在していますね。さらに驚くことはここに掲載されている先物も一部にすぎないということです。ここまでくると、先物にならないものがなさそうですね。

実はそのとおりです。形のあるものだけでなく、数字だけ、またはデータの形で存在する「事象」も先物の対象になります。

3 実体のないものを先物にするとは？

では、数字、またはデータを先物にするとはどういうことでしょうか。０時限目では形のないものにお金をかける例として、住宅ローンの話をしました。まだ設計図とイメージしかない状態で35年のローンを組んで買うのですから、いわば2年後に完工するはずのものを現時点で買うということなので、マンションの契約も一種の先物といえるでしょう。現時点で実体がないものなら、それを数字かデータに置き換えてもいいのではないでしょうか？

たとえば、ワールドカップで日本とブラジルが激突することになり、その勝負に賭けるくじのことを考えてみましょう。日本がブラジルに勝つと1万円がもらえるくじを1枚５００円で買えるとしたら、その反対のくじもつくれるはずです。ブラジルが勝つ、つまり日本が負けると1万円がもらえるくじも同じ値段で売られています。２種類のくじをつくるのは大変なので、賢いくじ屋さんがこれを1枚に統合しました。２個所のスクラッチを持つくじをつくって、コインで

「勝つ」を削ると日本が買ったときに1万円、「負ける」を削るとブラジルが勝ったときに1万円をもらえることにします。試合は1カ月後、くじは本日より発売されたとすると、これはもう立派な先物ですね。

1カ月後のお米ではなく、勝ち負けの「勝負」という事象に価値を与えて取引をしています。これが理解できると金融先物取引というのも容易に理解できます。日本の勝ち負けを日経が上がるか下がるかに置き換えたらどうでしょうか？

1カ月後の日経が上がるか下がるかを予想するくじは、日本×ブラジル戦のくじとほぼ同じしくみです。日経が「上がる」ほうを削っておき、1カ月後に実際に日経が上昇すると約束された金額をもらえる、逆に下がってしまうと損失が発生することになります。これが「日経225先物」ということです。

ほかの金融商品にも広げてみましょう。米国市場

●「日本×ブラジル」のくじ

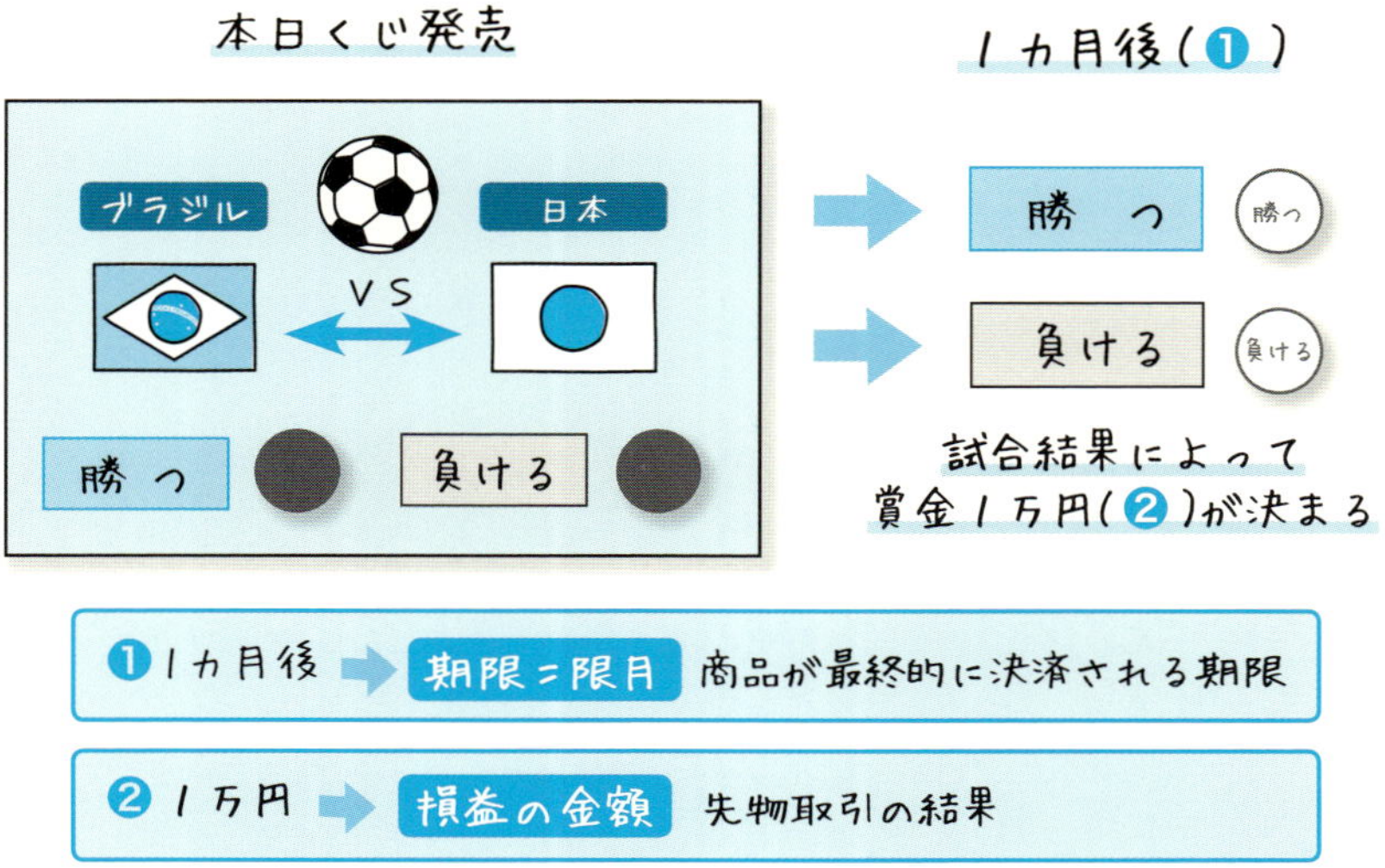

のニューヨークダウ指数が上がるか下がるかを取引する先物は可能でしょうか？　もちろん可能です。**Dow Jones Future**という銘柄としてシカゴ市場で取引されています。ちなみにシカゴ市場には**Dow Jones**だけでなく、われわれが一生懸命勉強している日経225先物もドル建てで立派に取引されています。最近は先物の究極版といえるビットコインの先物まで取引されています（**https://www.cmegroup.com/trading/bitcoin-futures.html**）。

このように実体のないものも先物として商品化して取引することができるし、実際に多くの商品が取引されている例も見てきました。いよいよ目標にしている日経225先物の正体に迫ってみましょう。

実体がないものも先物として扱うことができます。「日経225先物」もまったく一緒！
これから本番ですよ。

02 「日経225先物」のしくみと特徴を知ろう

1 日経の変動を先物化したものが日経225

形のあるものだけでなく、数字やデータの形で存在するほとんどのものが先物になるということをお話ししました。

日経225先物も結局は日経225指数が上昇するか、下がるかを予測する先物の一種です。

成長を続ける秋山くんのストーリとともに、どんどん広がる世界を体験してみましょう。

2 ストーリー③ お米から舞台を移すバイヤーくん

入社3年目に入った秋山くんはいつの間にか仲介業者まで登場するお米の先物市場をつく

りあげました。輝かしい実績のお陰で秋山くんは管理職の補佐役を務めるようになり、現場をリードする立場になりつつあります。彼を見守ってきた先輩が今度は違う特命をくだします。

「先物市場を通じて実際のお米が動かなくても儲かるしくみをつくってくれたね。じゃ、お米だけじゃなくて、ほかの分野の先物で収益をあげることもできるかもしれないから考えてみて」

すっかりお米の専門家になった秋山くんに今度は「違う分野」という課題が降りてきました。

「ほかの分野といきなり言われても……どうしよう」

悩んでいた秋山くんがお米の先物仲介業者に相談をします。

「それなら日経225先物が人気なので試しにはじめてみるのはどうかな。先物に対する理解も深まるよ」

「日経225先物？　いやいや無理、無理。株のことなんかわからないし、日経225に入っている会社のことなんて何ひとつわかってないしね」

「個別の会社のことは知らなくても大丈夫だよ。日経の動きだけ理解できれば利益をあげることができるよ」

お米ではない先物も存在

「日経225先物」って？
会社もわからないし、
下がったらどうする
のよ？
会社のことは知らなくて
もいいですよ。しかも、
下がるときは下がるほう
に掛けて利益をあげるこ
ともできるよ！
秋山くん
先物仲介業者

「個別の会社のことがわからなくても大丈夫？　日経の動きだけ？　ますますわからないな。しかも日経が下がるときはどうするのよ？」

「日経全体が下げるときも利益をあげることができるんだ。しかも日経平均株価の100倍の取引もできるよ。ラージなら1000倍の取引もできるんだ」

「はあ？　下がるときにも利益になる？　100倍？　1000倍？　なんだか怪しいけど、日経225という名前で取引されている以上はなんかあるだろうね。教えて、教えて！」

3 賭けるのはお米の価格ではなく、日経225の動き

詳細がわからずに仲介業者の話だけ聞くと、怪しさ満載ですね。下がるときにも利益になるとか、日経平均株価の1000倍の取引ができるとか、どこかギャンブルのような匂いがしてきます。ひとつずつゆっくり話しながらその怪しさを解いていきましょう。

日経225先物は、1時限目01の「3　実体のないものを先物にするとは？」でお話ししたように、実体のないもの、つまり日経の動きを取引して損益が発生するようにつくられた先物です。たとえていうなら、「**日経225指数を、株式またはFXのように売買することができるようにした金融商品が〝日経225先物〟**」です。

株式投資で利益をあげるにはどうすればいいでしょうか？　株を買って、売る時点で買うとき

よりも株価が上がっていれば利益になります。日経２２５先物もまったく一緒で、買った時点より日経２２５指数が値上がりしていれば、利益を得ることができます。

株式投資の信用取引またはＦＸの経験がある人なら、空売りというのを通じて値段が下がるときも利益を得られるということを知っています。日経２２５先物も同じことができ、空売りが存在します。空売りのことがわからない人は、「日経が下がる」というスクラッチを削っておくと理解してください。つまり、日経が下がると勝ちになるわけです。実際に日経全体が下がれば、下がる分が利益になります。

下図でひとつ気になるところがあります。利益幅１００円に対して、１００円の利益ではなく１０００倍の利益、つまり１００円の

● 日経225先物のイメージ

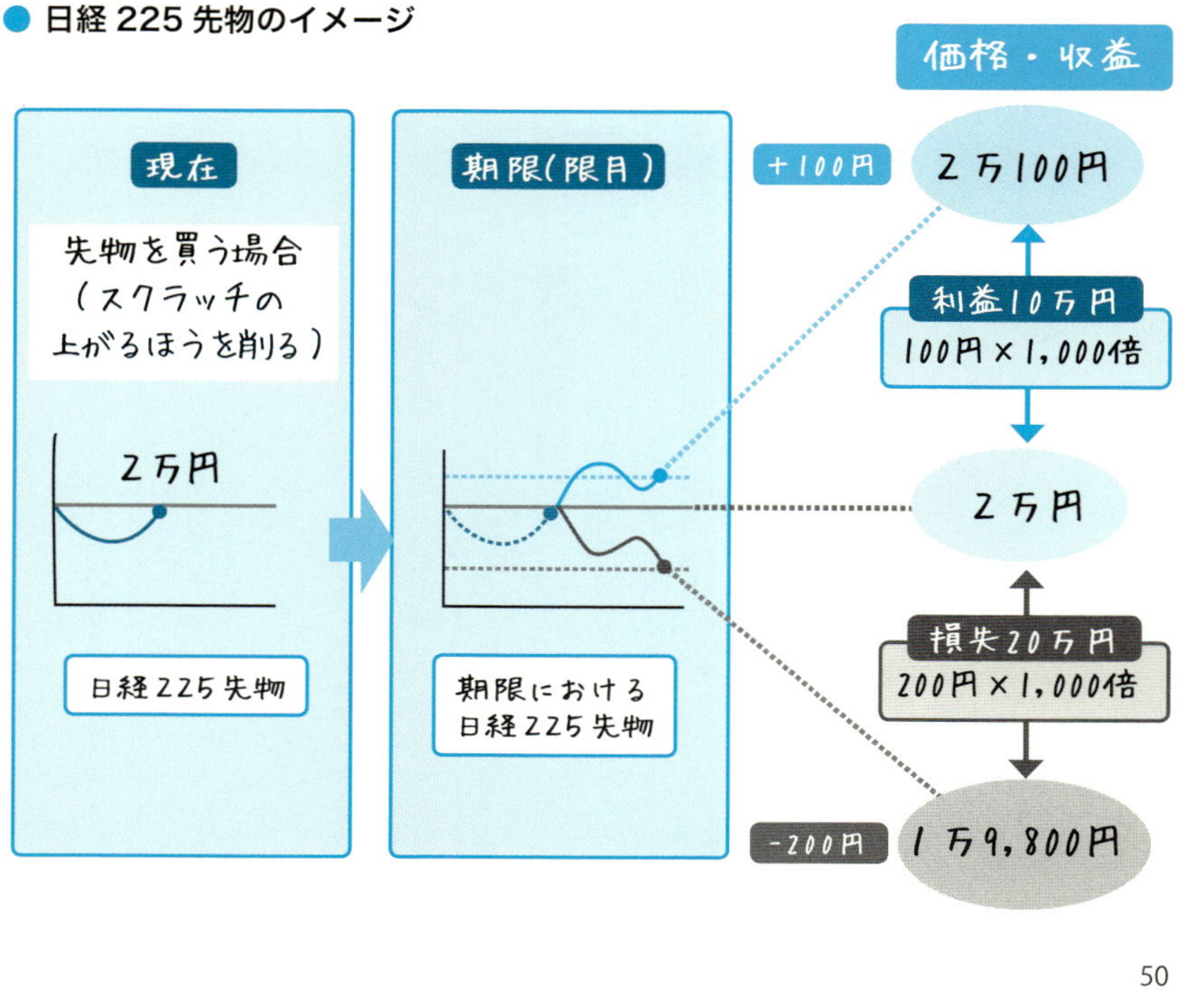

変動に対して10万円の利益が出ます。これはすごいことですね。しかしその分、図の例のように200円下がってしまうと20万円の損失になる可能性もあることを忘れないでください。このようなことをレバレッジといいますが、FX取引や信用取引の経験がある人はすぐわかることです。レバレッジを含め、これからは日経225先物に出てくる馴染のない概念を理解しましょう。

100円上がると10万円の利益。
これだけにとらわれたらダメだね！
反対に動くと10万円の損。
しっかり損失を限定する方法も
覚えよう。

03 「限月」と「SQ日」と「SQ値」

1 日経225先物における「限月」とは？

先物において共通するのは、**「先物の決済と損益を確定する期限」、つまり「限月」が存在する**ということです。

お米なら目に見える現物なので、収穫したら明確に「終わり」という節目が見えます。収穫が終わり、がらんとした畑の真ん中で1人で「買いたい」と叫んでも、取引は成立しませんね。

しかし目に見えることはなく、常に値段が動き市場が開いている間は絶え間なく変化する日経の指数は、どうやって終わりを決めるのでしょうか？　そもそも終わりというのを決めることができるのでしょうか？

これは日経のみならず、すべての指数先物と呼ばれるものに共通する悩みです。ニューヨークダウ指数もそうですし、国内ではマザーズ指数の先物も同じ悩みを持ちます。

答えは、「**明確な区切りを人為的に決める**」ということです。たとえば日経の収穫時期を3カ月に1回と決めて、3月物、6月物、9月物のように限月を決めます。そして、各限月の第2金曜日を最終的に清算する日（お米の値段が決まり損益が明確になる日）と決めます。ひとつだけ難しい言葉を覚えてください。

第2金曜日の最終決済日を「SQ日」と呼ぶ

2 「SQ」って何だ？

SQとは**Special Quotation**の頭文字を取ったもので、「**特別清算指数**」と呼ばれます。最終決済日を最終清算日とも呼びますが、特別清算指数が算出されるのがその理由です。特別清算指数については次の2時限目でお話しします。とりあえず「**SQ日で限月の決済される金額が決まる**」ということを覚えてください。

「**日経225先物の取引はSQ日の前日まで可能で、第2木曜日を〝最終取引日〟と呼びます**」。金曜日が休日の場合はSQ日が木

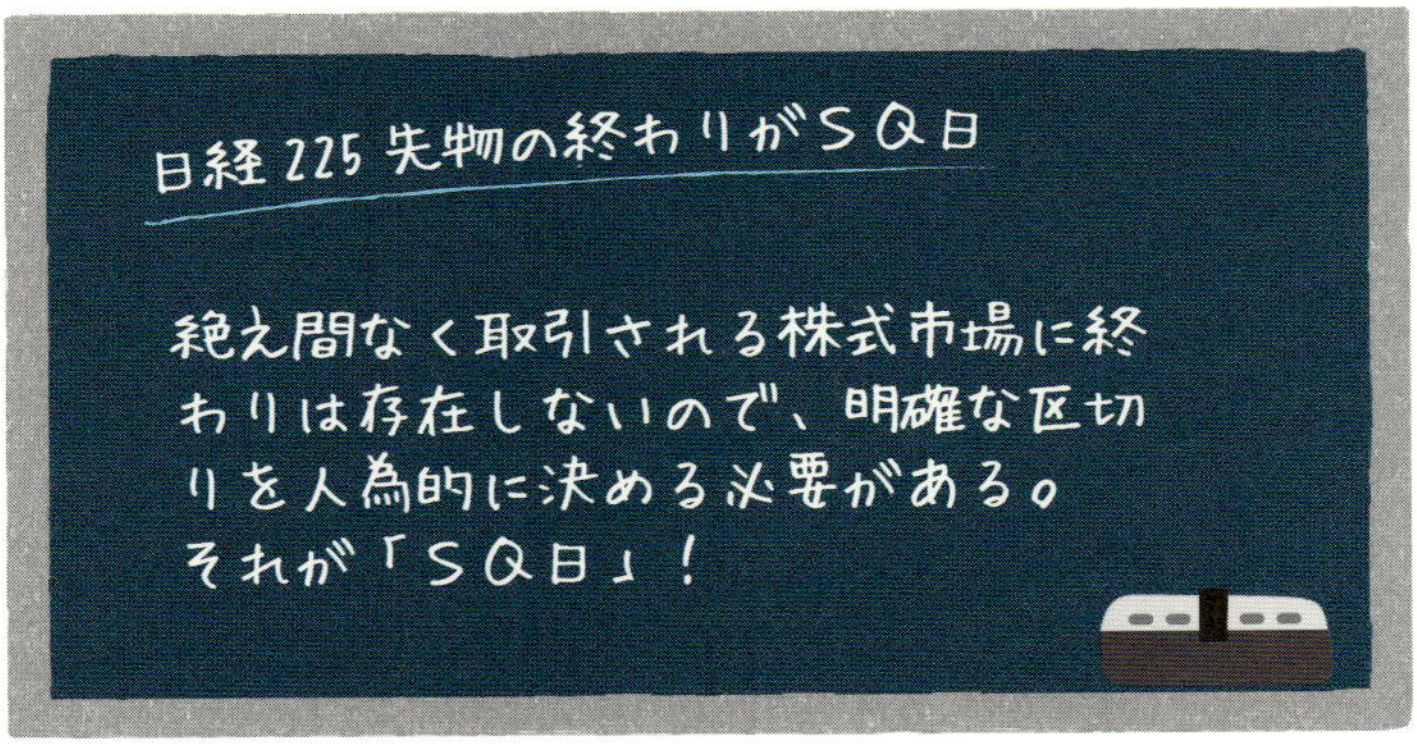
日経225先物の終わりがSQ日
絶え間なく取引される株式市場に終わりは存在しないので、明確な区切りを人為的に決める必要がある。それが「SQ日」！

曜日に繰りあげられます。この場合、最終取引日はいつでしょうか？　はい、もちろん水曜日になります。簡単ですね。言葉だけでは難しいので、図を見ながら理解してみましょう。

下図を見てください。９月の第２金曜日が14日の場合、９月限月の日経２２５先物は前日の13日まで取引することができることを表します。これで限月のイメージが明確にできました。

そこでひとつ疑問があります。金曜日の朝に自分がいくら損したか得したかが決まるとしたら、決済される日経２２５の値はどうやって決まるのでしょうか？　株式指数の日経２２５と同じタイミングで決まる、つまり日経平均の始値と同じ？

普通はそう思いますよね。しかしこれが少し違います。

3 「SQ日」と「SQ値」の算出方法

「**〝SQ値〟はいわば、〝今回の9月物の日経225先物はこの価格で決着がつきました。この価格に基づいてあなたの損益が計算されますよ〟という指数**」です。

「**SQ値はSQ日の始値で決まります**」が、日経平均株価の始値

● 日経225先物のイメージ

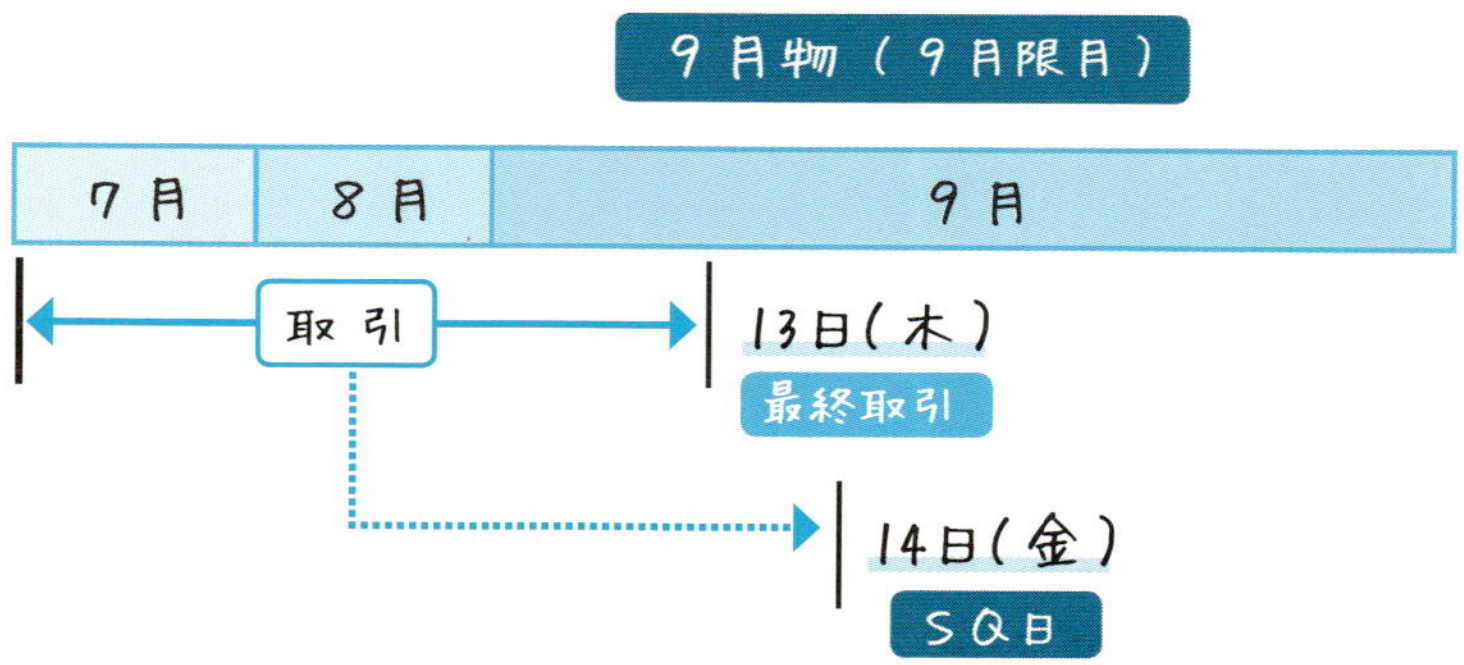

とは微妙に異なります。では、異なる理由について見ていきましょう。

「日経平均株価の始値」は、すべての銘柄が寄り付かなくても算出される

株価の平均を表す日経平均株価の始値は、取引がはじまった15秒後の9時0分15秒の時点で日経225構成銘柄の始値をもとに算出します。ここで大事なのは、15秒がすぎた時点でもまだ取引が成立せず、寄り付かない銘柄もあるということです。その場合には気配値などを用いて算出します。

つまり、**「すべての銘柄が寄り付かない状態でも日経平均株価の始値は算出される」**わけです。

「SQ値」は、すべての銘柄が寄り付いたあとに算出される

一方**「SQ値は、日経225を構成する225銘柄がすべて寄り付いたあとに算出されます」**。したがって、必ずしも株式市場の開始直後にSQ値が確定するとはかぎらず、午前中も取引が成立

● 日経平均株価の始値と日経225先物のSQ値

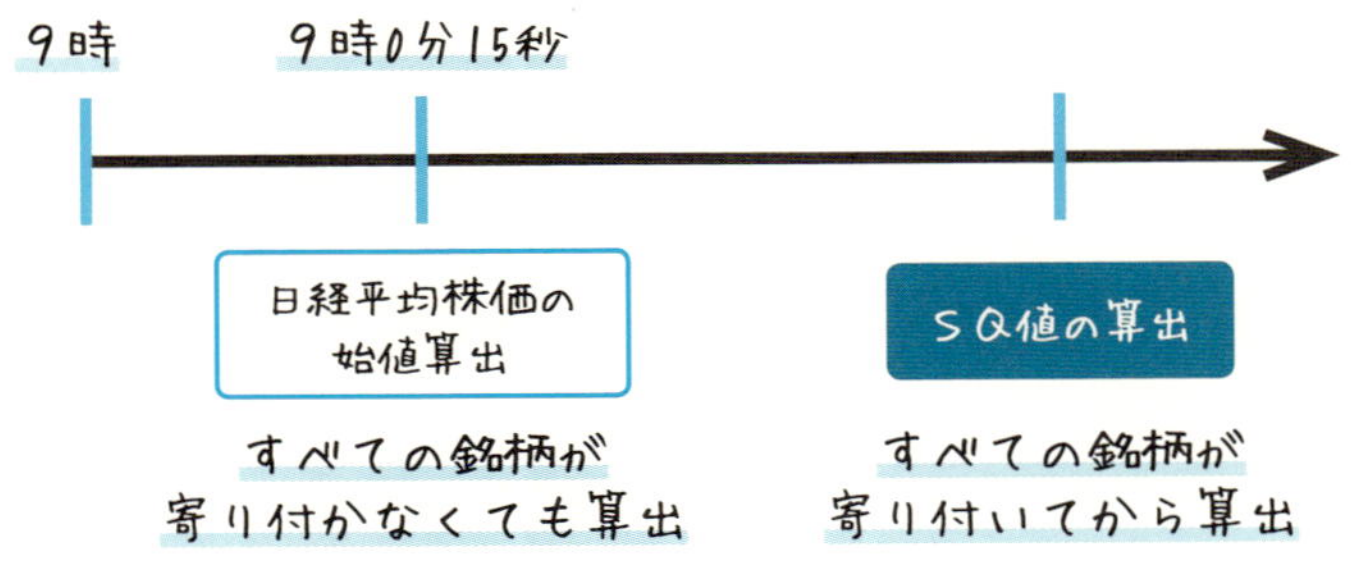

しない場合は後場※に確定する可能性もあります。そのため、日経平均株価の始値とは乖離してしまうこともあります。このように**「SQ値は、指数算出日における各指数構成銘柄の始値に基づいて算出され、大引け後大阪取引所より発表されます」**。

次頁下図の例は、2018年の9月メジャーSQ日における日経平均株価の始値とSQ値を比較したものです。大きく異なってはいませんが、微妙にずれているのがわかります。

これで、SQ日という概念とSQ値についてはスッキリしました。では次の2時限目を参照して、日経225の取引口座を開いて取引をはじめましょう!

いえいえ、少し待ってください。まだもうちょっと理解する概念が残っています。

たとえば、100円動く度に10万円の利益が出るこの素晴らしい先物はいくらで買うことができるのでしょうか? 日経平均株価が2万3000円の場合は、2万3000円の1000倍なので2300万円を出して先物を買うことになるのでしょうか?

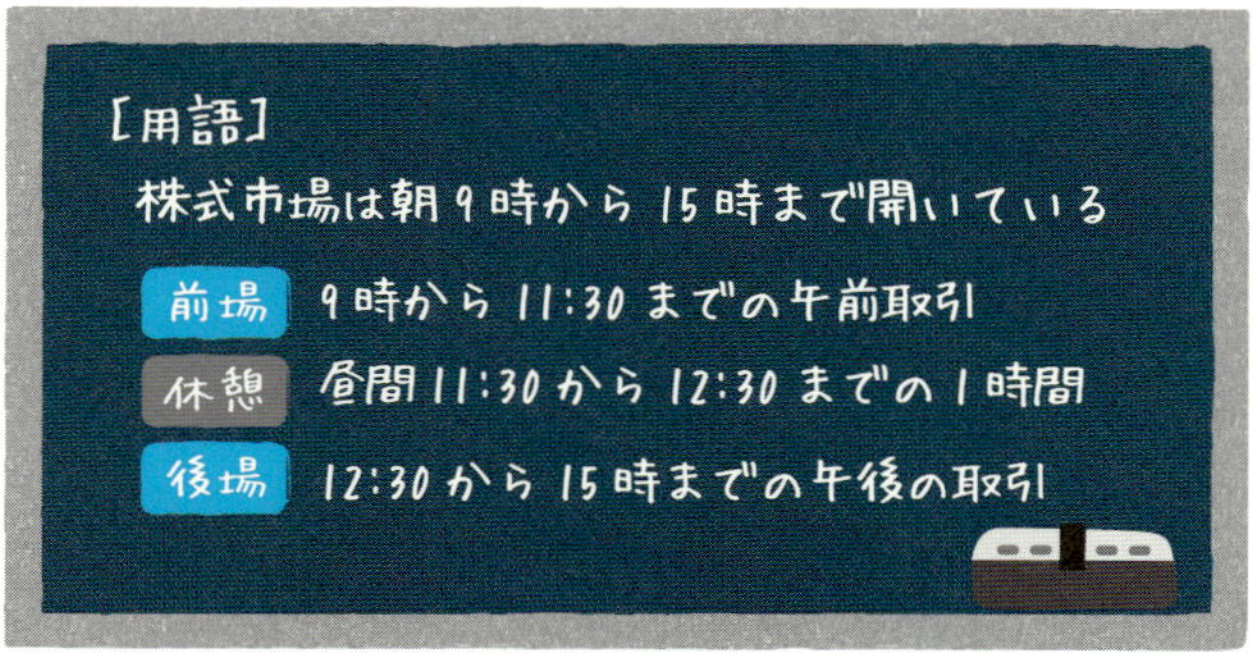

［用語］
株式市場は朝9時から15時まで開いている
前場
9時から11:30までの午前取引
休憩
昼間11:30から12:30までの1時間
後場
12:30から15時までの午後の取引

たしかに利益幅が大きいので魅力的な話ですが、1枚2300万円の先物を気軽に買える人はどのくらいいるのでしょうか？　それでは結局、株式も先物も「金持ちたちのゲーム」ということになってしまいます。

もちろん違います。そこで登場するのが「**証拠金取引**」と「**SPAN証拠金**」というものです。

1,000倍の利益があるから大金が必要、のように惑わされなくてもいいですよ。
証拠金とレバレッジで少額でもはじめられるから安心！

● 日経平均株価の始値と日経225先物のSQ値

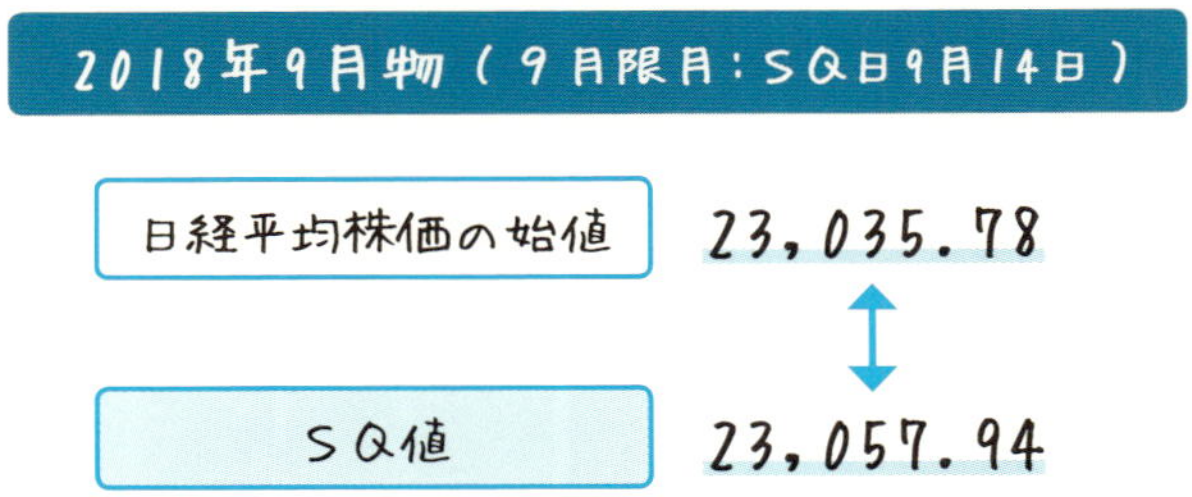
2018年9月物（9月限月：SQ日9月14日）
日経平均株価の始値
23,035.78
SQ値
23,057.94

04 「証拠金取引」と「SPAN証拠金」

1 日経先物の取引はすべて「証拠金取引」

2300万円の大金は用意できないので諦めようと思った人、この節を読んでから決めてください。「**日経先物の取引はすべて証拠金取引となります**」。

秋山くんが最初にお米の先物を買う場面を思い出してください。お米2000キロを買うのにすべての代金を支払うのではなく、10キロあたり1000円の証拠金、合計20万円を支払うことで2000キロ分の取引を成立させていました。

日経225も2万3000円が2万3100円と、100円上昇するときに10万円の利益が出るようにするために2300万円の大金を支払うのではなく、証拠金のみを支払えばその取引ができるということです。それでは証拠金はいくらが適切でしょうか？　これは難しい問題ですね。

証拠金はいくら支払えばいい？　これを解決してくれるのが「SPAN証拠金」

この問題は、先物などのデリバティブ商品が先に発達した米国でも起きました。ダウ指数に連動するダウ指数先物の証拠金はいくらにすればいいのか？　そこで日経225のドル建て先物も取引される世界最大の先物取引所であるシカゴ・マーカンタイル取引所（**Chicago Mercantile Exchange：CME**）が1988年に証拠金計算方法を開発しました。リスクベースの証拠金計算方法という意味で、「**Standard Portfolio Analysis of Risk：SPAN**（スパン）という名前で証拠金計算方法とそのシステムが開発されました。

このシステムは現在、世界の主要な先物・オプション取引所で証拠金のシステムとして採用されています。日本も日本証券クリアリング機構（JACC）がCMEとライセンス契約を結び、SPANを用いて証拠金の計算を行っています。これが「**SPAN証拠金**」と呼ばれるものです。

もちろんSPAN証拠金を自分で計算する必要はなく、日経2

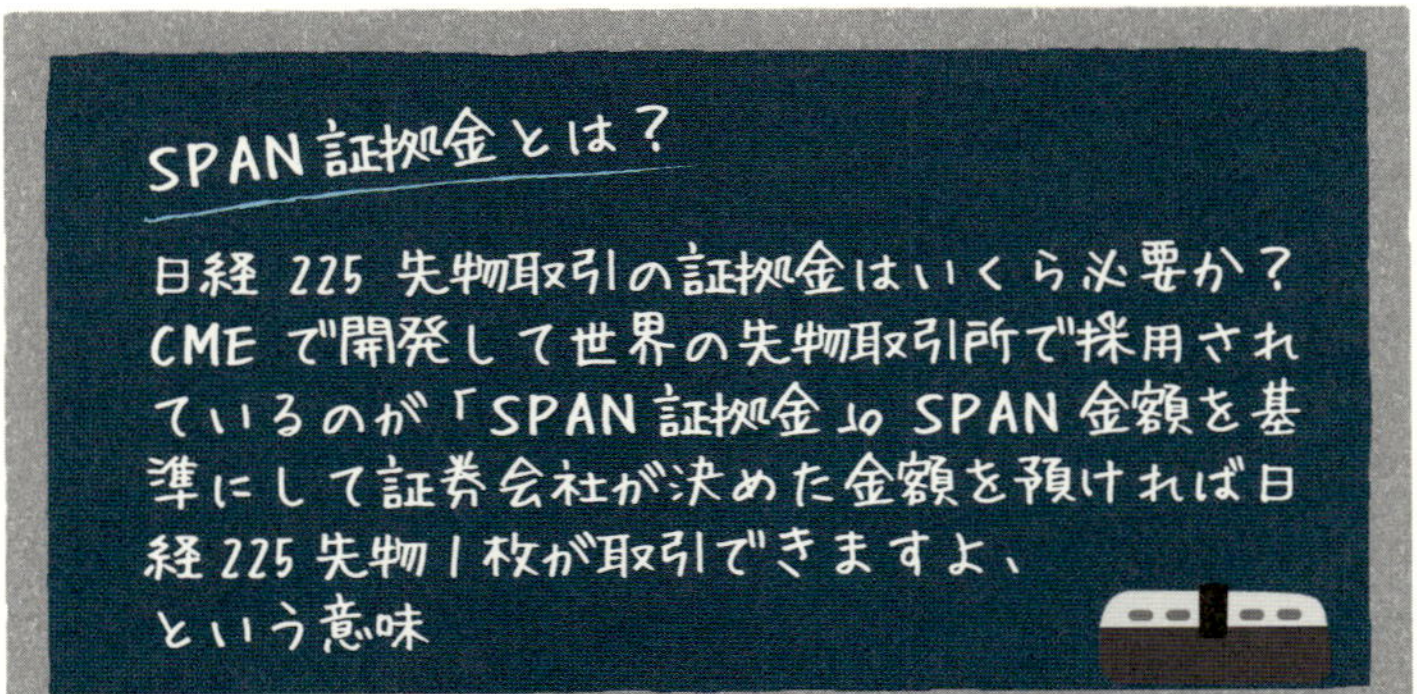

SPAN証拠金とは？
日経 225 先物取引の証拠金はいくら必要か？
CME で開発して世界の先物取引所で採用されているのが「SPAN証拠金」。SPAN 金額を基準にして証券会社が決めた金額を預ければ日経 225 先物 1 枚が取引できますよ、という意味

25先物の取引を行っている証券会社から毎週メールで届きます。

下図は、実際に届いたSPAN証拠金の変更に関するお知らせです。

難しい文言を使っていますが、要するに「**日経225先物1枚を買うのに必要な証拠金は、69万円が基準ですよ**」という意味です。

SPAN証拠金は、日経平均株価の動きにあわせて毎週見直されます。簡単にいうと、「日経平均株価の変動が大きいときは証拠金も高くなり、相場が落ち着くと証拠金も安くなります」ちなみに日経が大きく上昇したこの翌週の動きにあわせて証拠金がどのように変化したかを見てみましょう。

なんと証拠金が72万円と3万円も値上がりしました。上昇したので証拠金は安くなるはずじゃない？　と質問する人もいますが、「**SPAN証拠金計算のベースはリスク**」だということを忘れないでください。リスクは振れ幅の大きさを表すものなので、上がっても下がっても変動幅が大き

ある週のSPAN証拠金の実例

【重要】先物・オプション取引のSPAN証拠金額変更について

日本証券クリアリング機構によるSPANパラメーターの見直しにかかる判定の結果、2018年9月18日（火）からの株価指数先物取引の委託証拠金額は以下のとおりです。

■ 対象取引商品：日経225先物（ミニは10分の1）

■ 当社証拠金所要額：690,000円（SPAN証拠金額 × 1.0）

くなると当然高くなります。

ＳＰＡＮ証拠金まで理解できました。どうしてもわからないという人は、ＳＰＡＮなどの横文字は忘れて、「**日経２２５先物を買うための担保金だ**」と理解してください。この理解でもまったく問題ありません。概念が理解できたところで、実際に日経２２５を買うために必要な具体的な知識に踏み込んでいきます。

注目するところはＳＰＡＮ証拠金のお知らせメールに出てきた、次の２つの文言です。

- **ＳＰＡＮ証拠金額×１・０**
- **ミニは10分の１**

2 「取引に必要な証拠金」は証券会社によって異なる

下図の２番目のお知らせメールを見ると、ＳＰＡＮ証拠金が72万円で、「ＳＰＡＮ証拠金額×１・０」という文言があります。こ

● 翌週のSPAN証拠金の変更の実例

> 2018年9月25日（火）からの株価指数先物取引の委託証拠金額は以下のとおりです。
>
> ■ 対象取引商品：日経225先物（ミニは10分の1）
>
> ■ 当社証拠金所要額：720,000円（SPAN証拠金額 × 1.0）

れが意味することは、SPAN証拠金はあくまでも基準値にすぎず、「各証券会社はSPAN証拠金に独自の掛け目を設定して必要な証拠金を計算している」ということです。

例に出てきた証券会社の場合は「**掛け目が1・0で、SPAN証拠金として提示された金額と同じ金額が実際の証拠金になる**」という意味です。

実は、1・0というのは低いほうで、実際は「**証券会社が1・0〜1・5程度の掛け目を加えるのが普通**」です。「**証拠金の掛け目は取引のしやすさを左右する重要な要素で、証券会社を選ぶ際の大事な基準**」になります。たとえばSPAN証拠金が72万円の場合、掛け目1・5の証券会社の必要証拠金は108万円にもなります。言い換えれば、100万円以上の入金をしないと日経225の取引はさせてもらえないということです。

証券会社を選定する際は、SPAN証拠金の掛け目をよくチェックするようにしてください。

必要な証拠金が会社によって異なるのはわかったけれど、

● SPAN証拠金と掛け目

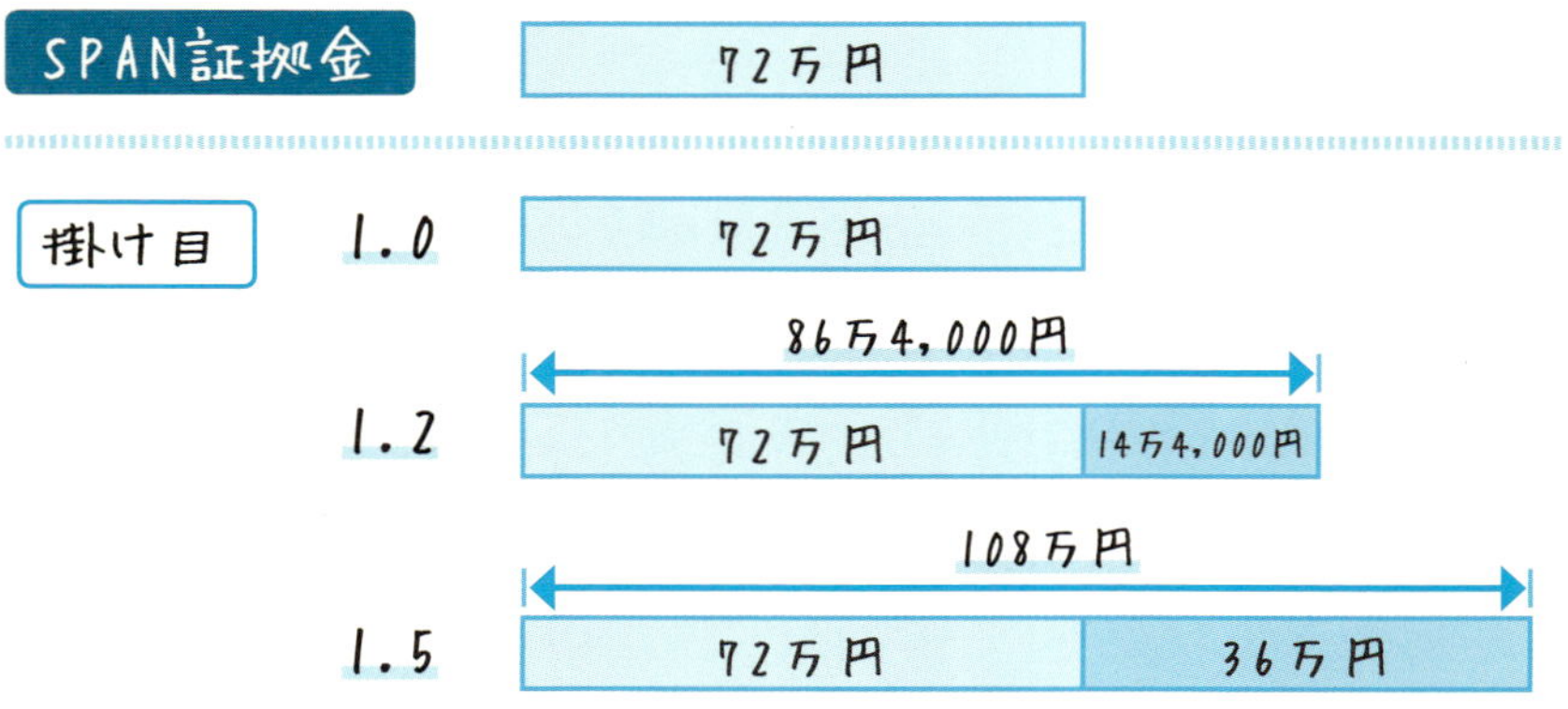

最低限必要な投資金額が60万円、70万円、場合によっては100万円以上になると、投資するのは到底無理だと思えてしまいますね。

3 取引しやすくしたものが「日経225ミニ」

ここまで話を聞くと、「ジョンさんは違うと言ったけれど、やはり投資や先物なんて金持ちたちのゲームじゃないか！」って思いますね。確かに1枚が72万円では、気軽に「日経225先物を10枚ください」とは言えません。

心配しないでください。その悩みは2006年に解決されました。初心者が少ない資金でリスクも取りやすくするために、2006年7月18日からは既存の10分の1の金額で取引ができる**「日経225ミニ」**がスタートしました。これに対して従来の日経225先物は**「ラージ」**と呼ばれます。わかりやすい名前ですね。

ラージのSPAN証拠金が72万円の場合、ミニはその10分の1にあたる7万2000円で取引ができるわけです。その分、ラージが100円動くことで10万円が動く、つまり1000倍のレバレッジがかかっていたのに対し、ミニは100倍のレバレッジがかかります。日経225ミニを2万3000円のときに買って、2万3100円で決済すれば、1万円の利益になります。

まとめてみましょう。日経225先物は変動幅の1000倍で損益が決まるラージと、100

倍のレバレッジが効くミニがあり、ミニは、初心者が投資しやすい10分の1の証拠金で取引ができます。

これならちょっとがんばれば、「日経225ミニを10枚ください」と言えそうですね。しかし、ちょっと待ってください。

その10枚くださいという注文、いつ、どこに出せばいいのでしょうか？　そもそも時間のない私に取引できる時間はあるようなものなのか？　概要だけわかって投資できないようではしかたがないですね。

ここからは実際の取引時間について調べてみましょう。

ミニはラージの10分の1で取引できるから、少額ではじめられるのもわかった。
次は私にも取引できる時間があるか調べてみよう。

● 日経225ラージとミニの概要

	ラージ	ミニ
証拠金	70～80万円	7～8万円
変動幅に対するレバレッジ	1,000倍	100倍
100円の変動幅に対する損益	10万円	1万円

05 実際の「取引時間」と「海外との関係」を知ろう

1 実はほぼいつでも取引できるって、大阪は夜が熱い！

日経225先物の大事な概念は大体押さえてきました。6万～7万円程度で投資でき、100円動くときに1万円もの利益が得られる素晴らしい投資チャンスがある日経225ミニを早く実践したいなら、いつ、どこで買うかくらいは覚えておきたいですね。

「日経225」は1日中ほぼいつでも取引できるという話

そんな話、聞いたことがありますか？　聞いたことがなくても大丈夫です。ここでわかりやすく見ていきます。

日経225先物の取引は「日中取引」と「夜間取引」があって、取引が行われる間は休み時間がないのが特徴です。取引が行われる市場は日本の場合は大阪市場です。

実際の取引が可能な時間（これを立会といいます）を見ると、「**日中取引の立会は朝の8時45分から15時10分まで、夜間取引は午後の16時30分から翌朝の5時25分まで**」です。ほぼいつでも好きな時間に取引ができます。夜しか取引する時間がないというサラリーマンにも最適なしくみです。

「**立会時間の前後にはプレ・オープニングとプレ・クロージングがありますが、この時間中は注文のみ受け付け、実際の売買は成立しません**」。ですがここまで気にする必要はなく、実際はほぼ24時間取引できるということを覚えておいてください。その代わり、ハマったら睡眠不足になりがちなので、気をつけてください。

2 海外にも存在する「日経225」。「CME」「SGX」と日本市場の関係

日本で取引されている日経225の取引時間について見てきましたが、日経225先物は世界で大きく3つの

● 日経225先物の取引時間

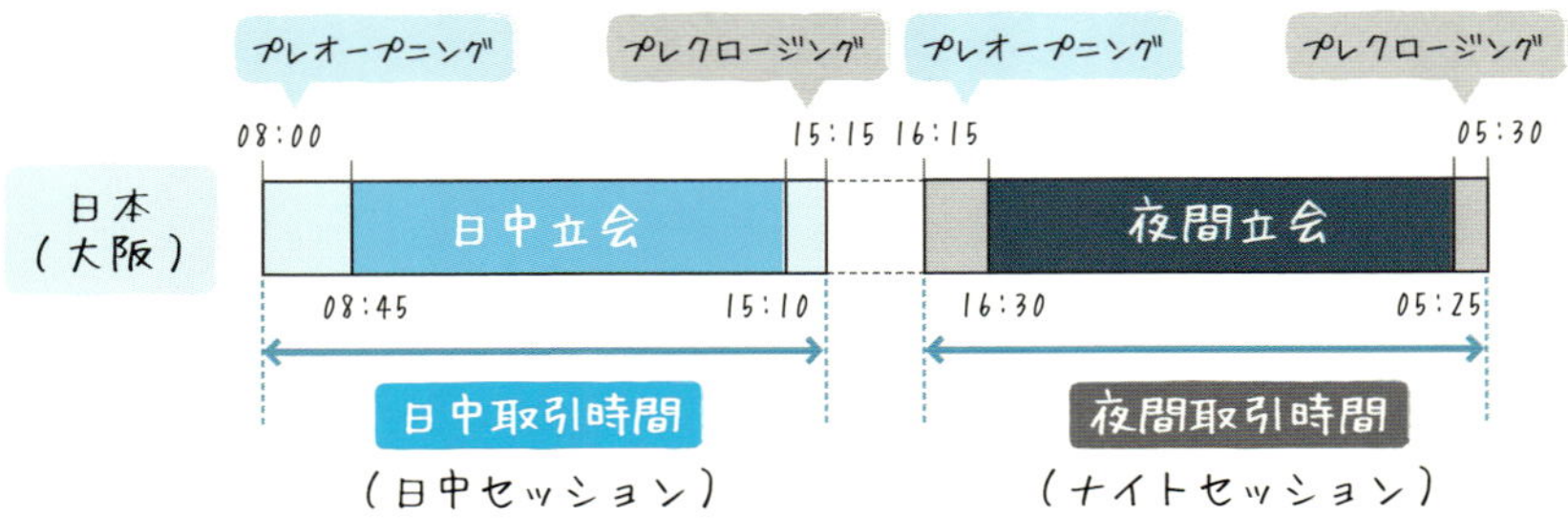

市場で取引されています。米国の「シカゴ市場（CME）」では、ドル建てと円建ての先物」が取引されています。アジアでは「シンガポール株式市場（SGX）」でも日経225先物が取引されています。

ここで大事なのは同じ名前ではあるけれど、3市場で取引されているのはまったく別のものだということです。大阪市場が終わったのですぐCMEのチャートを開いて取引するという意味ではなく、CMEまたはシンガポールの先物はシンガポール市場の中で取引されるということです。

では、**「この2市場の取引はまったく日本と関係なく、見る必要もないかというと〝日経225〟という名前を冠している以上、お互いに影響しあっています」**。下の取引時間を見ればわかるように、多くの取引時間が重なっています。取引がない時間というのは朝7時から8時くらいです。どこかの市場で動きがあったら、必ずお互いに反映されるということを意味します。

時間的な関係について見てきましたが、実はこれよりさらに深い関係がこの2市場にはあり、また日本の株式市場にも

● 日経225先物3大市場の取引時間

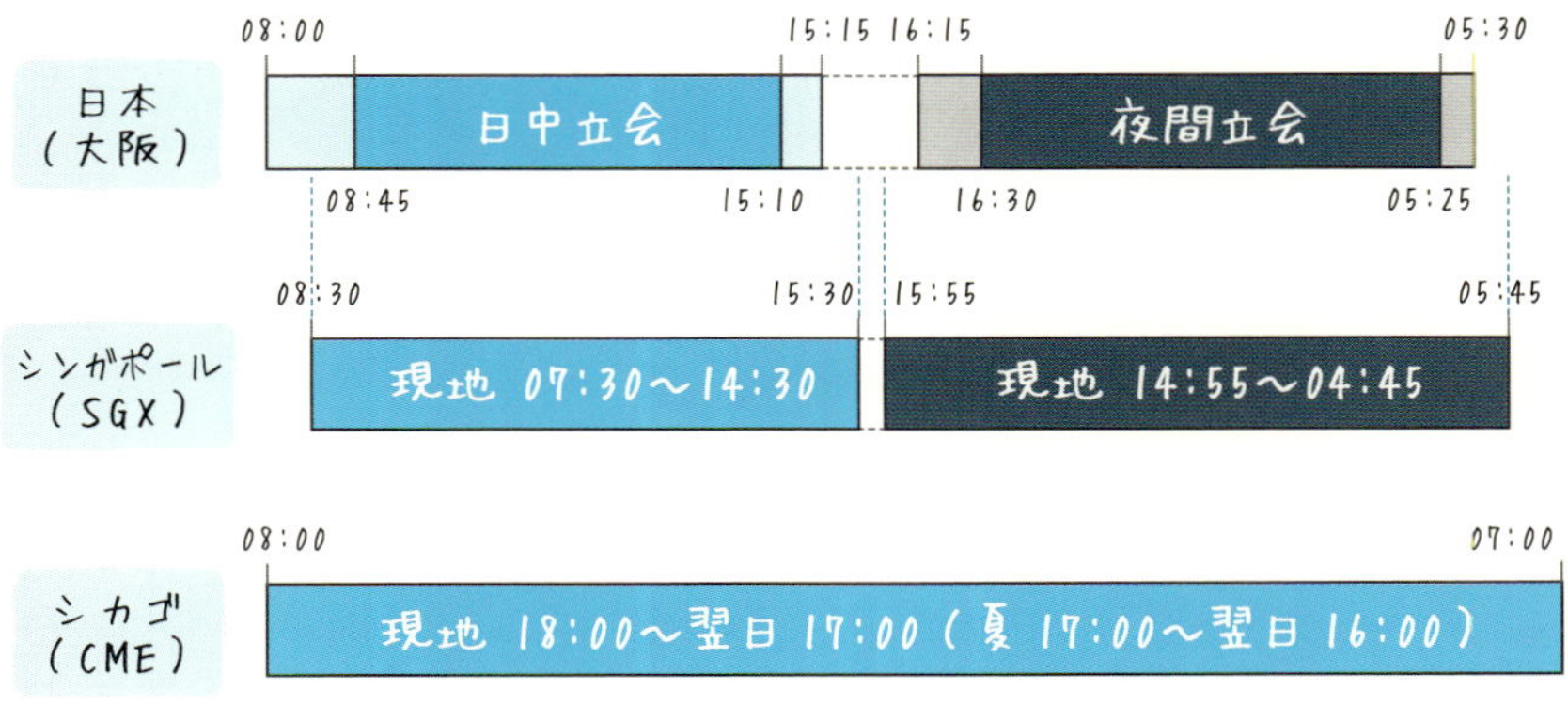

影響を与えるという側面も持っています。

ここですべて説明すると混乱するだけなので、詳しいことは「米国市場と日経の関係」（182頁参照）でお話しします。

朝8時から翌朝の7時まで、必ずどこかの市場で動いている！

06 「日経225先物」のメリット・デメリット

1 メリットは「効率のよさ」

日経225先物について詳しく見てきましたが、株式投資、FXなど、数多くの金融商品がある中で、どうして日経225に投資するのか？　何となく気づいてきたメリットについてここでまとめてみましょう。もちろん、メリットばかりではなく、デメリットやリスクについても理解することが大事なので、しっかり見ていきます。

日経225先物のメリットは、「効率のよさ」でまとめることができます。

2 メリット❶ 「資金的」効率の高さ

現物株式投資は自分が持っている資金が取引の限界です。10万円を持っていると、10万円分の現物株を買うことしかできません。一方、日経２２５の場合は最低でも20倍以上のレバレッジを効かせて取引することが可能です。議論をシンプルにするために、日経平均が2万円でミニの証拠金が10万円だとすると、平均の10倍、20万円の取引ができるということです。もちろん証拠金が10万円以下の場合はレバレッジはより大きくなります。

3 メリット② 「時間的」効率の高さ

現物株式取引の場合、買った銘柄の株価が上がれば利益になる取引が基本になります。その銘柄が下げるトレンドに入るとその時間帯は何もできない「無駄な時間」になるわけです。一方、日経２２５は信用取引同様、売りから入ることで下降時にも利益をあげることができます。上げでも下げでも利益をあげることができるので、すべての時間帯を効率的に使えます。

4 メリット③ 銘柄を選ぶ必要がない

株式市場だけで３５００社以上の上場企業があり、その中で自分にあう銘柄を選定するのは大変な作業です。銘柄選定の少なさがメリットとして紹介されるFXでさえ、ドル・円、ドル・ユーロなどの通貨ペアを選定する必要がありますが、日経２２５は、銘柄の選定作業が不要です。

5 メリット④ 倒産リスクが理論的には「0」

株式投資の場合、会社が倒産または上場廃止になると、保持している株が紙くずになるリスクが常に存在します。しかし、日経225は日本の株式市場が崩壊しないかぎりそのようなリスクは存在しません。ただし、リーマンショックのように市場全体が暴落する局面では、投資金額以上の損失が発生する可能性があるのでご注意です。これはリスクのところで詳述します（76頁参照）。

6 メリット⑤ 取引のしやすさ

少ない資金でできる、取引時間が長いなど、取引をはじめるのに最適なしくみだというのが大きなメリットです。株式投資の場合、銘柄によっては数百

● 日経225のメリット

メリット項目	説明
① 資金的効率の高さ	現物株式投資と異なり、20倍以上のレバレッジを効かせて取引することが可能
② 時間的な効率の高さ	信用取引同様、売りから入ることで下降時にも利益をあげることができる
③ 銘柄選定作業の効率	基本的に銘柄選びは不要。限月の選択だけですむので、銘柄選びの作業が省ける
④ 倒産リスクが「0」	株式投資のように会社が倒産または上場廃止になるリスクがない
⑤ 取引のしやすさ	少ない資金ではじめることができる。また、株式の取引時間より長く、夜間も取引できるので時間のない人にも最適

万円以上の資金が必要ですが、日経２２５の場合は最低10万円くらいから取引を開始することができます。

また、取引時間が長いのも大きなメリットです。24時間ほぼいつでも取引することができるので、忙しいサラリーマンにも最適な投資商品だといえます。

朝・昼・夜、いつでも
トレードできるのは
大きな魅力のひとつ。
でも、寝不足には気を
つけてください！

07 デメリットは「細かい管理」が必要

1 リスクがあることを忘れない

メリットだけを見ると欠点のない素晴らしい商品のようですが、そんなことはありません。デメリットやリスクも存在することを認識したうえで、そのリスクをどうコントロールするかも一緒に覚えましょう。

2 デメリット❶ 保有期間に制限

現物株式取引にはない「**期限（SQ日）**」が存在します。現物株式の場合、会社が存続するかぎり保有し続けることができます。しかし、日経225の場合は、もうちょっと保持していると利益がさらに大きくなりそうだという場面でもSQ日には必ず決済しなければなりません。「**自分が**

決済しなくてもSQ日には強制的に決済される」ことに注意してください。

3 デメリット② 過剰なレバレッジ

20倍以上のレバレッジが効いているのは大きなメリットのひとつですが、裏返してみるとリスク要因のひとつでもあります。「**レバレッジが逆に効いた場合は大きい損失につながる**」ことも忘れないでください。そのために必要なのが、自分が決めた方向と反対に動いた場合には損失を小さく限定する損失限定の決済（ロスカット）をすることです。

これは実際の取引のところで詳しくお話しします（２０９頁参照）。

4 デメリット③ 現物株式の特典がない

株式投資をするときの楽しみのひとつが、配当金や株主優待といった特典です。しかし、先物投資の場合は現物株式に投資することによって得られる特典は一切存在しません。

自分の投資に対する好みによって選ぶことなので、これがデメリットに入るのかは悩ましいところです。配当金や株主優待を中心として考える場合は、現物株式投資を選べばいいだけの話です。

5 デメリット④ 確定申告が必要

株式投資の場合は、「源泉徴収ありの特定口座」を選ぶことで、確定申告が不要になります。しかし、「**日経225先物の場合は雑所得として扱われ、〝源泉徴収ありの特定口座〟を選ぶことができません**」。

取引から発生する利益の場合、一定金額を超えると確定申告が必ず必要になるので少し面倒な側面があります。

しかし、本書で説明しているスキルを身につけ、取引を続けると面倒さを超える利益の喜びが待っています。

● 日経225先物のデメリットとリスク

デメリット・リスク項目	説明
① 保有期間に制限	現物株式取引にはない期限（SQ日）が存在する。SQ日には必ず決済されることに注意
② 過剰なレバレッジ	20倍以上のレバレッジが効いているので、逆に効いた場合は大きい損失につながる
③ 現物株式の特典がない	現物株式に投資することによって得られる配当、株主優待などの特典はない
④ 確定申告が必要	源泉徴収ありの特定口座がないので、確定申告が必ず必要になる

08

「リスク」と「コントロール」を理解すると怖いものがなくなる

1 リスクが怖くて投資ができるか!

デメリットとリスクのところを見ると、細かい管理が欠かせないことがわかります。しかし、リスクが怖くて投資ができないというのは交通事故が怖くて外を歩けないのと同じ考え方です。交通事故は常に起こる可能性があるので、ちゃんと信号を守る、交通規則にそって行動するといったリスクコントロールを無意識にしているわけです。

先物も同じです。このようなリスクが存在することを認識したうえで、それをどのようにコントロールするかをきちんと学んで行動すれば、怖いものはなくなります。

これらの説明で少しずつコントロール方法についてお話ししましたが、実際の取引方法を説明するときはより詳しく見ていきます。

2 最初に認識すべきリスクとコントロール 追証

FX、信用取引の経験のある人は、追証の存在についてすでに理解していると思います。ここではレバレッジに絡むリスクとして、追証の意味と資金管理の重要性について見ていきます。

まず、追証とは何でしょうか？　簡単にいえば「**担保金が足りなくなりました**」という状態です。「日経２２５先物」のメリットのひとつは７万円くらいの証拠金額で20倍以上のレバレッジをかけることができるというものでした。

では、ぴったり７万円だけ入れればいいかというと、もうちょっと余裕が必要です。証拠金を預かって先物取引を提供している証券会社にとっては守ってほしい下限というのがあります。それが「**最低証拠金所要額**」です。追証についてやさしくいうと、次頁の下の黒板のようになります。

● リスクに対する正しいアプローチのしかた

よくわからないから近づかないでおこう

言葉だけでは難しいので、具体的な数字で理解するようにしましょう。日経平均が2万円で証拠金が7万円だとします。少し余裕を持って10万円入金しておけば、3万円ほどの余裕があります。大体の証券会社は最低証拠金所要額＝ＳＰＡＮ証拠金額になっています。つまり、日経２２５先物1枚を7万円で買って、７万円を守っていれば問題はありません。

では、値段が２００円下がったときの影響を現物株式と比較しながら考えてみましょう。現物株式を7万円で買って株価が２００円下がったときの含み損は２００円です。痛くも痒くもないですね。しかしこの２００円が日経２２５では結構怖いのです。レバレッジのことを覚えていますね？　日経平均が１００円上がるときに利益はその１００倍の1万円になります。じゃ、その反対は？　ちょうど同じ比率で損失になります。日経平均が１００円下がれば1万円、２００円下がれば2万円の含み損失になります。つまり、7万円から2万円足りなくなったと評価されるわけです。

しかし、10万円を入金しているので2万円の含み損は問題になりません。ここまではいいですが、日経平均が５００円下がったら？　わかりやすく5万円の評価損になったので余裕資金３万円

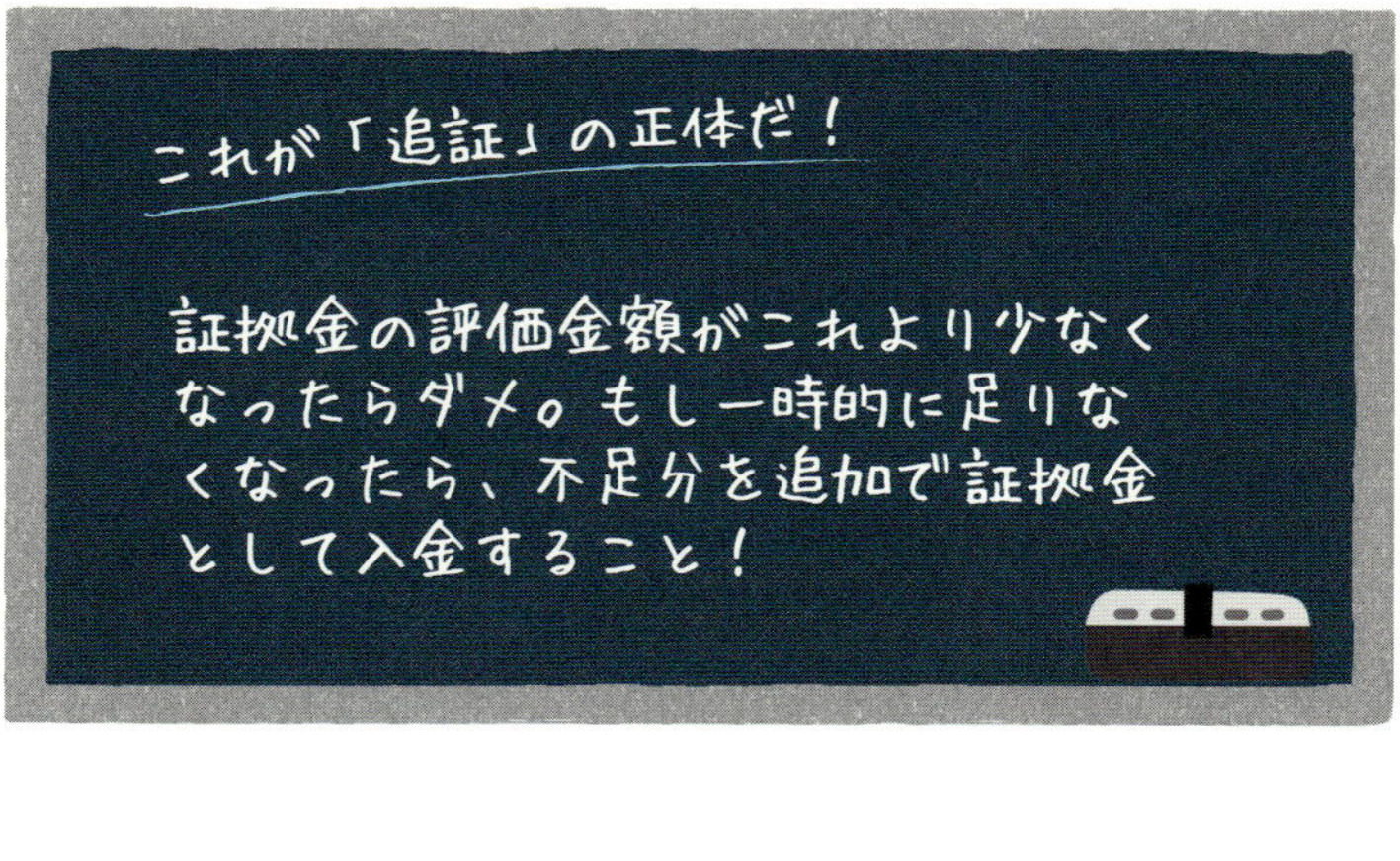

を当てても、2万円が足りなくなりました。この2万円はどうするかというと、証券会社から「2万円を追加で入金してください」と連絡がきてしまいます。これが「**追証発生**」で、2万円を決まった期限まで入金しないと強制的に決済されてしまいます。

500円下がったら現物株式は500円の影響しかないのに2万円も足りなくなるって、やはり怖い！　と思うかもしれません。怖いのでやはりやめておこうと思うのではなく、その対策をきちんと考えるようにするのが正しい投資家の姿勢です。追証への対策は2つだと覚えてください。

Ⓐ 資金に余裕を持たせる
Ⓑ 損失限度額を決めて、そのとおりに行動する（ロスカット）

● 追証の発生と対応

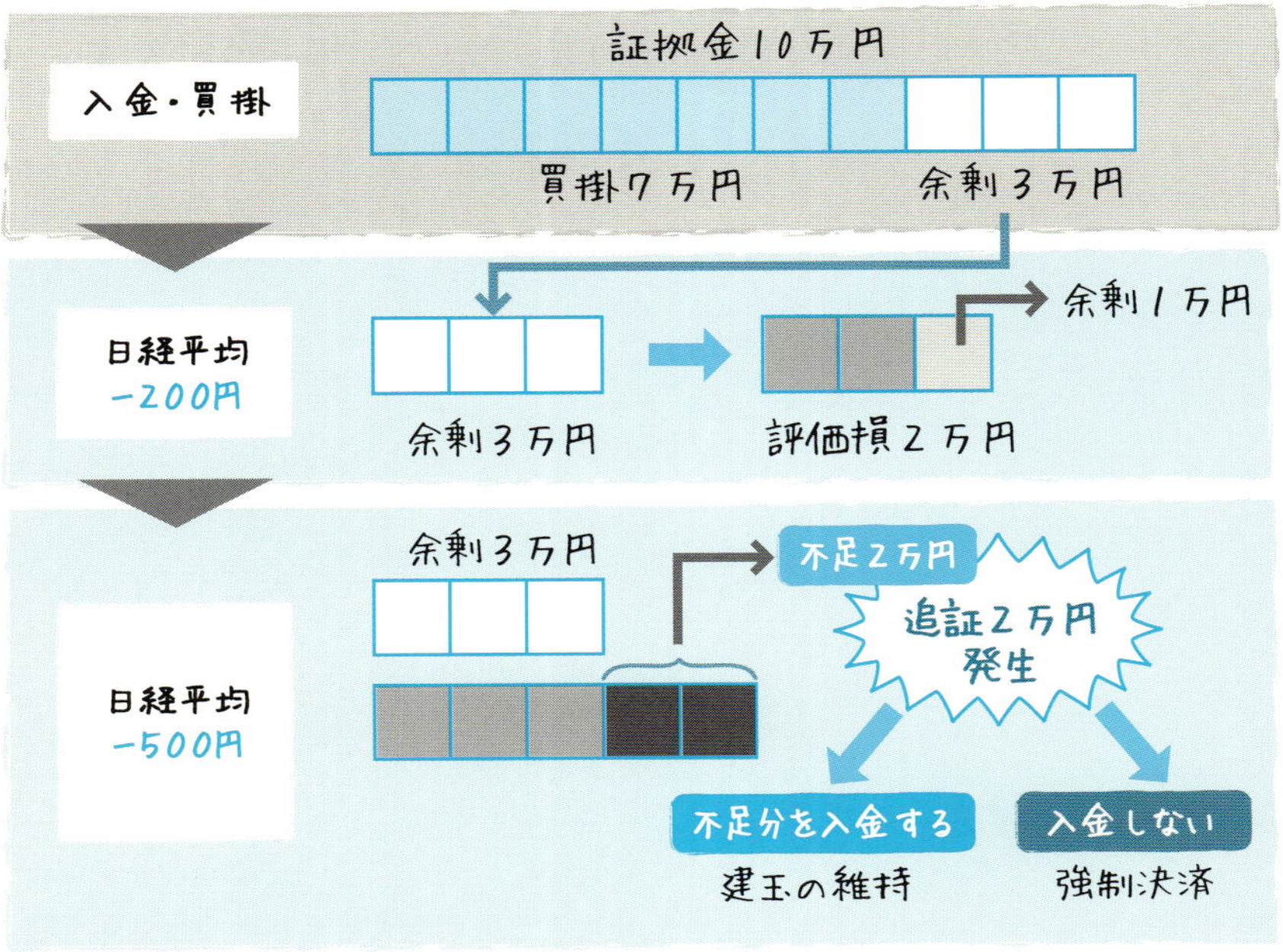

3 追証対策❶ 「資金に余裕」を持たせる

まず、余裕資金について、**「私が貫いている原則は150%」**です。10万円の証拠金が必要な場合は、15万円以上を証拠金として入金するという原則です。裏返せば、資金を目一杯使わないという意味にもなります。15万円入れて、15万円きっちり先物を買ってしまっては意味がないですね。

「そもそも50%の余裕を持たせても追証になっているということは、完全に間違った取引をしたということなので、潔く決済するのがベスト」です。そこで必要なのが次のロスカットです。

4 追証対策❷ 「ロスカット」を徹底

取引をはじめるときは必ず自分の限度を決めて、それを超えたら損失を限定する決済を行なってください。どこで損失を限定するか、その目安は投資家によって異なりますが、**「私が目安とするのは、チャート上のロスカットポイントと2%ルール」**です。チャート上でのロスカットポイントは本書のメインテーマでもあるので、実際の取引スキルをお話しするときに詳しく見ていきます。まずここでは2%ルールについてお話しします。

難しいことではなく、資金の2%以内に損失を限定して、それを超える瞬間にロスカットするということです。100万円の証拠金の場合、1回の取引で2万円以上は損失を出さないようにします。10万円の証拠金で200円下がると2万円の損失になります。これを続けると資金はなんと5回くらいでなくなり、投資が続けられなくなって、市場から追い出されます。損失を出すのはしかたがないことですが、少なくとも市場で生き残り次のチャンスをねらえるようにする必要があります。

「**利益を出すことと同程度にロスカットラインを守る資金管理が大事**」だということを必ず覚えてください。

追証のしくみと資金管理の重要性まで見てきました。次にデメリットの最後の項目、税金についてお話しすることで大半のデメリットとリスクはカバーできたことになります。

5 確定申告を忘れないで！「日経225先物の税金」

株式投資セミナーをやっていると、たまに税金に関する心配で質問してくる人がいます。「いっぱい儲かったら税金もたくさんかかる、どうしましょう?」といった質問ですが、私の答えはいつも「儲かってから心配しましょうよ」と言って、税金については最後にお話しします。しかし、日経225先物の場合は税金の金額だけでなく、申告を忘れると「脱税」のリスクもあるのでしっかり見ておきます。

日経225先物の利益は「雑所得」

日経225先物・ミニの取引で利益が発生する場合、「有価証券先物取引等に関わる〝雑所得〟として〝申告分離税〟」の対象となります。確定申告が必要になるので、忘れないように注意が必要です。

利益に対する税率は2037年まで20・315%

先物取引で得た利益に対してはもともと所得税15%＋住民税5%の合計20%でしたが、2012年～2037年までの期間、復興特別所得税が0・315%加算され、20・315%が課税されます。

ただし、確定申告が不要なケースもあり、年収2000万円以下の給与所得者で、年間の利益合計額が20万円以下の場合は、住民税のみの申告となります。同様に扶養者（専業主婦、学生など）は38万円以下なら確定申告は不要になります。

● 日経225の期間別税率

税項目	2012～2037年	2038年以降
住民税	5%	5%
所得税	15%	15%
復興特別所得税	0.315%	-
合計税率	20.315%	20%

3年間損失の繰越控除が可能

「**日経225先物（オプションを含む）取引で生じた損失は、確定申告することにより、翌年以後3年にわたり、先物取引に係る雑所得等の金額から繰越控除することができます**」。大きく損失が出た場合は、3年間を通算して確定申告することができますが、取引を行ったか否かにかかわらず、毎年、確定申告を行う必要があります。

ここまでの説明で、日経225先物取引におけるデメリットとリスクについて理解したうえでその対策とコントロールについて理解できました。これで実行への一歩を踏み出せそうです。

その前にもうひとつ、初心者が必ず直面する問題について考えてから実行に移したいところです。その問題というのは、「ラージ」か「ミニ」かということです。

日経225先物は「源泉徴収あり」がないので、自分で確定申告しなくてはいけません。忘れると脱税になってしまうので注意してくださいね！

09 どっちがいいか「ミニ」と「ラージ」

1 とにかく、自分にあっているほうを選択する

「取引しやすくしたものがミニ」（63頁参照）で、ラージとミニの違いについてお話ししました。概要がわかったところで大事なことは、「**現在自分の状況においてより適切なのはどっちで、自分は何を取引すべきなのか**」です。実際に口座を開いて取引をスタートする前に、最後のトピックとしてミニとラージの違いを詳細に理解して選べるようにしましょう。

2 ミニとラージの違いとメリット

❶ 呼値の単位（1ティック：ラージは10円、ミニなら5円）

呼値の単位とは「注文できる価格の刻み」を意味します。呼値の単位が10円だとすると３５００円の株を３５０１円で買うという注文はできないということです。３５１０円が正しい注文単位になります。

ミニとラージはこの呼値にも違いがあってミニが5円、ラージが10円です。ラージの日経２２５が2万３０００円のとき、1単位上の値段で注文しようとすると2万３００１円ではなく、２万３０１０円から注文が可能です。この差だけですでに1万円の損益が発生します。これでは資金力に限界がある個人投資家は、なかなか手を出しにくいですね。

一方、ミニは5円単位なので、1単位動くときに５００円の損益が発生することになります。注文しやすいだけでなく損益の管理がしやすいので、初心者や資金の少ない個人投資家向きだというのがわかります。

呼値の単位はよく1ティックと呼ばれます。**「ミニは1ティック5円」**という言い方をするので、一緒に覚えておいてください。

❷ 取引手数料

資金の面から考えると、取引手数料にもかなりの差があります。証券会社によって差がありますが、ラージの場合は1枚の取引で２００～５００円、ミニは30～50円と2倍くらいの開きがあります。

取引手数料は証券会社を選ぶ大事な基準になるので、２時限目で詳しく比較します。

❸ 限月

ラージは3、6、9、12月に限月が設定されています。1年に4回しか限月がなく、これを「メジャーSQ」と呼びます。一方、ミニは毎月（1～12月）限月が設定されています。**「メジャーSQはラージとミニの取引が重なっているので取引高が多く、流動性が高い（売り買いがしやすい）のが特徴」**です。取引高は銘柄の選定に重要な要素なので、初心者はメジャーSQのある限月の取引を基本として考えてください。詳細は後ほどお話しします。

3 初心者はミニ、中級以上はラージ

ここまでラージとミニの詳細を勉強してきたので、何となく自分にはどちらが向いているのかがわかってきたと思います。ここではっきりと言葉にして整理しておきましょう。225先物を今からはじめる初心者の人は、次の言葉を覚えてください。

● 日経225ラージとミニの詳細

項目	ラージ	ミニ
証拠金	70～80万円	7～8万円
取引単位	日経平均×1,000	日経平均×100
100円の変動幅に対する損益	10万円	1万円
限月	3月、6月、9月、12月	毎月(1～12月)
取引最終日	各限月の第2金曜の前営業日	毎月の第2金曜の前営業日
呼び値単位	10円	5円
取引手数料	200～500円(1枚あたり)	30～50円(1枚あたり)

「ミニのメジャー」

何のことかわからないといっても心配しないでください。「初心者は日経225ミニ、メジャーSQのある限月を選んでスタートしましょう」という意味です。

初心者はミニ

取引をスタートするときは、まずミニかラージかを決める必要があります。証拠金150％のルールを適用する場合、SPAN証拠金72万円時、ラージは最低でも100万円以上の資金が必要です。一方、ミニは10万円程度の資金があればとりあえず取引をスタートすることができます。

また、日経平均が100円動くときにラージは10万円の損益が動くので、初心者には相当難しいです。証拠金が少ないことや変動幅が少ないことから、初心者にはミニの取引からはじめることをお勧めします。ラージは、取引に慣れてきて資金管理が十分できるようになってからスタートしても遅くありません。

「初心者はミニ」ということがわかったので、次は取引する限月について考えてみましょう。

ミニでも取引高の高い「メジャーSQ」で取引

2時限目で実際の画面を見ながら比較しますが、メジャーSQではない限月、またはSQ日が半年、1年先といった今の時点から遠い限月は、取引高が少なく流動性が低くなります。一方同じミニでも、目先のメジャーSQの限月物は流動性が高いのが特徴です。

結論からいうと、**「ミニで取引する場合でも、メジャーSQの限月を選んで取引する」**ことを原則にしてください。

流動性が低いということは、買建てた先物がいくら上がっても、なかなか売れない可能性が高いということです。値段が上がったのと、その値段で売れるというのはまったく別のことです。メジャーSQ限月の先物は、流動性の心配をすることなく取引できるので、安心して買建てることができます。

たとえば、9月のメジャーSQが終了した時点で、新たにミニの取引をスタートする場合は、10月物か11月物ではなく、12月物を選ぶというイメージです。

日経225先物の種類と選択
【初心者】ミニ、メジャーSQの限月
【中級者以上】ラージ
「ミニのメジャー」と
覚えましょう！

4 準備はOK、いざ出陣!

今度こそ準備が整いました。日経225先物の素晴らしい世界に飛び込んでいいです!

ただし、日経225先物が取引できるフィールドと、そのフィールドで走るスキルは身につけておく必要がありますね。

2時限目では、自分が走るためのフィールドを築き、注文のしかたまで覚えてしまいましょう。

メリット・デメリットは
しっかり覚えましたね?
自分にあうものも決まったので、走りにいきましょう!

Column 1

バフェットさんも追証ですか？

刺激的なタイトルではありますが、「著名な投資家は？」と聞かれたら、真っ先に名前が浮かぶのがウォーレン・バフェットさんです。

投資をする人の誰もが1度は名前を聞いたことがあり、プロを目指している人も、そのパフォーマンスに圧倒されるほど数々の伝説をつくり続けてきた投資家です。

世間を驚かせたのは2019年5月4日、バフェットさんが率いるバークシャー・ハザウェイの株主総会の席でした。バークシャーが3割弱を保有する食品会社のクラフト・ハインツが2018年10～12月期に一部の無形資産を減損処理したことで、バークシャーも30億ドル（約3,300億円）もの減損損失を計上するに至ったのです。「**減損処理**」というのが少し難しいですが、わかりやすくいえば「**チーズで有名な“クラフト”というブランドの価値を評価し直すと最初の評価ほどの価値がなく、下げた価格で帳簿につけ直す**」ことをいいます。それだけ資産の価値が減るということです。その損失分がなんと3,300億円で、投資の神様と呼ばれるバフェットさんも「われわれは払いすぎた」と認めざるを得ないところまでいたりました。

セミナーでこの話をすると「バフェットさんも追証になりますかね？」という冗談交じりの質問もありましたが、そもそもバフェットさんが信用で投資をしたかはわからないし、一時は時差総額で世界5位にまで入るほどの規模を持つバークシャー・ハザウェイが追証に追い込まれるとは思いません。

逆に「**バフェットさんの言葉は1種のロスカット**」だと思います。自分の失敗を認め、きれいに整理して次のチャンスを待つ、まさにロスカットそのものですね。

実際に株主総会のあと、米中の貿易戦争の影響で世界の市場が大きく下げたときには、「**株価が下がるのを楽しみにしている**」とすぐさま強気になっているほどでした。

「**追証が発生する、損失を抱えるというのは投資をしている以上、避けて通れない道**」です。「**くよくよして損失を抱えたまま塩漬けにしてしまうより、潔く認めて自分の投資を見直し、次のチャンスを待つ**」。失敗を通じてまでバフェットさんがわれわれに与える教訓は大きいものです。

2時限目

「日経225先物」取引を開始

試合に出る前に、
まずフィールドを
準備します。
フィールドの走り
方もひととおり
覚えましょう！

01 証券会社に口座があっても取引ははじめられない

1 「現物口座」と「先物・オプション取引口座」

1時限目までの説明を通じて、日経225先物の詳細がつかめました。次はスキル的な側面についてお話しをします。

詳細がわかるのとそれを実践できるのは別の話です。車の構造や動く原理がわかったところで、運転ができないのと同じ話です。車を動かすためには、教習所に通って具体的な運転のスキルを学ばないとダメです。

日経225先物を運用するためには、下図の2つがそろう必要があります。

● 日経225先物の取引を実践するプロセス

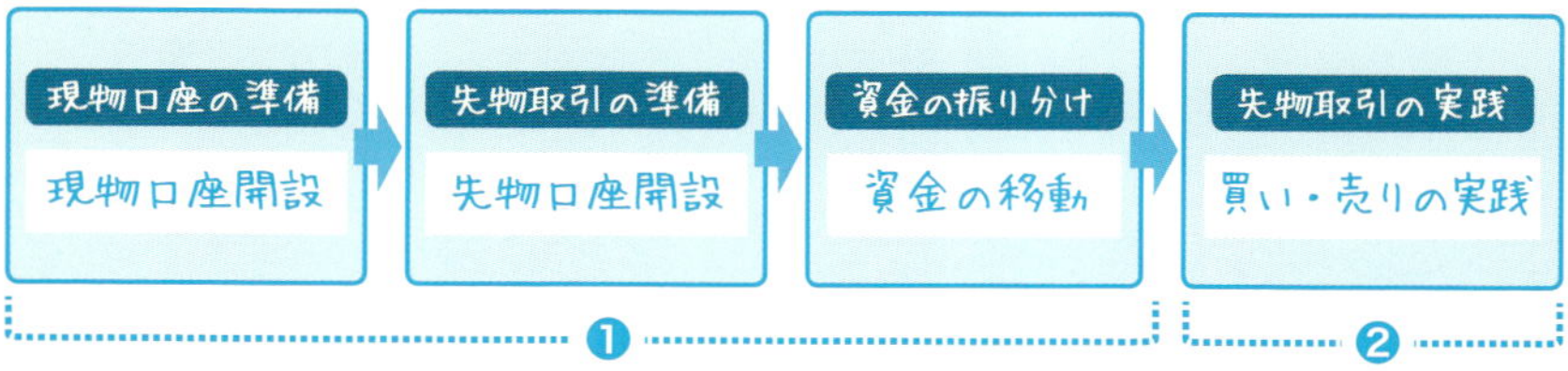

❶ まず、取引を実践するフィールドとなる取引口座

❷ そして実際に先物の情報を調べて注文するツールと操作

2 証券口座とは別の口座が必要

はじめて証券会社に口座を開設すると、「口座が開設できました」という通知がきて取引できるようになりますが、これは、実は株式を取引するための「現物口座」が開設されたことを意味します。現物口座をまだ開設していないという人は、証券会社の情報を参照するか、「世界一やさしい株の教科書1年生」で詳しく説明しているので、参考にして口座を開いてください。

最初に開設した口座は「現物口座」だというお話しをしました。つまり、最初に口座を開いただけでは、先物・オプション取引はもちろん、信用取引、FXなど、ほかの金融商品の取引はできないということを意味します。

「**先物取引をするためには現物の口座を持った状態で、先物・オプション取引口座を開設する必要があります**」。では、信用取引口座を開設するプロセスを見ていきましょう。

3 日経225取引に有利な証券会社はどこ?

株式投資の場合もそうですが、投資に適した証券会社を選ぶというのはいつも悩ましいことです。選ぶ基準は何でしょうか？　という質問をすると、多くの人が、手数料、証拠金、会社の信頼度など漠然とした答えを返してきます。

ここで重要なポイントをひとつ押さえてください。

まず自分の投資スタイルを決める

手数料や証拠金など、お金にまつわることはもちろん大変重要なことです。しかし、真っ先に決めるべきことは自分の投資スタイルを決めることです。

たとえば、４時限目で解説しているデイトレードのように短期志向なのか、数日～数週間に渡って保持するスイングトレードをメインにするのかといった投資期間の好み。またはＩＦＤ、ＯＣＯ、ＩＦＤＯなど、高度な注文を駆使して楽しみながらトレードしたいのか、成行を中心として直感的・スピーディな注文を好むのかによって選ぶ基準は変わってきます。

ここで１回立ち止まって、自分のスタイルを考えてみてください。それが決まると証券会社を選ぶのが楽になります。

証券会社選びはまず
自分の好みを明確に
することから！
手数料や証拠金などはそのあとですよ。

02 賢い「証券会社の選び方」

1 証券会社を選ぶ基準は3つ

証券会社を選ぶポイントは、下図の3つです。簡単にいえば1枚あたりの取引手数料、必要証拠金の掛け目、取引ツール・注文機能などです。

特に大事な基準は取引手数料です。ポイントはミニの手数料だけを比較しないことです。慣れてきてリスク管理ができるようになったら、将来的にはラージも取引することを視野に入れてミニとラージ両方の手数料を比較する必要があります。

● 証券会社を選ぶ基準

❶ 手数料	取引手数料は最も重視したい項目。将来はラージも取引することを視野に入れ、ミニとラージ両方の手数料を比較する
❷ 証拠金	SPAN証拠金に各社が決めた掛け目を掛けたのが必要証拠金。投資資金が少ない中、多く取引したいときに重要
❸ ツール・機能	チャートやニュースを提供するトレードツールや、IFDO、OCOなどの注文機能を豊富に提供しているか

2 自分の投資スタイルによって、基準を組みあわせる

3つの基準を漠然と比較するのではなく、まず自分の投資スタイルを決めるべきだとお話ししました。投資スタイルが決まると3つの基準の中で、最優先すべき項目とそれに付随する基準が決まります。

言葉が少し難しいので、投資期間の好みによって選択基準を組みあわせた例を見てみましょう。

デイトレ ＋ スキャルピング 志向の人

短い期間で勝負を決めたい短期志向、つまりデイトレードもしくはスキャルピングをメインにしたいときは取引回数が増えるので、**「取引手数料の安さが最重要基準」**になります。加えて、スピーディな注文が必要なので、最速で注文できる機能を持った会社を選ぶべきでしょう。

● デイトレ ＋ スキャルピング で重視すべき基準

❶ 手数料	＋	❸ ツール・機能

1回あたりの手数料が安いのが大事な基準。
素早く注文を実行できる注文機能を持っていることも重要

スイングトレード志向の人

一方、より長い期間保持してトレンドに乗せることで利益を得るスイングトレードは、**「必要証拠金が安い」**ことが大事な選択基準になります。数日～数週間を保持することになるので、一時的に含み損が発生する場合があります。追証の説明でお話ししたように、含み損が発生するとその分証拠金が減少するので、証拠金の掛け目が高い証券会社は余分に資金を準備する必要があります。そのため掛け目が小さい会社を選ぶべきです。

また、集中力が切れて自分が見張っていなくても**「IFD、OCOといったリスク管理を自動化できる機能」**を備えた証券会社を選ぶのがいいでしょう。

3 基準を満たせる証券会社はここ

ここまでのことを踏まえて、代表的なネット証券会社の手数料、証拠金と特徴を次頁の表にまとめました。こちらを参考に自分のスタイルにあった証券会社を決め、口座開設を進めてください。

● **スイングトレードで重視すべき基準**

②証拠金 ＋ ③ツール・機能

数日～数週間を保持することになるので、必要証拠金が安いことが大事な選択基準。なお、IFDO、OCOなどリスク管理を自動化できる機能を持っていること

日経225先物 ラージとミニの詳細

証券会社	取引手数料（1枚） ミニ	ラージ	SPAN証拠金 掛け目	特　徴
ライブスター証券	35円	250円	120%	新規に先物・オプション口座を開設すると2カ月間（40営業日）無料（0円）。手数料は最安値水準。モバイルツールひとつで株式投資、先物、オプションがすべてカバーできる。気配の板から簡単に発注する機能を搭載。IFDO、IFOなどの多彩な注文が可能
GMOクリック証券	37円	260円	会社規定による	取引ツール「スーパーはっちゅう君」は個人投資家に人気。取引手数料は最安値水準。証拠金の規定が他社と若干異なる
カブドットコム証券	38円	300円	120%	手数料は最安値水準。取引ツール「kabuステーション」は、高機能なうえに自動売買機能も搭載。ミニTOPIX先物、東証REIT指数先物、TOPIX Core30先物など商品のラインアップが充実
SBI証券	40円	400円	100%	取引ツール「HYPER SBI」は歴史が古く、情報が豊富。手数料は最安値まではいかないが、遜色のない水準。逆指値などの注文方法がひととおり揃っている
楽天証券	43円	324円	120%	ライブスターに並ぶ手数料の安さが魅力。トレードツール「マーケットスピード」はチャート分析機能などが充実していて、プロも愛用
マネックス証券	50円	330円	140%	高機能なトレードツールのマネックストレーダーが無料で利用可能。逆指値注文、ツイン指値注文など便利な注文機能が揃っている。ダブルクリックで注文可能な「スピード注文」機能を搭載

（2019年5月1日現在）

03 実際に「先物の取引口座」を開いてみよう

1 まずは証券口座が開けたか確認する

証券会社の現物取引口座開設は終わっていますか？　ここでは証券会社に現物取引の口座を開設済みという前提で話を進めます。

証券口座を開いているのか、そのほかの取引口座も開いているのかが定かではない場合は、下図を参考にして自分の口座開設状態を確認してください。「未開設」になっているものは口座が開設できていないことを意味するので、開設の手続きが必要になります。

2 先物・オプションの口座を開こう

次々頁の図を見てください。これは証券会社の一例として取りあげる楽天証券のホーム画面です。現物口座にログインして、「他の商品」メニューをクリックし（❶）、表示されるサブメニューで先物・オプションを選択します（❷）。だいたいの証券会社は先物・オプションを同じカテゴリーで扱っています。別々のメニューになっている場合でも心配することなく、先物をクリックすれば大丈夫です。

次の画面で表示される先物・オプションページに取引口座の申し込みへのリンクがあるので、クリックして（❸）申し込みページに移動します。

申し込みの情報を入力する前に、自分の口座開設状況が確認できます。

口座情報の中で「申込が必要な取引・各商品に関する設定」をクリックすると、各種商品別（FX、信用取引、先物など）に必要な口座が開設されているかを確認することができます。現物口座のみを開いた状態ではすべて未開設になっていますが、口座を開いて何年も放置した状態だと、自分がどの口座を持っているのかわからなくなっている場合もあります。1度チェックしてから申込に進みましょう。

先物・オプションの状況が「**未開設**」になっていることを確認して、「申込」ボタンを押すと（❹）直接申込ページに進むことができます。

3 個人情報、投資経験の確認

申込には、いくつかのステップを踏みます。最初のステップは個人情報の確認と入力をします。

● 先物・オプションの口座申し込みページ

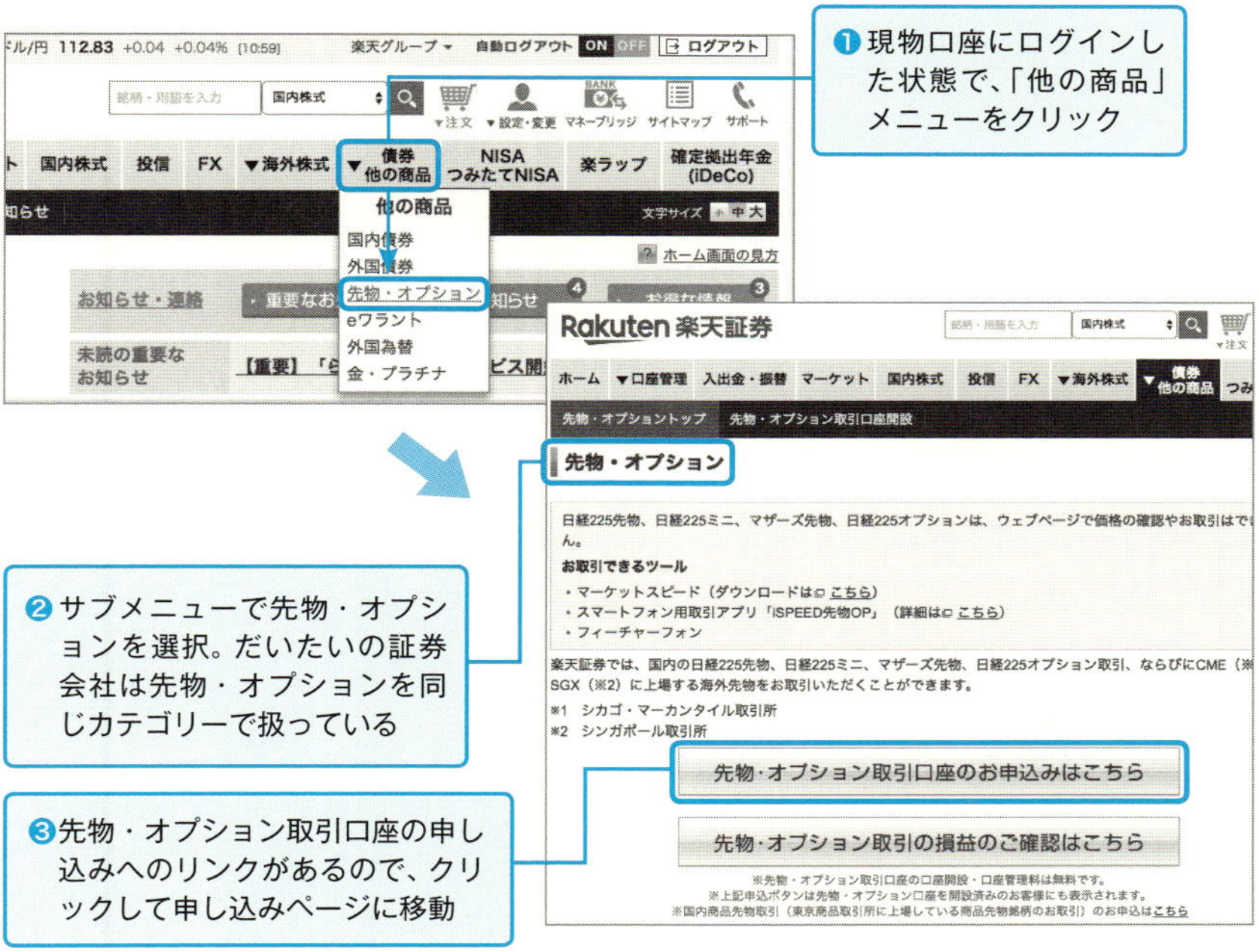
❶現物口座にログインした状態で、「他の商品」メニューをクリック
❷サブメニューで先物・オプションを選択。だいたいの証券会社は先物・オプションを同じカテゴリーで扱っている
❸先物・オプション取引口座の申し込みへのリンクがあるので、クリックして申し込みページに移動
債券 他の商品
他の商品
国内債券
外国債券
先物・オプション
eワラント
外国為替
金・プラチナ
Rakuten 楽天証券
先物・オプショントップ
先物・オプション取引口座開設
先物・オプション
お取引できるツール
・マーケットスピード（ダウンロードはこちら）
・スマートフォン用取引アプリ「iSPEED先物OP」（詳細はこちら）
・フィーチャーフォン
※1 シカゴ・マーカンタイル取引所
※2 シンガポール取引所
先物・オプション取引口座のお申込みはこちら
先物・オプション取引の損益のご確認はこちら

● 口座の開設状況から「申込」を選ぶ

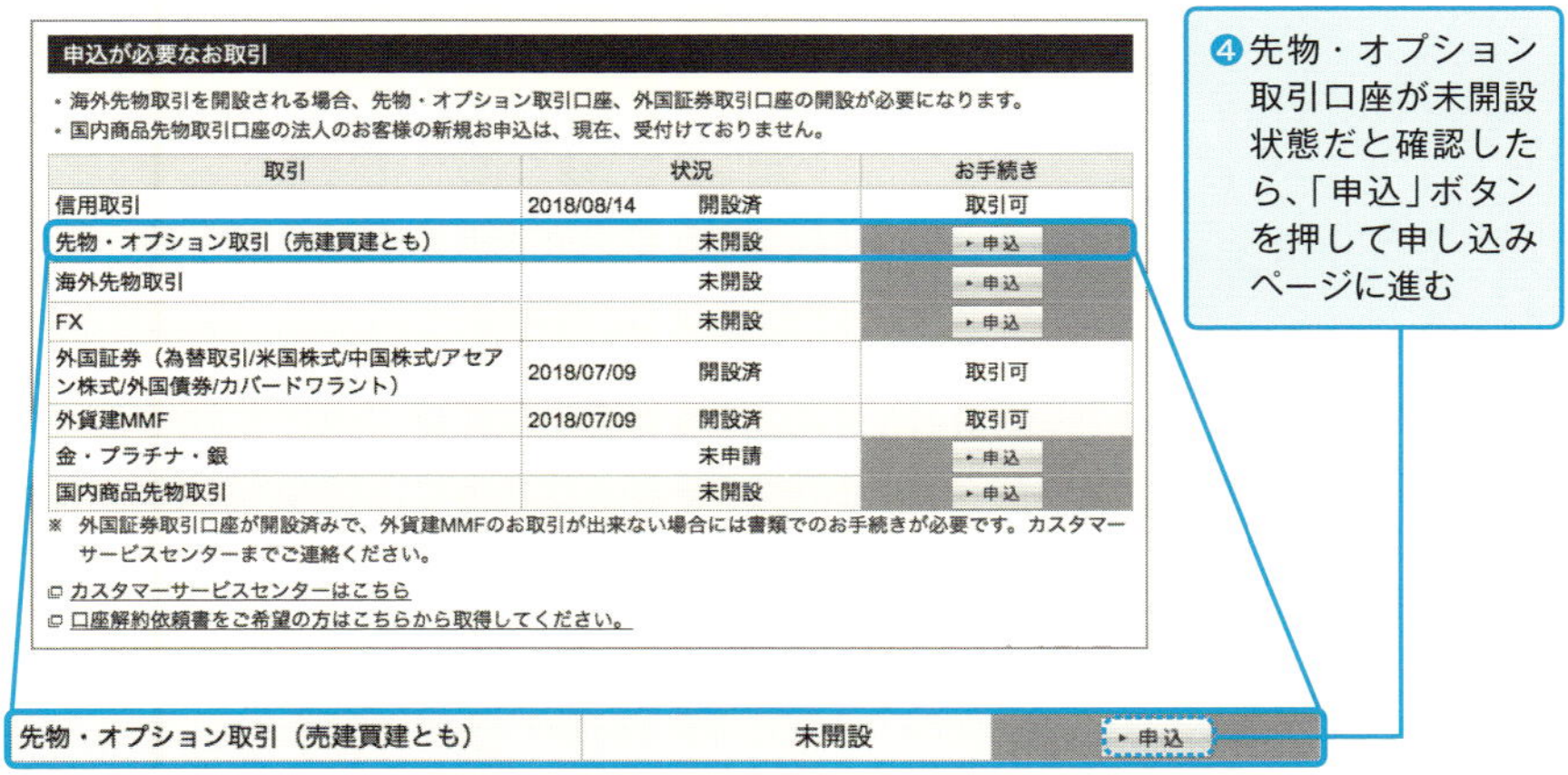

申込が必要なお取引

・海外先物取引を開設される場合、先物・オプション取引口座、外国証券取引口座の開設が必要になります。
・国内商品先物取引口座の法人のお客様の新規お申込は、現在、受付けておりません。

取引	状況		お手続き
信用取引	2018/08/14	開設済	取引可
先物・オプション取引（売建買建とも）		未開設	▸申込
海外先物取引		未開設	▸申込
FX		未開設	▸申込
外国証券（為替取引/米国株式/中国株式/アセアン株式/外国債券/カバードワラント）	2018/07/09	開設済	取引可
外貨建MMF	2018/07/09	開設済	取引可
金・プラチナ・銀		未申請	▸申込
国内商品先物取引		未開設	▸申込

※ 外国証券取引口座が開設済みで、外貨建MMFのお取引が出来ない場合には書類でのお手続きが必要です。カスタマーサービスセンターまでご連絡ください。

カスタマーサービスセンターはこちら
口座解約依頼書をご希望の方はこちらから取得してください。

先物・オプション取引（売建買建とも）	未開設	▸申込

❹先物・オプション取引口座が未開設状態だと確認したら、「申込」ボタンを押して申し込みページに進む

現物口座を開設しているので、現物口座の開設が完了した時点の個人情報が表示されます(❺)。引っ越しなどで変更があった場合は、ここで修正します。

個人情報の下段には、経験年数・年収・金融資産など、経済的に大丈夫なのかを確認すると同時に、投資の経験年数を確認する質問(❻)が書かれています。正直に答えて次のページに進みます。

4 先物に対する理解度の確認

次のステップでは、先物に関してちゃんと理解できているかを確認されます。先物・オプションに関する質問が並べられ、「はい、いいえ」の2択で答えるようになっています(❼)。答えを書かされるような筆記試験はないので、安心してください。

● 個人情報の確認と入力

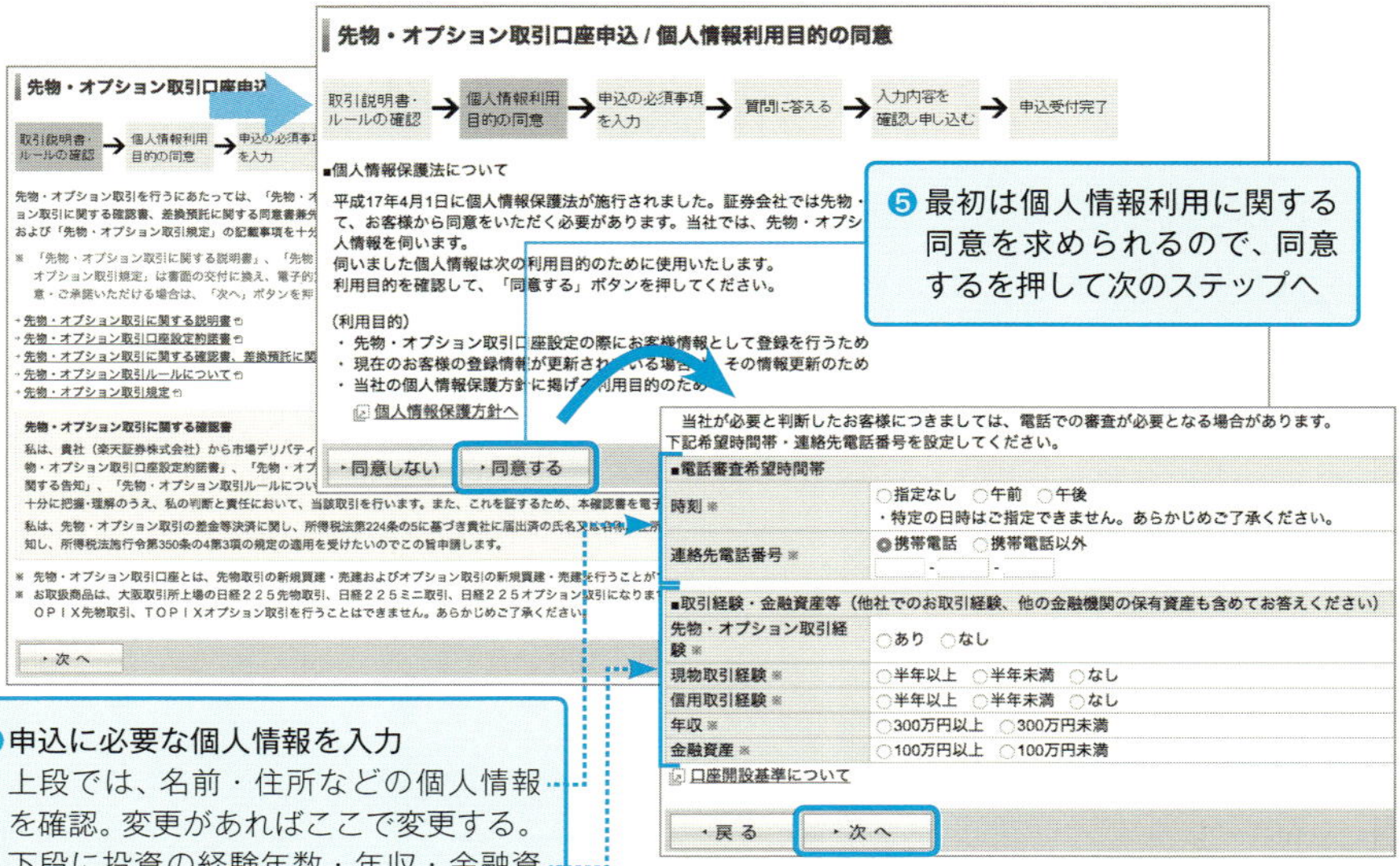

❺最初は個人情報利用に関する同意を求められるので、同意するを押して次のステップへ

❻申込に必要な個人情報を入力
上段では、名前・住所などの個人情報を確認。変更があればここで変更する。下段に投資の経験年数・年収・金融資産の金額などを聞かれるので、入力して「次へ」ボタンを押す

慎重に読んで答えを選んだら「確認」を押します（❽）。なお、ここで基準を満たさないと次に進めなくなるので、よく読んで答えてください。

5 入力事項を確認して申し込む

最後のステップは、ここまで入力してきた情報を最終的に確認するところです。個人情報や回答の中で、間違ったものはないか確認して「申込」ボタンを押すことで、申込受付は完了します（次頁❾❿）。

申込が完了すると、必要に応じて証券会社から確認の電話がかかってくる場合があります。

経験はあるのか、先物取引は理解しているのかといった簡単な質問が大半なので、あわてずに答えると問題なく口座開設できます（次頁参照）。

● 先物に関する理解度をチェックする質問

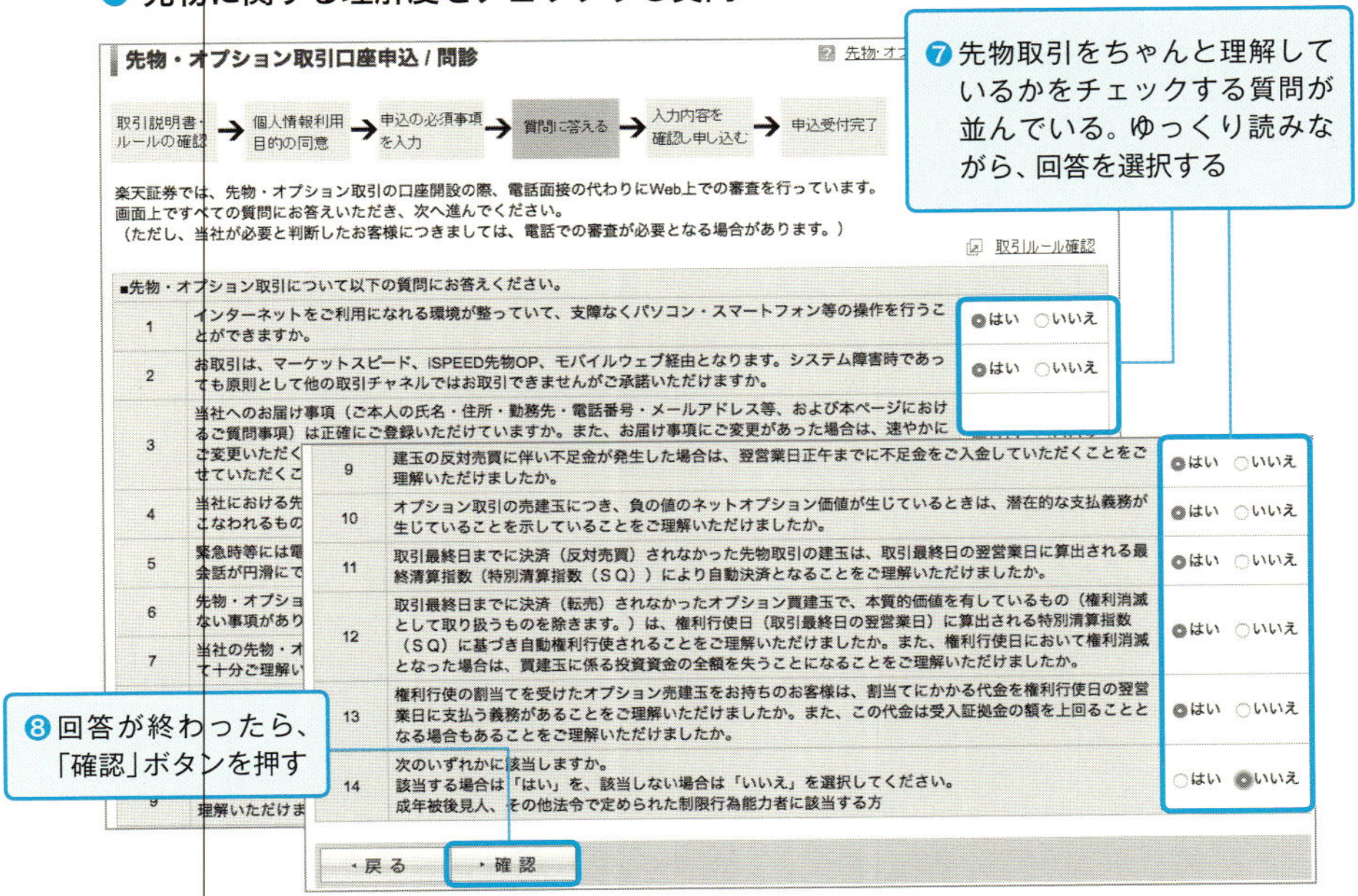
先物・オプション取引口座申込 / 問診
取引説明書・ルールの確認
個人情報利用目的の同意
申込の必須事項を入力
質問に答える
入力内容を確認し申し込む
申込受付完了
楽天証券では、先物・オプション取引の口座開設の際、電話面接の代わりにWeb上での審査を行っています。
画面上ですべての質問にお答えいただき、次へ進んでください。
（ただし、当社が必要と判断したお客様につきましては、電話での審査が必要となる場合があります。）
取引ルール確認
■先物・オプション取引について以下の質問にお答えください。
1 インターネットをご利用になれる環境が整っていて、支障なくパソコン・スマートフォン等の操作を行うことができますか。 はい いいえ
2 お取引は、マーケットスピード、iSPEED先物OP、モバイルウェブ経由となります。システム障害時であっても原則として他の取引チャネルではお取引できませんがご承諾いただけますか。 はい いいえ
9 建玉の反対売買に伴い不足金が発生した場合は、翌営業日正午までに不足金をご入金していただくことをご理解いただけましたか。 はい いいえ
10 オプション取引の売建玉につき、負の値のネットオプション価値が生じているときは、潜在的な支払義務が生じていることを示していることをご理解いただけましたか。 はい いいえ
11 取引最終日までに決済（反対売買）されなかった先物取引の建玉は、取引最終日の翌営業日に算出される最終清算指数（特別清算指数（ＳＱ））により自動決済となることをご理解いただけましたか。 はい いいえ
12 取引最終日までに決済（転売）されなかったオプション買建玉で、本質的価値を有しているもの（権利消滅として取り扱うものを除きます。）は、権利行使日（取引最終日の翌営業日）に算出される特別清算指数（ＳＱ）に基づき自動権利行使されることをご理解いただけましたか。また、権利行使日において権利消滅となった場合は、買建玉に係る投資資金の全額を失うことになることをご理解いただけましたか。 はい いいえ
13 権利行使の割当てを受けたオプション売建玉をお持ちのお客様は、割当てにかかる代金を権利行使日の翌営業日に支払う義務があることをご理解いただけましたか。また、この代金は受入証拠金の額を上回ることとなる場合もあることをご理解いただけましたか。 はい いいえ
14 次のいずれかに該当しますか。該当する場合は「はい」を、該当しない場合は「いいえ」を選択してください。成年被後見人、その他法令で定められた制限行為能力者に該当する方 はい いいえ
戻る
確認
❼ 先物取引をちゃんと理解しているかをチェックする質問が並んでいる。ゆっくり読みながら、回答を選択する
❽ 回答が終わったら、「確認」ボタンを押す

入力事項を確認して申込受付完了へ

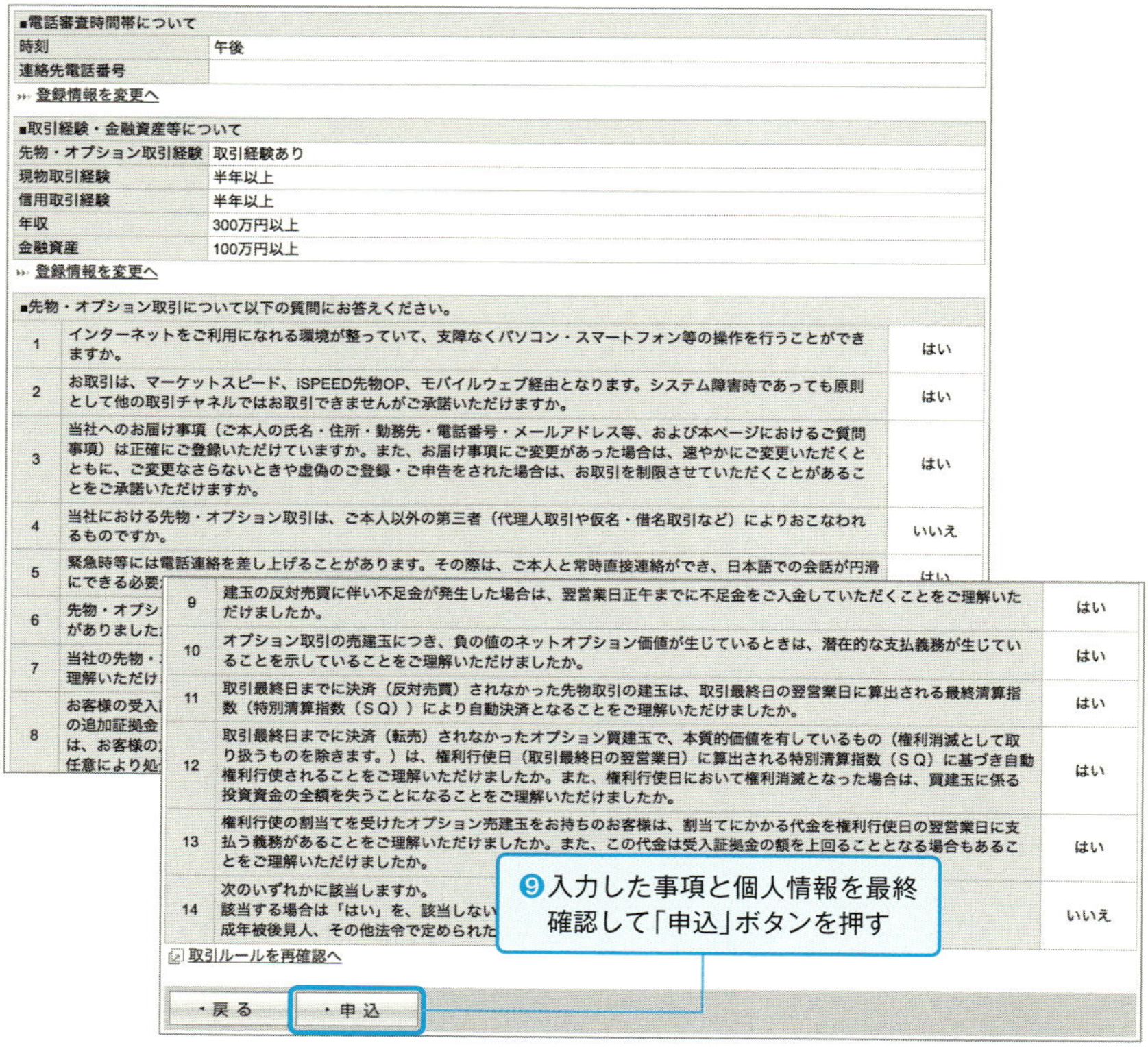
■電話審査時間帯について
時刻 午後
連絡先電話番号
登録情報を変更へ
■取引経験・金融資産等について
先物・オプション取引経験 取引経験あり
現物取引経験 半年以上
信用取引経験 半年以上
年収 300万円以上
金融資産 100万円以上
登録情報を変更へ
■先物・オプション取引について以下の質問にお答えください。
1 インターネットをご利用になれる環境が整っていて、支障なくパソコン・スマートフォン等の操作を行うことができますか。 はい
2 お取引は、マーケットスピード、iSPEED先物OP、モバイルウェブ経由となります。システム障害時であっても原則として他の取引チャネルではお取引できませんがご承諾いただけますか。 はい
3 当社へのお届け事項（ご本人の氏名・住所・勤務先・電話番号・メールアドレス等、および本ページにおけるご質問事項）は正確にご登録いただけていますか。また、お届け事項にご変更があった場合は、速やかにご変更いただくとともに、ご変更なさらないときや虚偽のご登録・ご申告をされた場合は、お取引を制限させていただくことがあることをご承諾いただけますか。 はい
4 当社における先物・オプション取引は、ご本人以外の第三者（代理人取引や仮名・借名取引など）によりおこなわれるものですか。 いいえ
5 緊急時等には電話連絡を差し上げることがあります。その際は、ご本人と常時直接連絡ができ、日本語での会話が円滑にできる必要
6 先物・オプシ がありました
7 当社の先物・ 理解いただけ
8 お客様の受入 の追加証拠金 は、お客様の 任意により処
9 建玉の反対売買に伴い不足金が発生した場合は、翌営業日正午までに不足金をご入金していただくことをご理解いただけましたか。 はい
10 オプション取引の売建玉につき、負の値のネットオプション価値が生じているときは、潜在的な支払義務が生じていることを示していることをご理解いただけましたか。 はい
11 取引最終日までに決済（反対売買）されなかった先物取引の建玉は、取引最終日の翌営業日に算出される最終清算指数（特別清算指数（SQ））により自動決済となることをご理解いただけましたか。 はい
12 取引最終日までに決済（転売）されなかったオプション買建玉で、本質的価値を有しているもの（権利消滅として取り扱うものを除きます。）は、権利行使日（取引最終日の翌営業日）に算出される特別清算指数（SQ）に基づき自動権利行使されることをご理解いただけましたか。また、権利行使日において権利消滅となった場合は、買建玉に係る投資資金の全額を失うことになることをご理解いただけましたか。 はい
13 権利行使の割当てを受けたオプション売建玉をお持ちのお客様は、割当てにかかる代金を権利行使日の翌営業日に支払う義務があることをご理解いただけましたか。また、この代金は受入証拠金の額を上回ることとなる場合もあることをご理解いただけましたか。 はい
14 次のいずれかに該当しますか。 該当する場合は「はい」を、該当しない 成年被後見人、その他法令で定められた いいえ
取引ルールを再確認へ
戻る
申込
⑨入力した事項と個人情報を最終確認して「申込」ボタンを押す

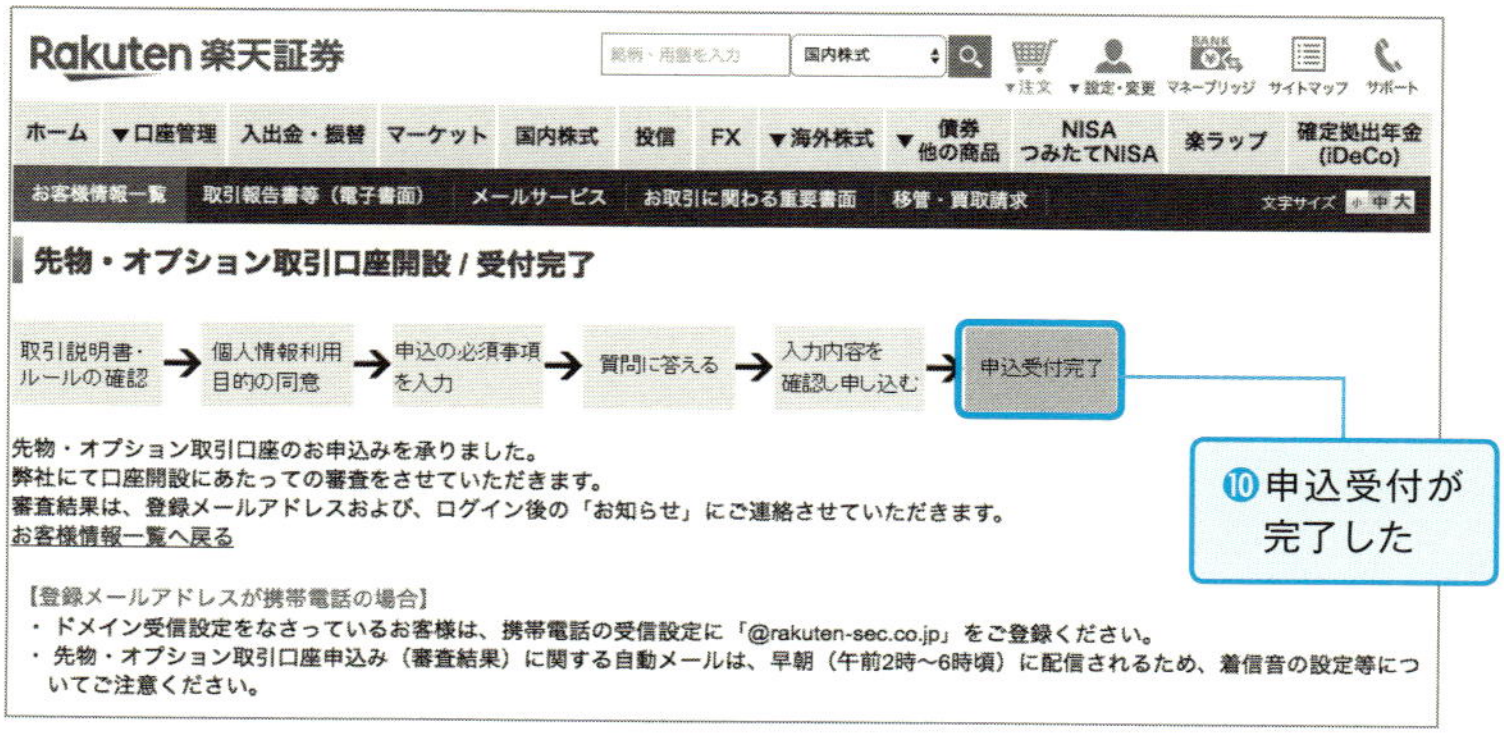
Rakuten 楽天証券
ホーム
口座管理
入出金・振替
マーケット
国内株式
投信
FX
海外株式
債券 他の商品
NISA つみたてNISA
楽ラップ
確定拠出年金 (iDeCo)
お客様情報一覧
取引報告書等（電子書面）
メールサービス
お取引に関わる重要書面
移管・買取請求
先物・オプション取引口座開設 / 受付完了
取引説明書・ルールの確認
個人情報利用目的の同意
申込の必須事項を入力
質問に答える
入力内容を確認し申し込む
申込受付完了
先物・オプション取引口座のお申込みを承りました。
弊社にて口座開設にあたっての審査をさせていただきます。
審査結果は、登録メールアドレスおよび、ログイン後の「お知らせ」にご連絡させていただきます。
お客様情報一覧へ戻る
【登録メールアドレスが携帯電話の場合】
・ドメイン受信設定をなさっているお客様は、携帯電話の受信設定に「@rakuten-sec.co.jp」をご登録ください。
・先物・オプション取引口座申込み（審査結果）に関する自動メールは、早朝（午前2時〜6時頃）に配信されるため、着信音の設定等についてご注意ください。
⑩申込受付が完了した

04 「入金」するとき、お金はどこに入れる？

1 先物口座を開設したら、オプション口座もついてくる

大きな問題がなければ、2〜3週間以内に口座開設完了のお知らせが届きます。多くの場合は電話すらもかかってきません。これで先物・オプション取引口座の開設が完了して、取引できる環境が整いました。オプションは今のところやらないのでいらないという場合でも、使わなければいいだけの話なので、気にする必要はありません。次は証拠金を預けて取引できる資金の準備をします。

2 証券口座と先物の口座は別バラ、振替が必要

先物取引口座に資金を入れて取引ができるようになるには、まったくはじめての人は3段階、

証券口座で経験のある人は2段階に分けて資金を箱に移すとイメージしてください。

まず、「**あなたの銀行口座と証券口座を結びつけること**」。これは現物の開設時にすでに銀行情報などを結びつけているので、改めてすることはありません。あとは、下図の2つになります。

3 振替を実行

証券会社のページを参照しながら、銀行口座から資金を現物口座に移動させます。現物口座を持っているから、ほぼ例外なくこここまではできているはずです。

「**❶銀行口座から預かり金として移動できたら、今度は、❷現物口座から先物・オプション取引口座に証拠金を振り替えます**」。ここからの振替、入金、注文は、スマホの先物口座専用のアプリを使用します。先物口座の専用アプリは、**Google Play**もしくは**App Store**で「○○証券会社　先物」などと検索すると出てくるので、インストールしておいてください。

● 資金準備のイメージ

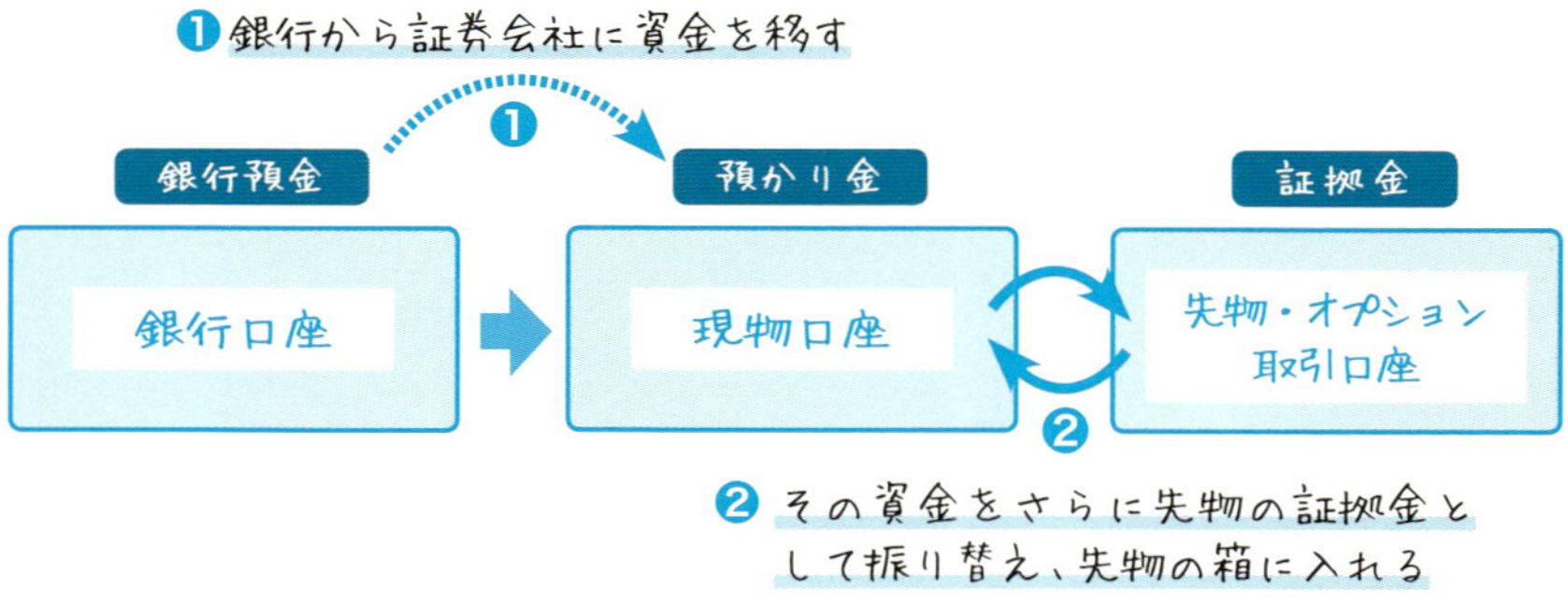
❶銀行から証券会社に資金を移す
❶
銀行預金
預かり金
証拠金
銀行口座
現物口座
先物・オプション取引口座
❷
❷その資金をさらに先物の証拠金として振り替え、先物の箱に入れる

4 アプリを立ちあげる

ここでは、50万円の預かり金から先物口座に30万円を移動してみます。

● アプリを立ちあげて証拠金を振り替える

手順1

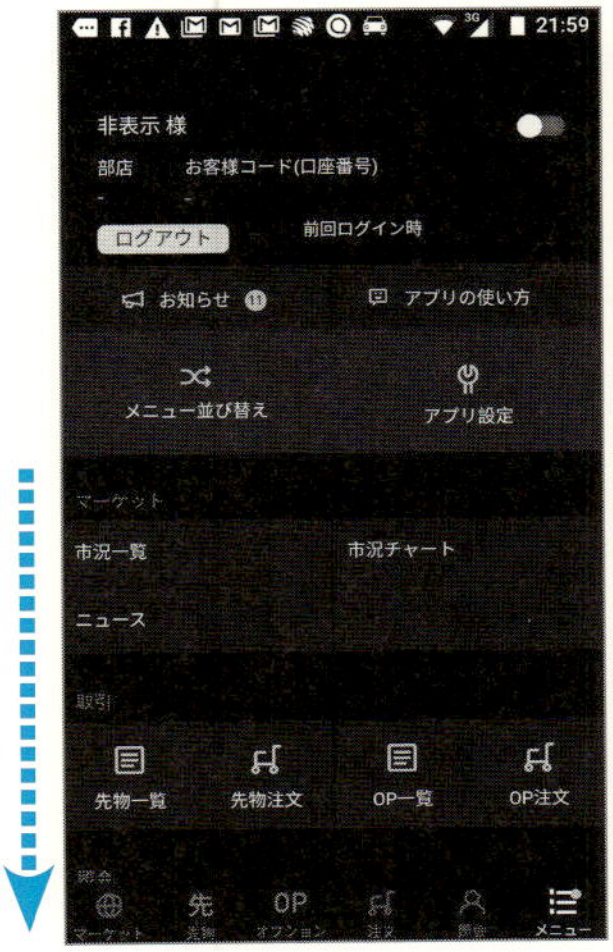

まず、先物取引のスマホアプリを立ちあげてログインする。最初に表示されるメインメニューでは振替が表示されないので、画面の下にスクロールする。

手順2

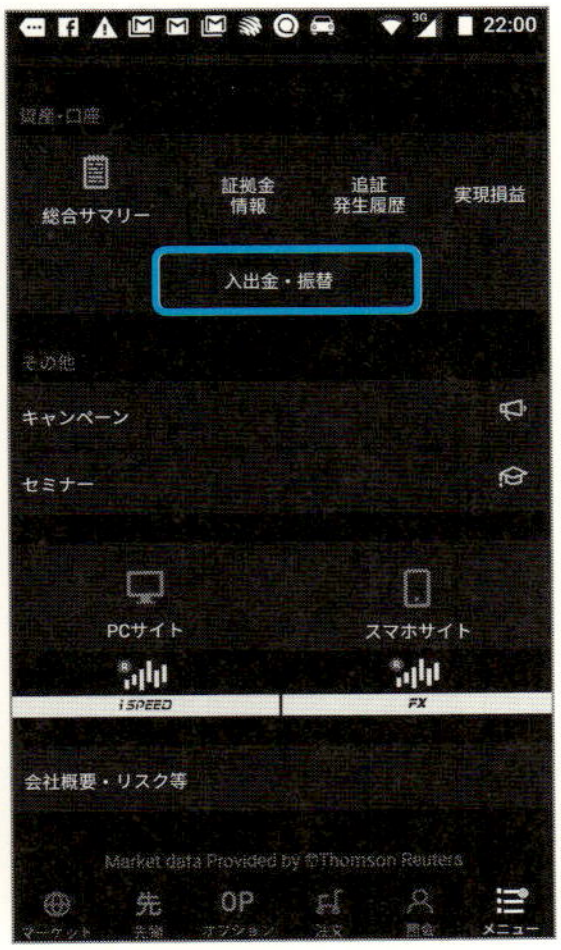

メインメニューの下のほうで「入出金・振替」をタッチして入出金・振替関連のメニューを表示させる。

手順3

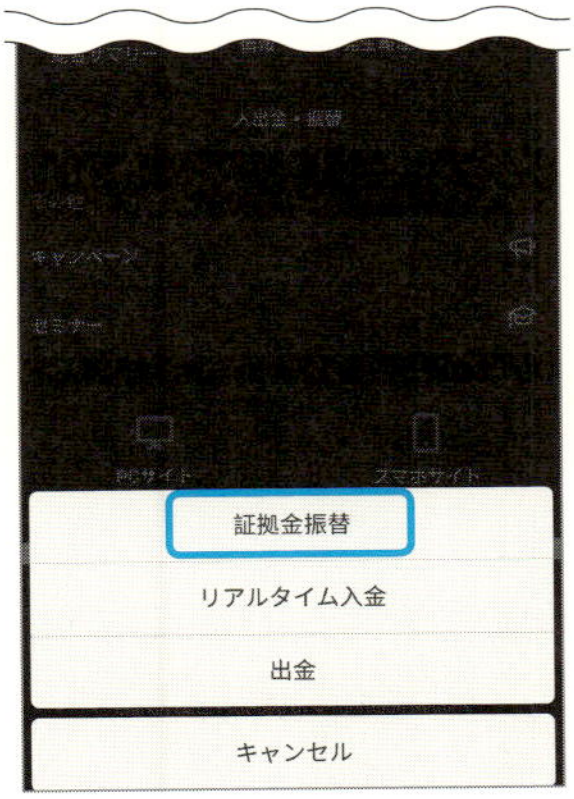

入出金・振替関連のメニューが表示される。ここで、「銀行からの入金」「銀行への出金」「口座間の資金振替」がすべて選べる。表示されるメニューの中で「証拠金振替」をタッチする。

手順4

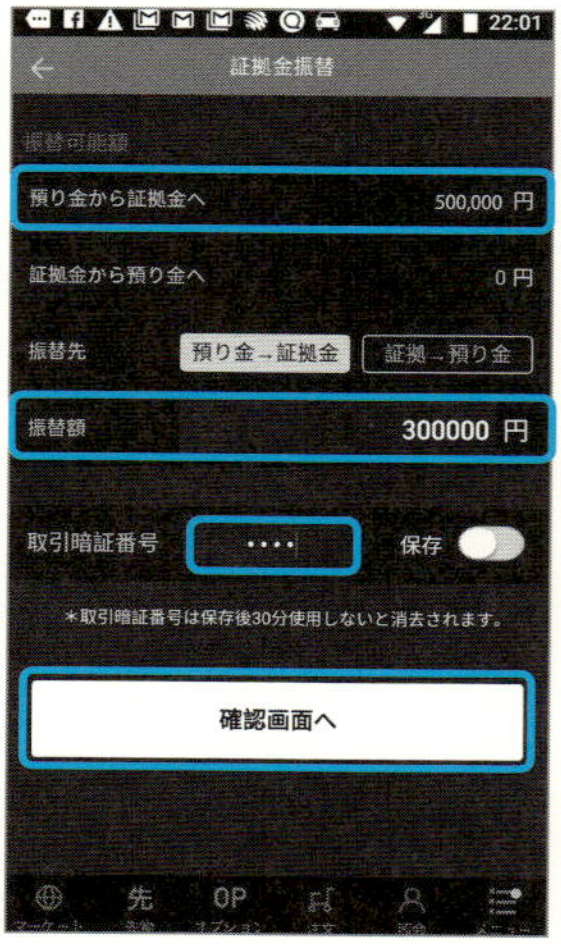

「預り金から証拠金へ」に50万円が表示されている。この金額が証拠金に振替できる金額。表示されている振替可能金額から振り替えたい金額「300,000万円」を入力して、「取引暗証番号」を入力したら「確認画面へ」を押す。

手順5

次の「証拠金振替指示」画面で、預かり金から証拠金に振り替える金額が正しく表示されていることを確認して「振替する」を押す。

手順6

正常に振替が完了した場合は、「振替が完了しました」と表示されるので、「OK」を押して振替処理を終了する。

最後に振替の結果を確認します。下図を見ると、30万円が振り替えられ、受入証拠金に表示されていることがわかります。この証拠金を持って取引をしますが、実際の取引時に必要になる証拠金額が画面の下に表示されています。

この場合、ラージを1枚取引するには72万円の証拠金が必要で、ミニは10分の1の7万2000円で取引できることを意味しています。

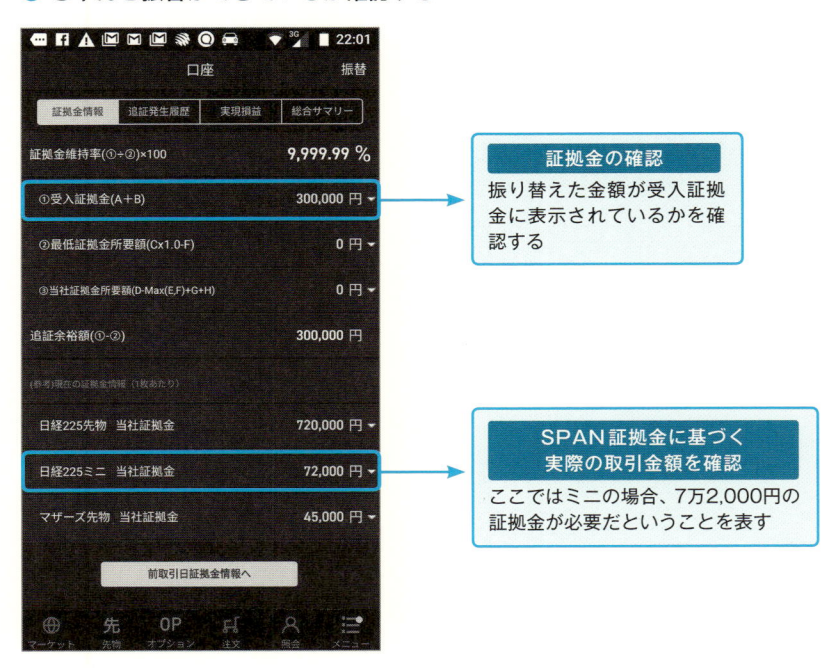

● ちゃんと振替ができているか確認する

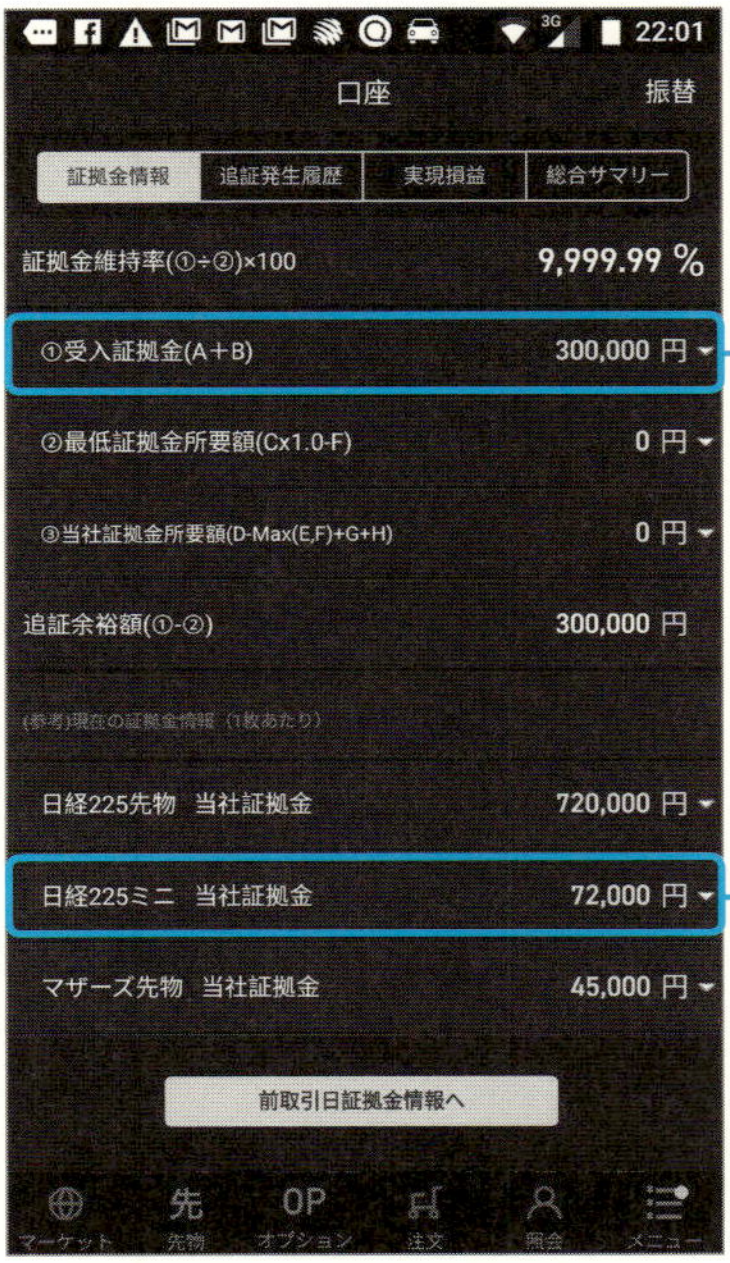

証拠金の確認

振り替えた金額が受入証拠金に表示されているかを確認する

SPAN証拠金に基づく実際の取引金額を確認

ここではミニの場合、7万2,000円の証拠金が必要だということを表す

05 「出金」するときは、入金するときの反対のプロセス

1 出金の流れを理解する

現物口座に入金して証拠金へ振り替えた結果、取引ができる状態になりました。この過程を説明したので、今度はその反対の取引も見ておきます。証拠金に基づいて日経225先物の取引をしたあと、現金が必要になったので銀行に出金して引き出したい場合、または増えた資産をとりあえず銀行に預けた状態にしたい場合は、「出金」処理をする必要があります。

出金プロセスは「入金↓振替」の反対の動きになるとイメージしてください。つまり下図の2段階でします。

● 出金のイメージ

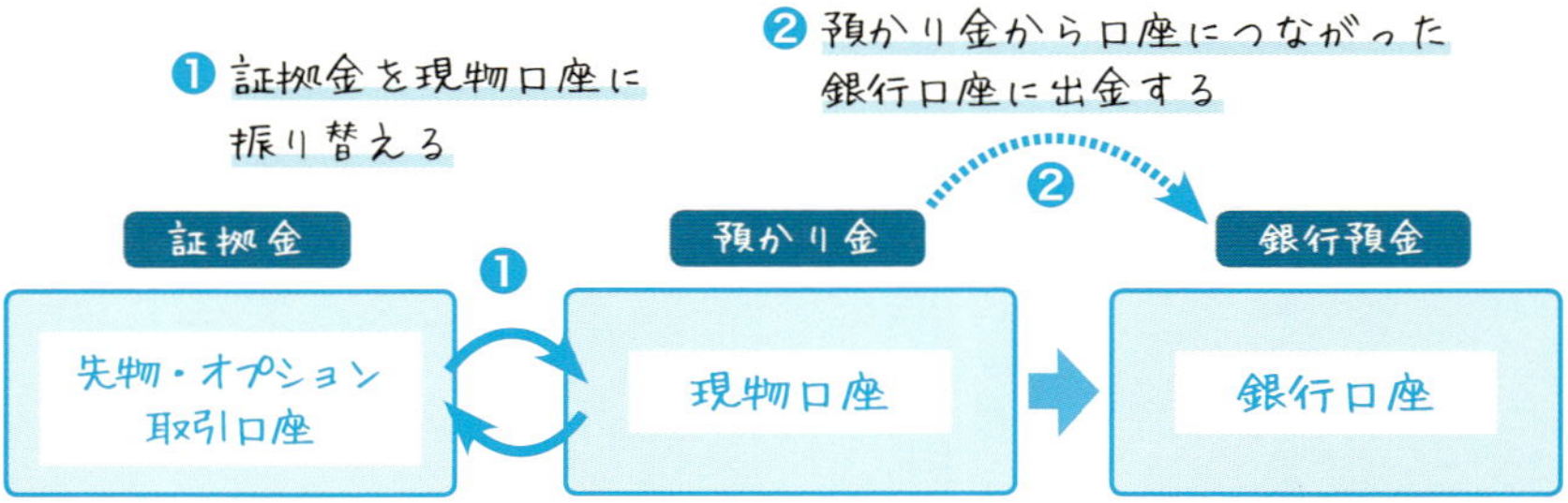

2 証拠金から預かり金に振り替える

まず、証拠金から預かり金に振替をし、銀行に移す準備をします。プロセスと大げさな名前をつけましたが、シンプルな3ステップのみなので、すぐ覚えることができます。

● 証拠金から預かり金に振替

手順1

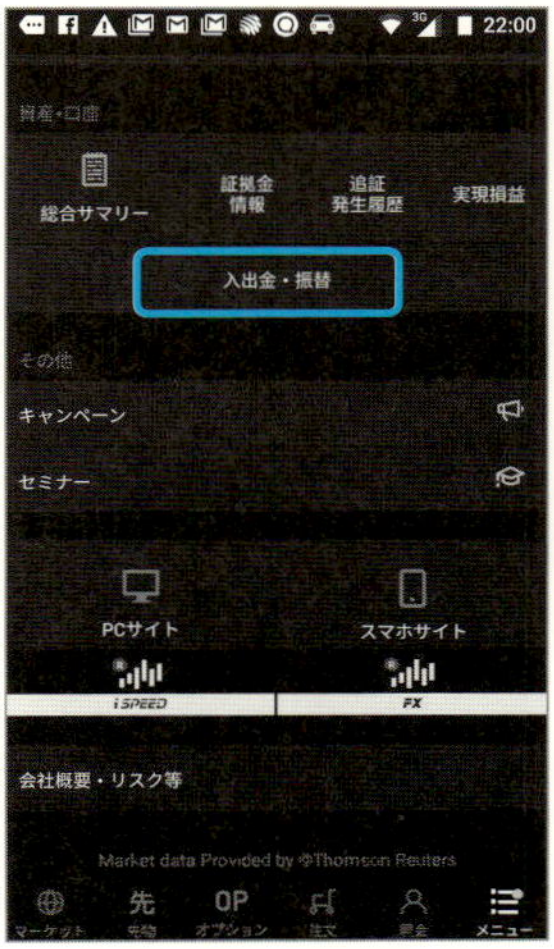

メインメニューで「入出金・振替」をタッチしてサブメニューを表示させる。

手順2

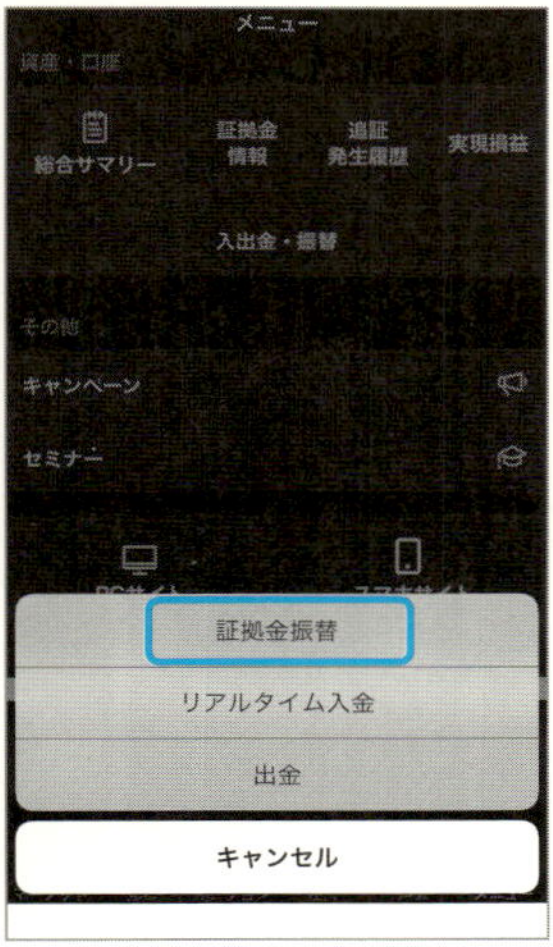

表示されるメニューの中で「証拠金振替」を選択する。

手順3

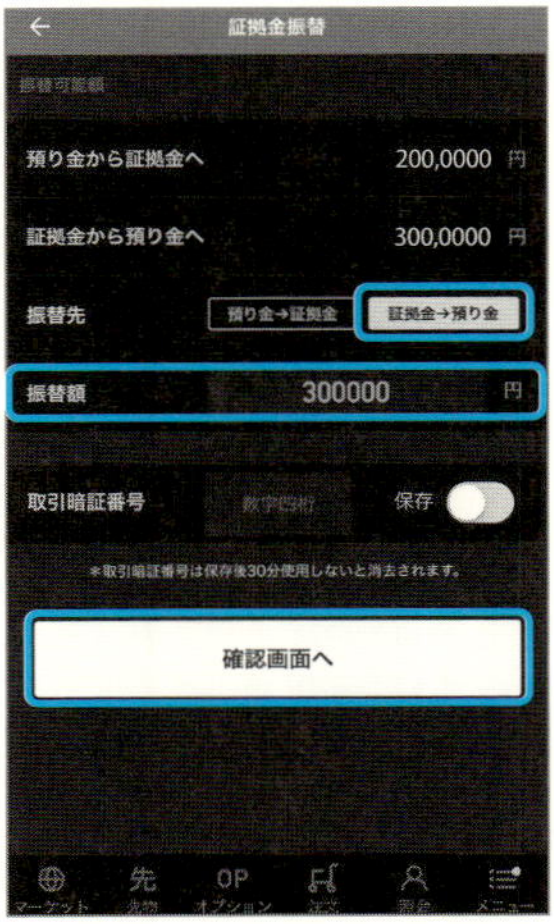

「証拠金→預り金」を選択して、振替金額を入力する。「確認画面へ」を押して、確認画面に遷移して実行すれば終了。

3 預かり金から出金

今は、資金が先物の証拠金から現物口座の現金に振り替えられた状態です。これでいよいよ出金の準備ができました。株式投資の現物口座で何回か入出金の経験があるならもうすでに慣れて

● 預かり金から出金

手順1

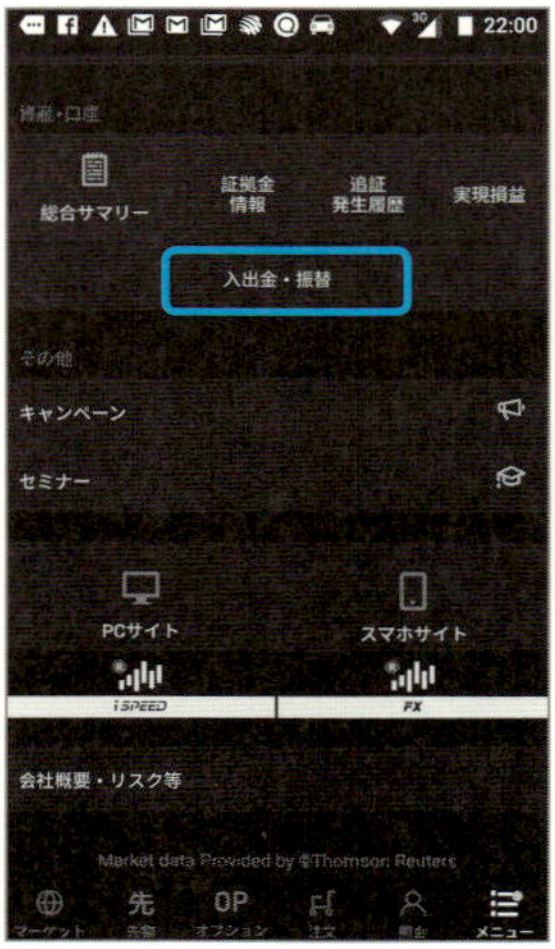

再びメインメニューで「入出金・振替」を選択する。

手順2

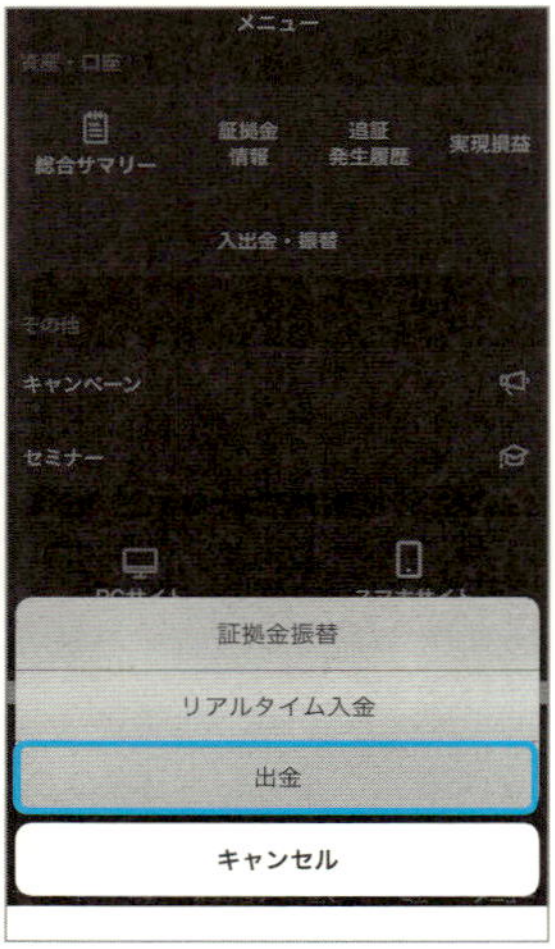

表示されたメニューから「出金」を選択する。

手順3

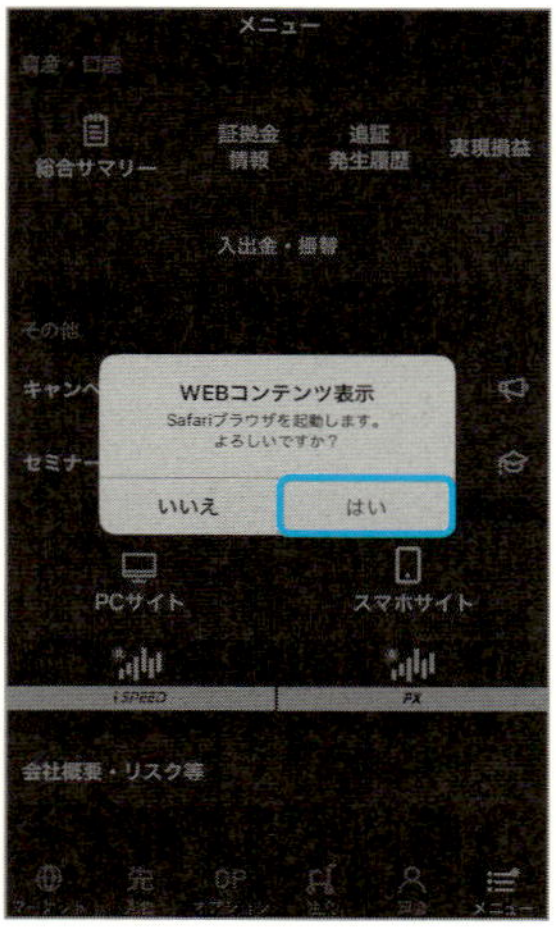

Webサイトへの移動を求めるメッセージが表示されるので、「はい」を押して移動する。

いることでしょう。

実際の出金プロセスはウェブサイトでやります。ウェブサイトとはいってもスマホのブラウザで実行することができるので、いつでもどこでも入出金を行うことができます。

これで、銀行口座から証券口座に資金を移動して、現物口座から先物口座に振り替える、逆に先物口座から出金するまでのプロセスをひととおり見てきました。理論的に難しいものは何ひとつないので、何回か練習するうちにすぐ慣れます。心配することなく、実践を重ねてみてください。

資金の準備が理解できたので、今度は準備した資金で実際に注文を出してみましょう。ここからの作業は、少しスキルが必要になります。

● **スマホでアプリからウェブサイトに移動して出金を実行**

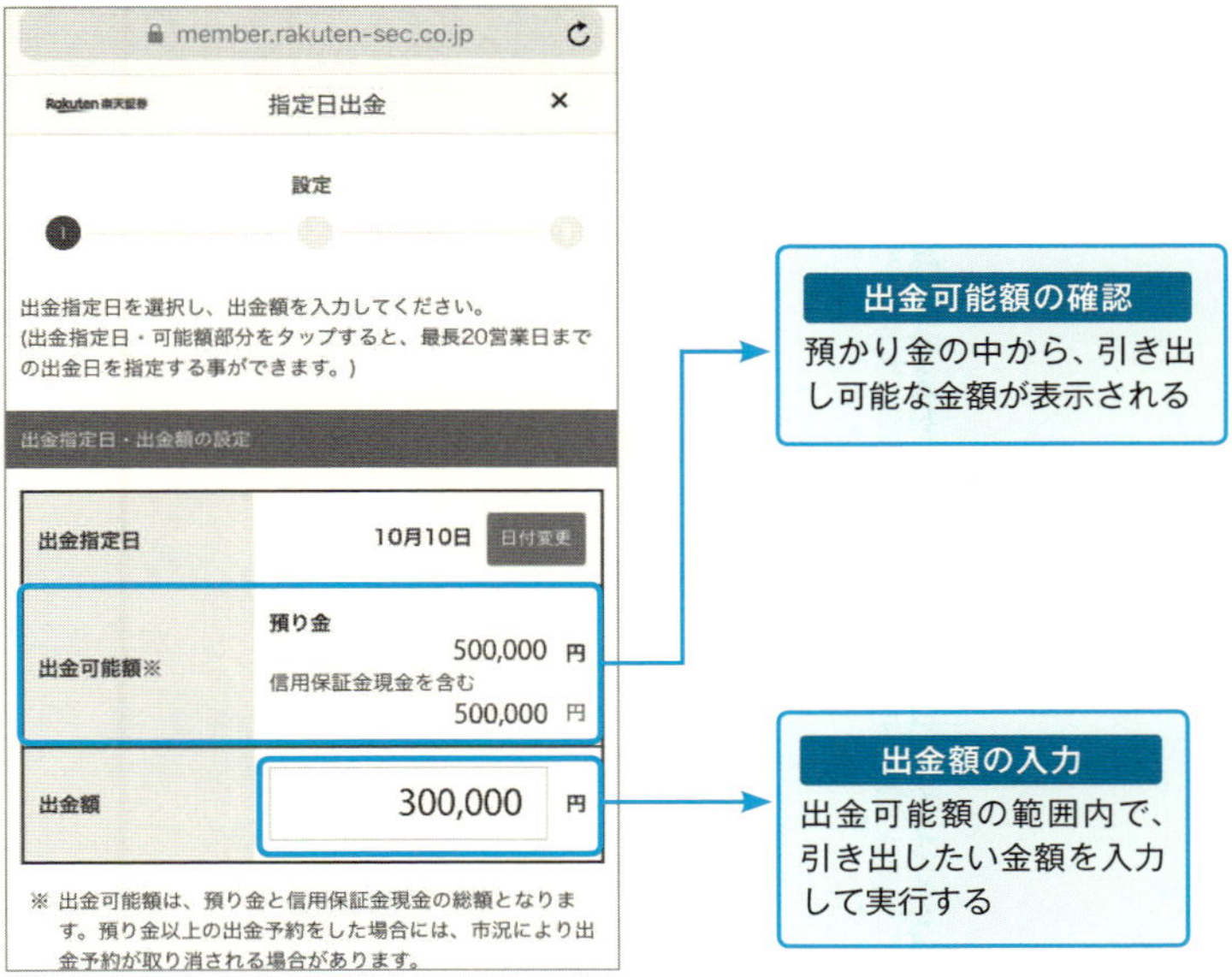

06

買建

まずは「注文」してみる

1 ツールを選んでインストールしよう

ここからが大事なところです。ここまでは口座を開いて、資金を移動するプロセス、つまり道路をつくって車をアスファルトの上に置いたところでした。車が走るかどうかはあなた、ドライバー次第です。「早速ハンドルを握りましょう」と言いたいところですが、自分にあう車種を選ぶことも重要ですよね。

入出金プロセスをほぼすべてスマホアプリで行ったように、実際の注文もスマホアプリで完結します。では「**どこの証券会社のアプリが1番いいですか？**」とセミナーなどでよく質問されますが、実は正解は存在しません。最近のアプリは大体の機能がそろっているので、著しく悪いとか、ずば抜けていいといったアプリはありません。つまり、「**何を使っても大きな差はない**」ということです。

常に新しいアプリを探し求めるよりは、日ごろから自分が好む注文の方法、チャートの使い勝手などを考慮して選んで、1度選んだら使いこなして、慣れていくことのほうが大事です。

とはいっても、「適切に選んで、正しく使ってください」なんて抽象的なことだけでは何も伝わらないでしょう。そこで人気のアプリの中で、**「私が使ってみていいと感じたもの」**をいくつか紹介するので参考にしてください。

本書では、楽天証券の**iSPEED**を使ってお話しするので、**iOS**か**Android**用のアプリをダウンロードしてインストールしておいてください。

● ジョンが選ぶ「先物取引のスマホアプリ」3選！

ライブスター証券

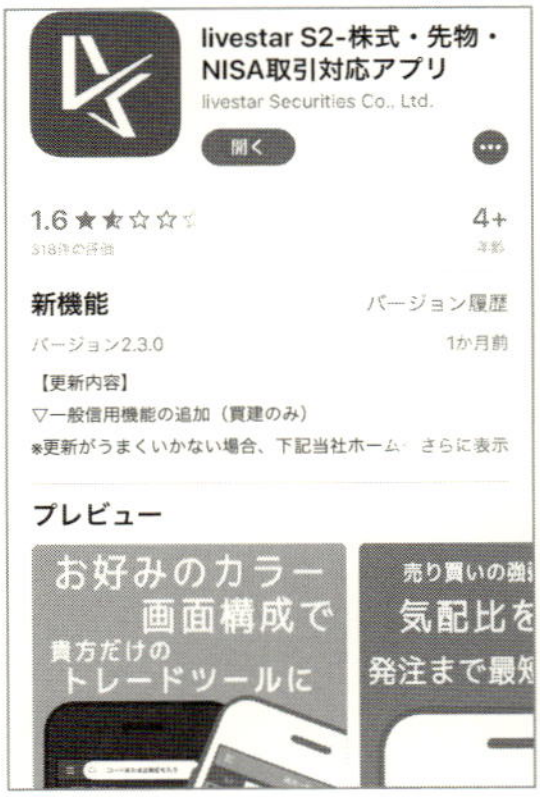

livestar S2
先物はもちろん、株式投資、NISAまで、ひとつのアプリで対応

SBI証券

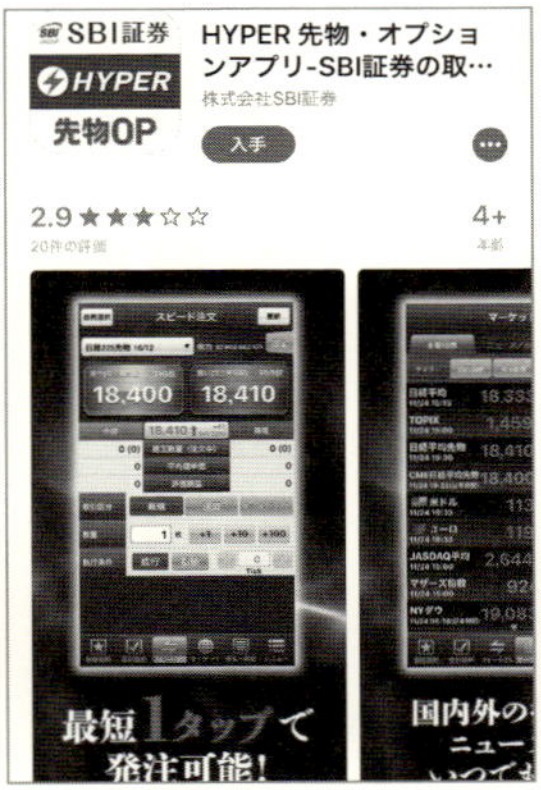

HYPER先物・オプションアプリ
株式投資アプリとは分離され、直感的な注文と、豊富な情報が特徴

楽天証券

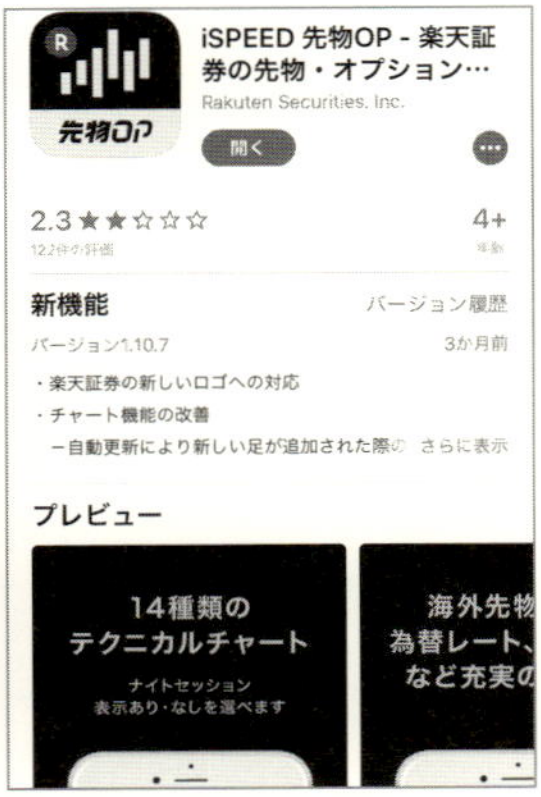

iSPEED 先物OP
株式投資アプリとは分離されているが、インターフェイスが似ていて使い勝手がいい

2 ツール上で限月情報を比較する

ツールの準備はできていますか？　では実際の注文画面を見ながら詳細情報の確認、実際の注文機能を見ていきます。

1時限目でミニとラージの比較をして、初心者はミニ、中級以上はラージを選ぶということを話しました。ツールの上で、ミニとラージがどのように表示されているのか確認してください。

まず取引ツール**iSPEED**先物OPを立ちあげて、先物の情報を表示します。メニューの中にはマザーズ先物も表示され取引できるようになっているのがわかりますが、日経225に慣れてから手を出しても遅くありません。今は日経225に集中しましょう。

ラージは3、6、9、12月の限月物があり、銘柄の役割を果たしているのがわかります。なお、ミニ

● 日経225先物ラージとミニの表示

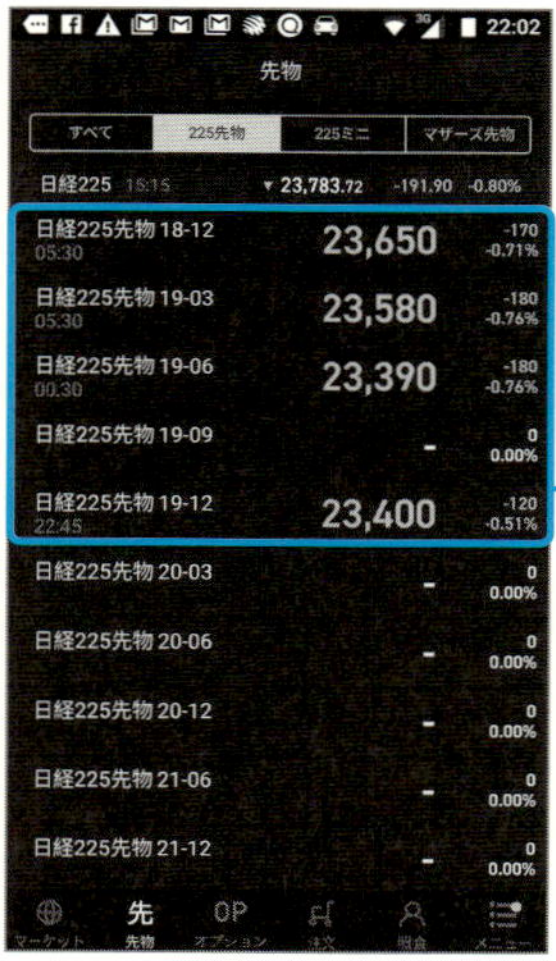

「225先物」を選ぶ、日経225ラージの銘柄（限月）が表示される。上から2018年12月物、2019年3月物などが表示されている

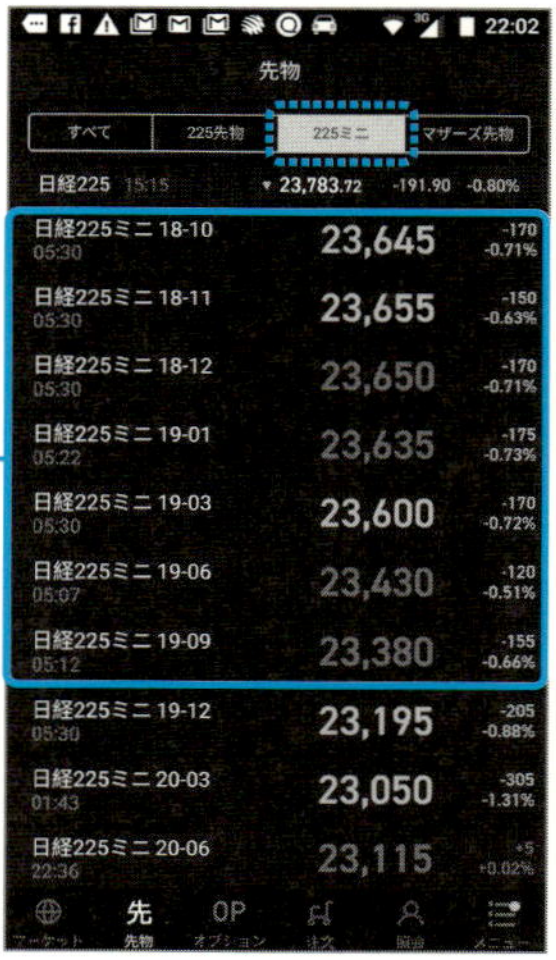

「225ミニ」を選ぶ、日経225ミニの銘柄（限月）が表示される。上から2018年10月、11月、12月と毎月限月が表示されているのがわかる

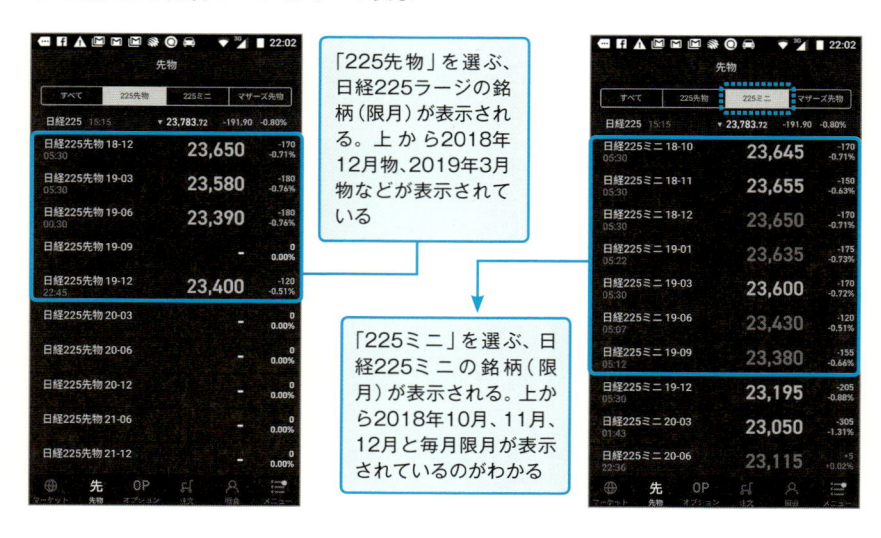

は毎月の物が存在しています。

1時限目でミニの取引をする場合でも、メジャーSQがある限月の物を選ぶようにお話ししたことを覚えていますか？ 10月、11月と12月物を実際に比較して、その理由を明確に理解してください。下図の出来高に注目してください。**「日経225ミニのマイナーSQしかない10月物、11月物に比べて、ラージのメジャーSQがある12月物のほうが圧倒的に出来高が高い」**のがわかります。これなら流動性の心配をする必要がなく、気楽に取引できそうです。

● 日経225ミニもラージの限月にあわせる

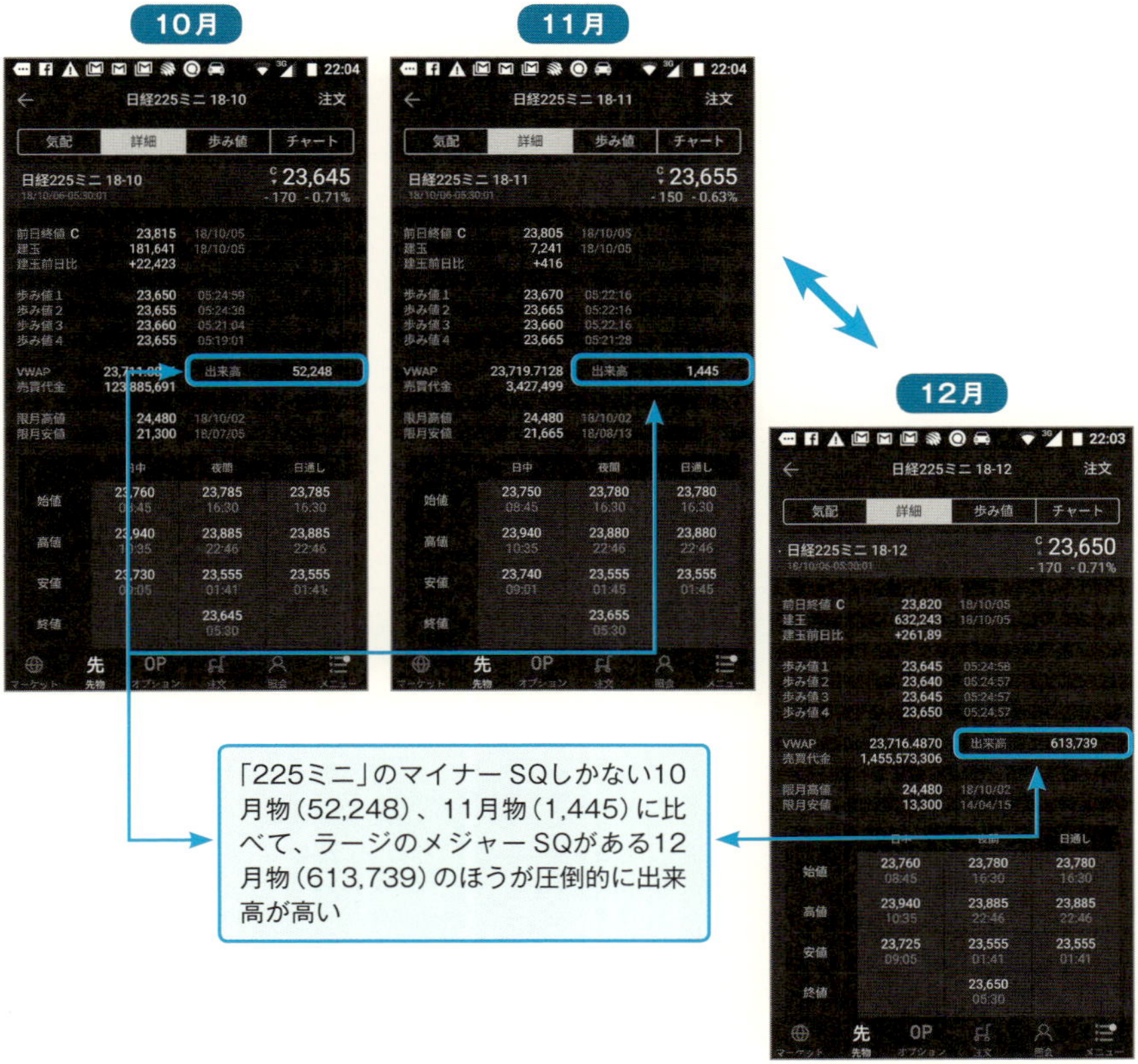

3 限月を選んで買建注文を出す

それではメジャーSQのある12月物を選んで詳細情報を確認したあと、実際に買建の注文を出してみましょう。

ここで言葉をひとつ覚えましょう。先物や株式の信用取引など、証拠金を預けて取引をするときは「建《たて》」という言葉を使います。現金で株を買うときは「買い」といいますが、証拠金で買うときは「買建《かいたて》」といいます。

では、ここでクイズ。下がるほうに投資をする「売り」から入る取引は何というでしょう？　はい、もちろん「売建《うりたて》」です。

それぞれのページでは、注文の板情報から歩み値までの詳細情報を確認することができます。この画面で注文までできるので、便利ですね。

では早速「成行」でミニを1枚買う注文を出してみます。「新たに買建の注文をするときは、〝新規注文〟を選ぶ」ことを覚えてください。ほかのメニューはすでに保持している銘柄の返済か注文の訂正です。

重要 先物取引の用語

建《たて》：証拠金を預けて取引をすること

買建《かいたて》：証拠金で株を「買い」から入ること

売建《うりたて》：証拠金で株を「売り」から入ること

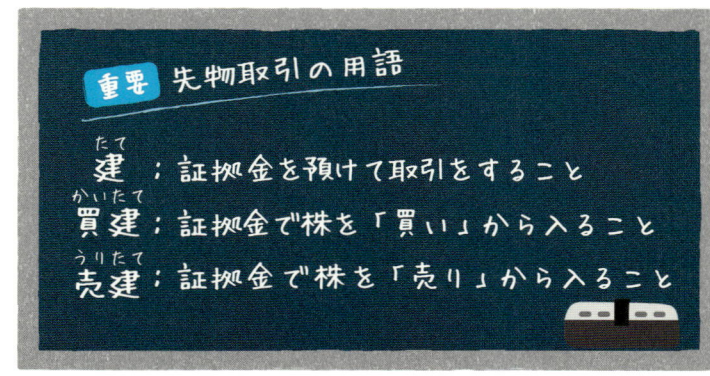

画面が多く感じますが、実際に注文の受付けまで完了すると、「あれ、これだけ？」と言いたくなるくらい簡単です。注文が正しく受付けできたのか、注文照会で確認してみましょう。

「建玉照会」をタップすると、買建した保有状況がわかります。この取引では、2万3495円で1枚を買建していることを意味します（121頁参照）。

建玉《たてぎょく》という言葉に戸惑ったかもしれませんね。現物の場合、トヨタの株を100株保有しているという言い方をしますが、証拠金の場合は「建玉1枚」という言い方をします。2万3495円で買建てたので、建玉が1枚あるという意味です。売建をしたときも同じ言い方をします。

● 取引する限月の詳細情報を確認する

手順1

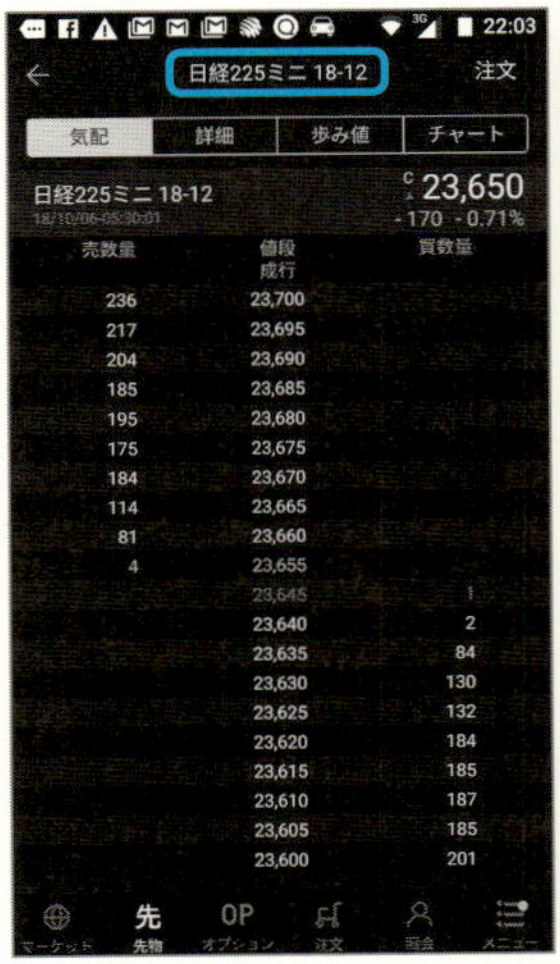

ラージのメジャーSQがある12月物を選んで詳細情報を確認。気配値をチェックする。

手順2

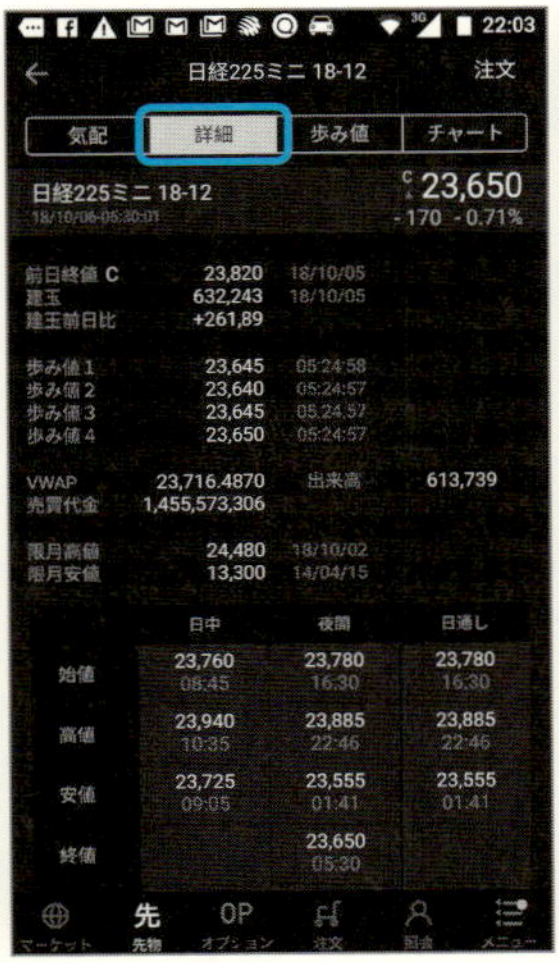

12月物の値動きから出来高、売買代金など参考になる詳細情報が表示される。

手順3

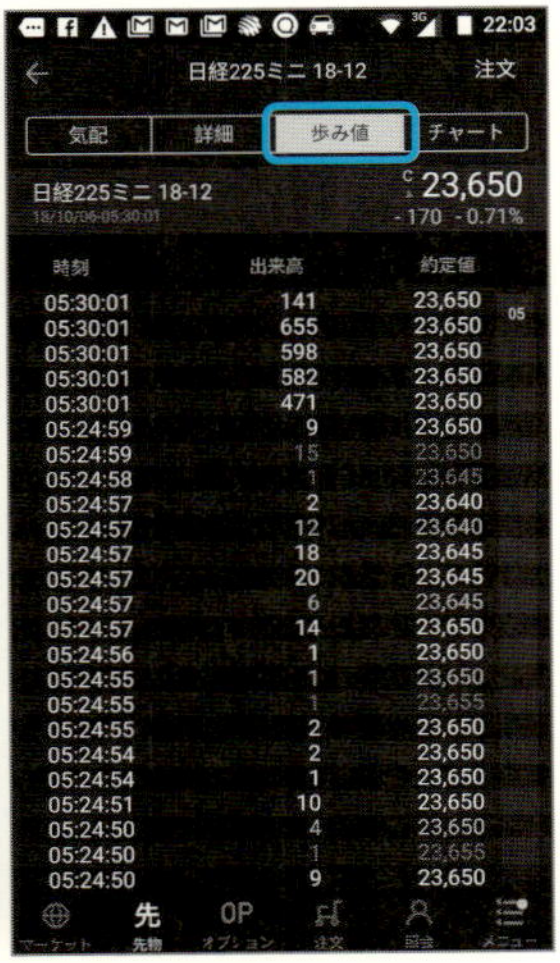

歩み値と気配による短期の売買戦略は **7時限目** 03の3「株価の板」を参照。

● 買建注文のしかたから確認、受付けまで

手順1

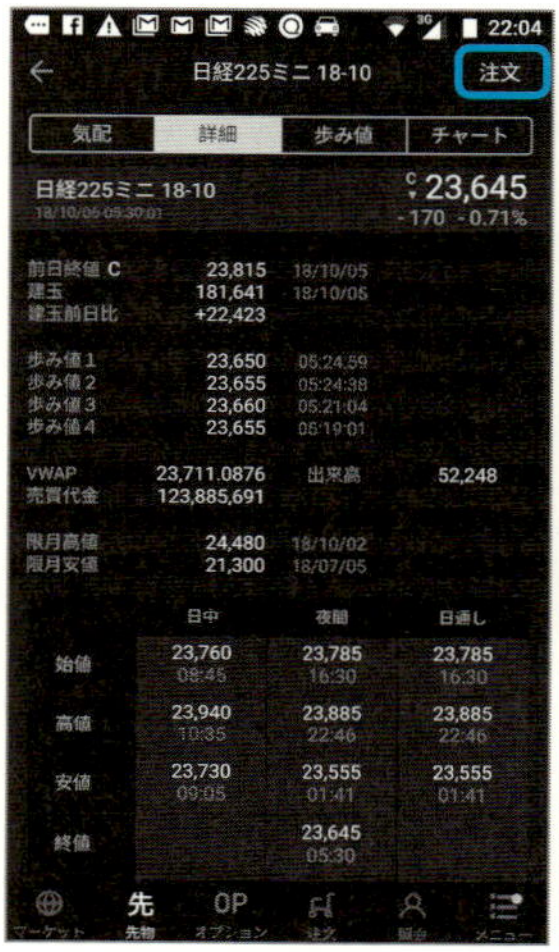

12月物の詳細情報ページで注文を選択して、注文のメニューを表示させる。

手順2

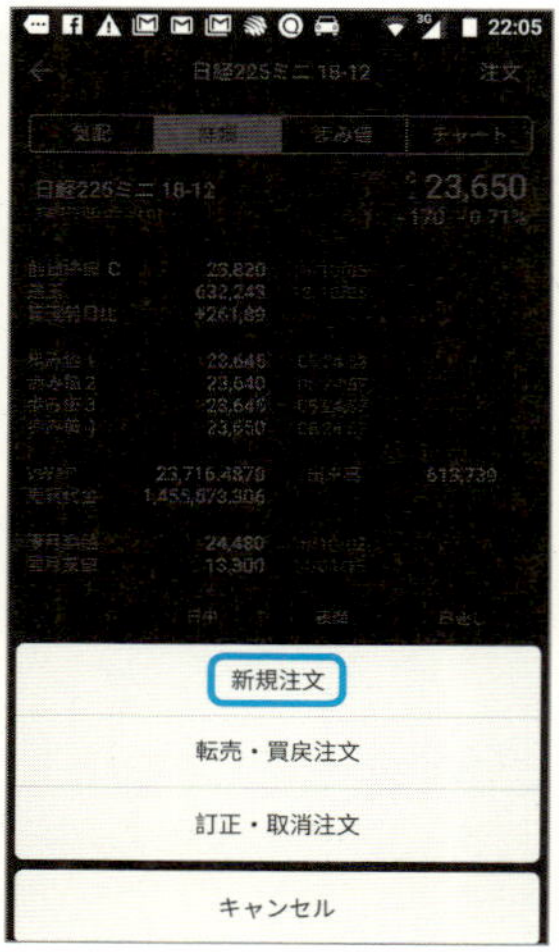

12月物の注文のメニューが表示されるので、「新規注文」を選び、注文入力画面に進む。

手順3

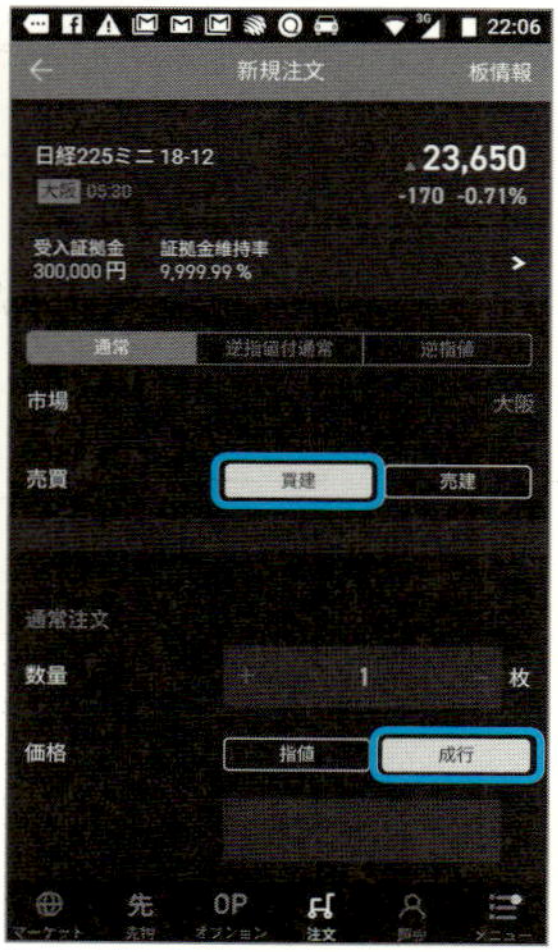

新規注文画面で「買建」を選択して、価格は「成行」を選ぶ。売りからスタートする場合は「売建」を選択する。

手順4

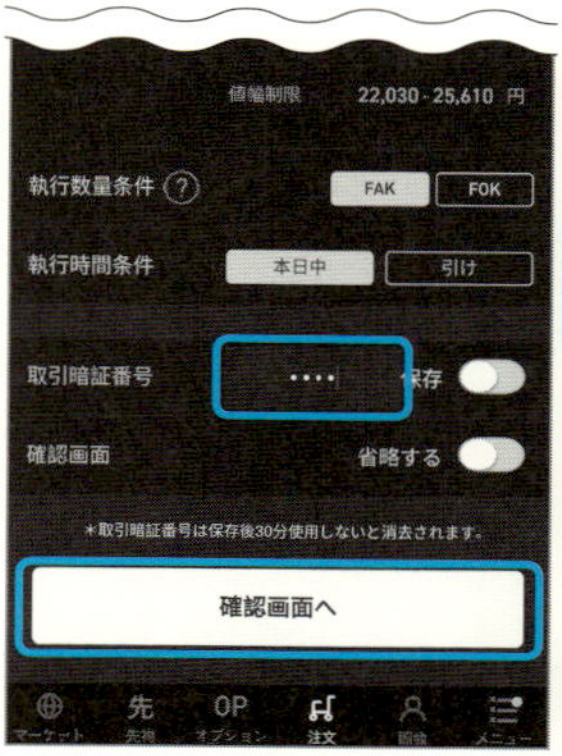

取引暗証番号を入力して、「確認画面へ」を押す。

手順5

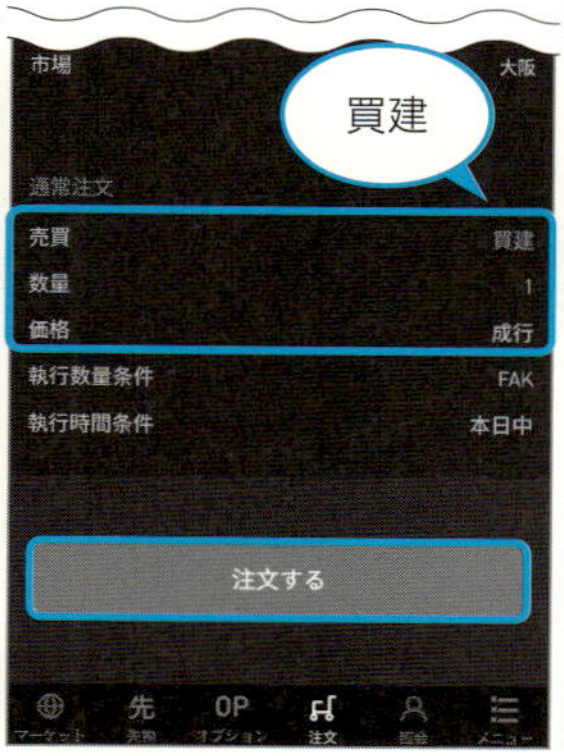

確認画面で注文を確認する。必須チェック項目は「買建・売建」、「数量」と「価格」。

手順6

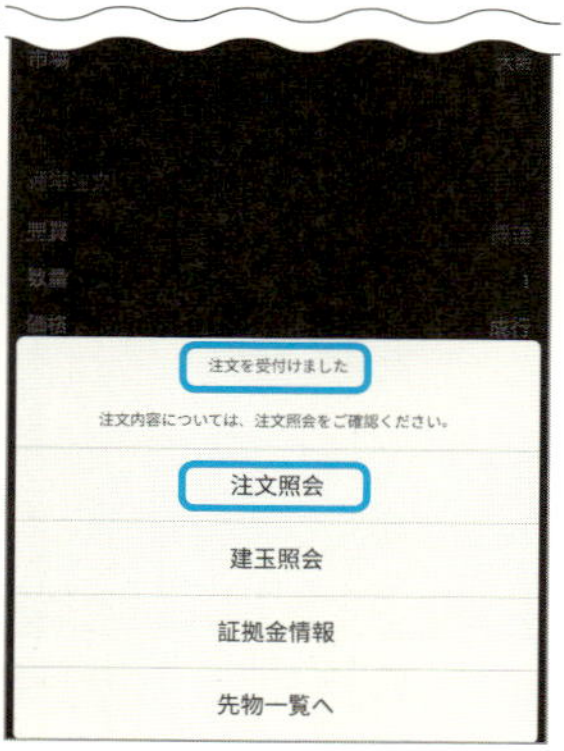

「注文する」を押して正常に処理されると、「注文を受付けました」と表示される。「注文照会」を選択する。

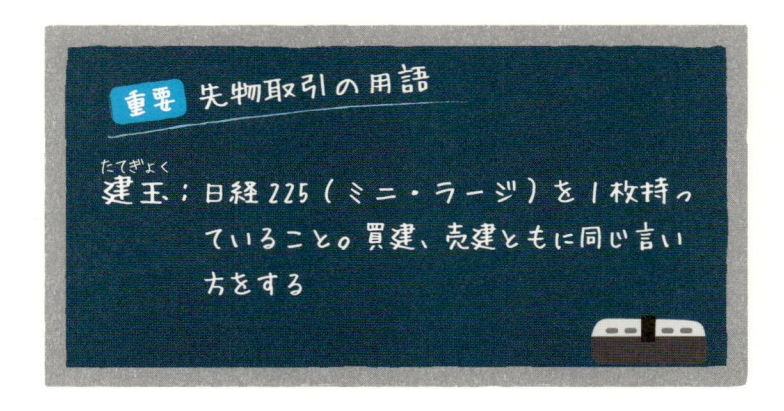

注文の照会と建玉の照会

手順1

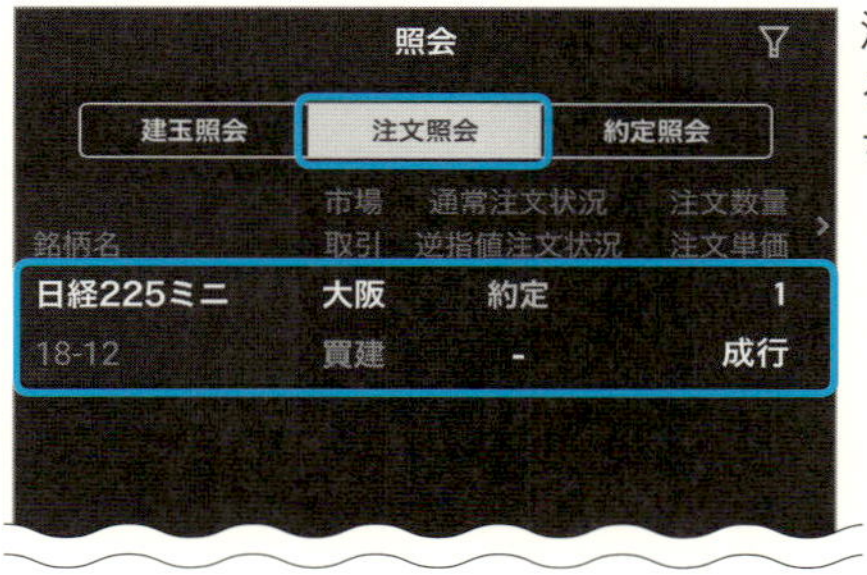

注文の照会画面が表示される。成行で買建てたので、直ちに「約定」している。

手順2

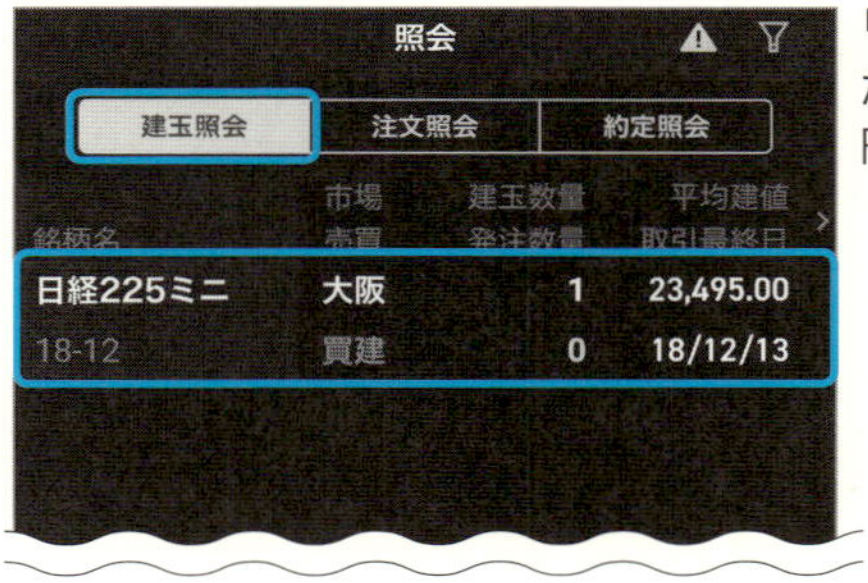

「建玉照会」を押すと、買建てた保有状況がわかる。23,495円で1枚を買建している。

重要 先物取引の用語

建玉《たてぎょく》：日経 225（ミニ・ラージ）を1枚持っていること。買建、売建ともに同じ言い方をする

07 転売「返済注文」をしてみる

1 買建てた1枚を転売して返済する

買建てた建玉を1枚持っているので、これを清算する必要があります。**「建玉を清算することを〝返済〟」**といいますが、返済には次の2つの方法があります。

❶ SQ日までそのまま置いておく ⇓ SQ日をすぎると強制的に返済
❷ SQ日前に売って、利益確定または損失を確定する ⇓ 転売

先物の基本的な取引は❷です。「**SQ日をすぎるまでほったらかしにするということはない**」と覚えてください。ここでまたクイズです。売建をした場合の❷にあたることを何というでしょうか？

答えは「買戻《かいもどし》」といいます。

それでは、今持っている建玉1枚を早速転売してみましょう。

驚くほど簡単です。**「建玉照会で転売したい建玉をタップして返済数量と価格を入力するだけ」**です。その次は注文を確認して注文をタップするだけ、1～2回練習すればすぐ覚えられます。

次に、成行で売って買建を返済した結果を確認してみましょう。

取引結果としては2万3495円で買建てたあと、すぐ2万3505円で転売しましたが、10円上昇しているので918円の利益が出ています。10分足らずの成績としては文句なしですね。

これで、限月（銘柄）を選び、買建注

● 買い建てた1枚を転売して返済する注文から確認、受付まで

手順1

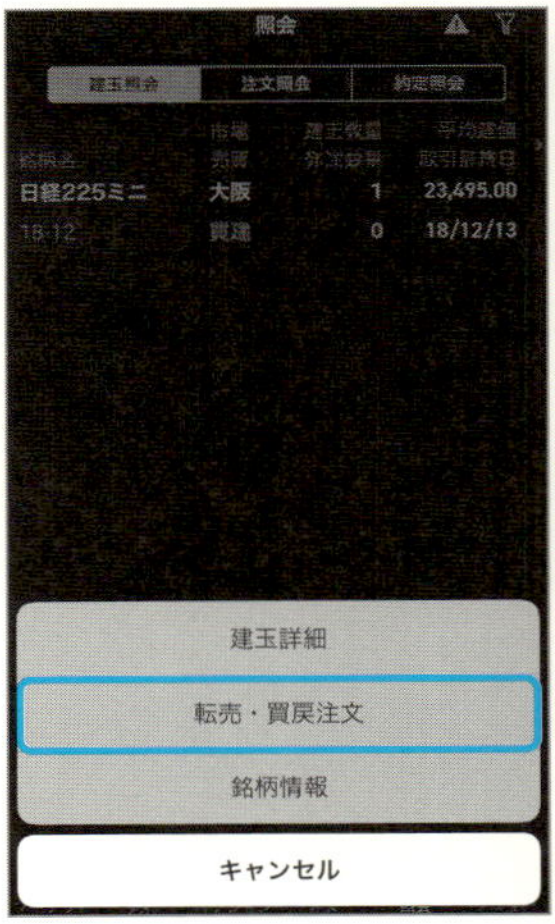

「建玉」を選ぶとメニューが表示されるので、「転売・買戻注文」を選択する。

手順2

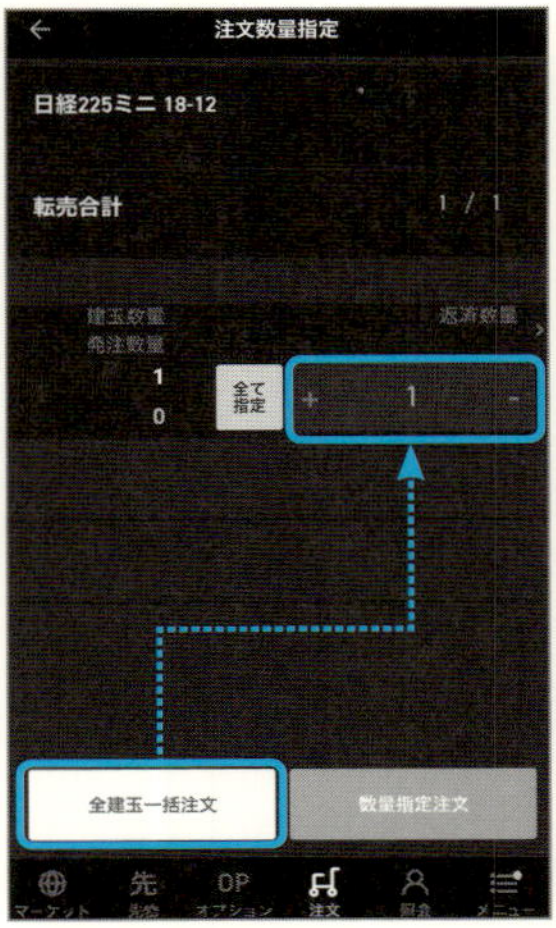

「全建玉一括注文」を選ぶと複数買っている場合でも一括で注文できる。

手順3

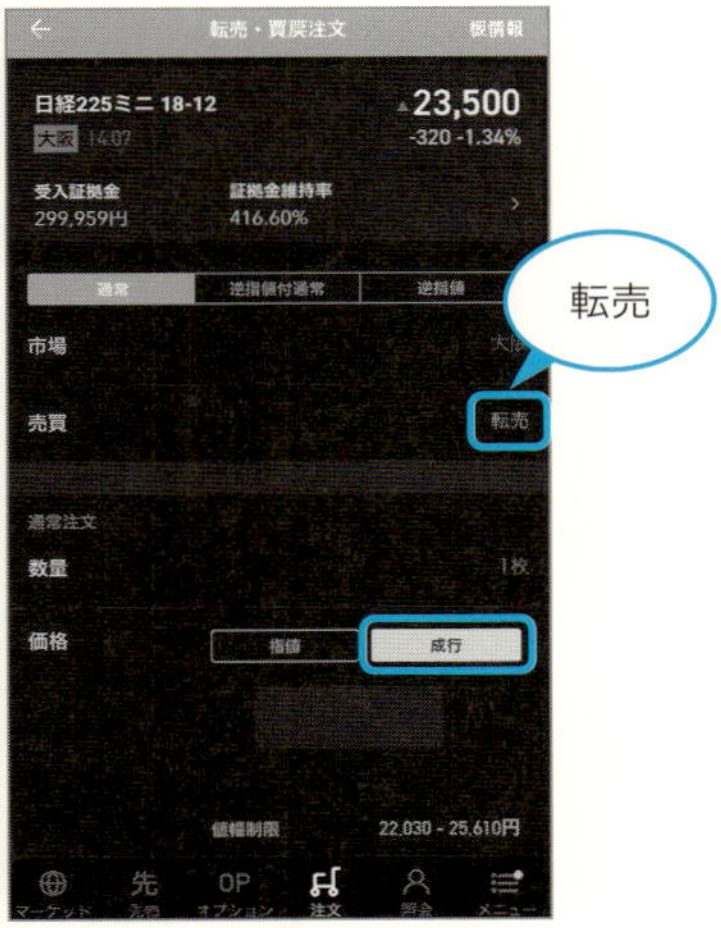

売買区分が「転売」になっていることを確認して価格は「成行」を選択する。

手順4

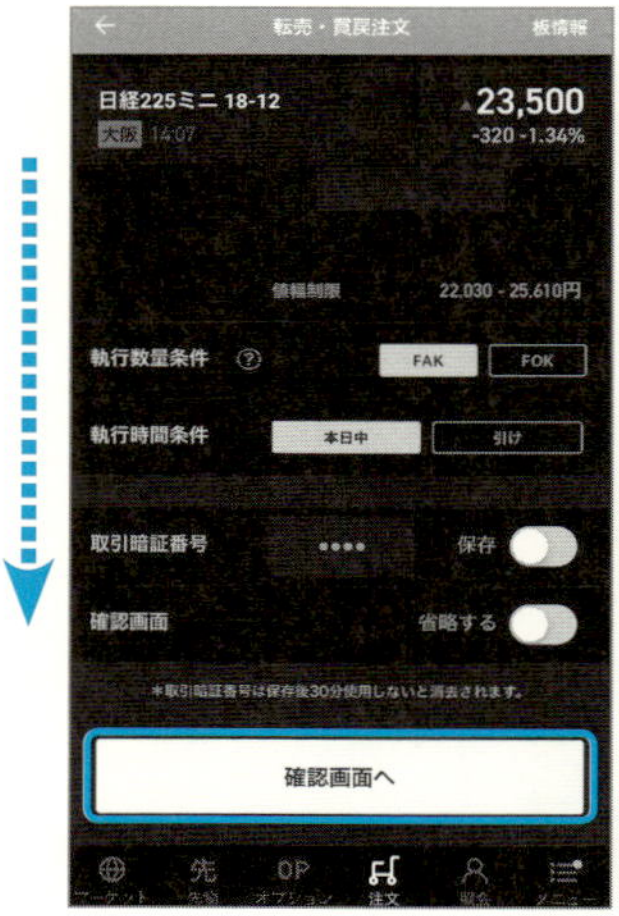

画面を下にスクロールして「確認画面へ」をクリックすると注文の確認ができる。

手順5

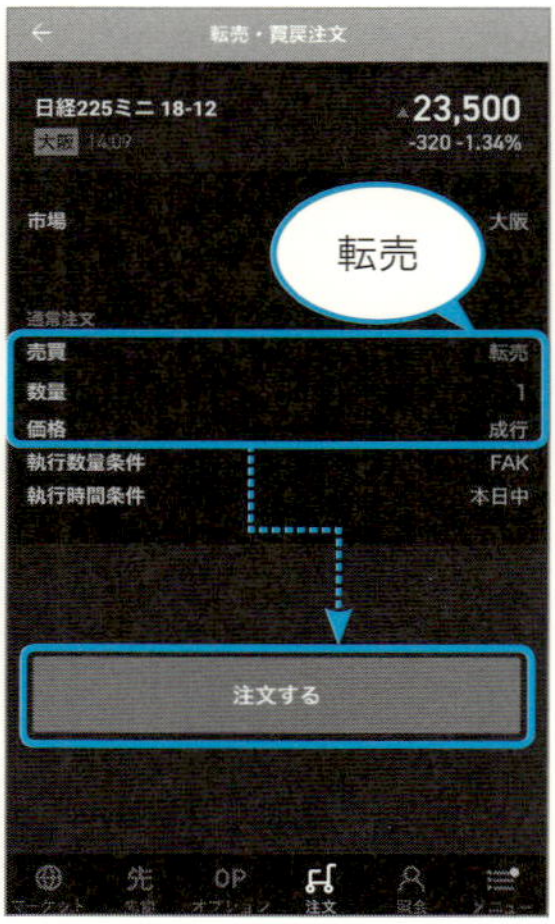

確認画面で「転売」「返済数量」「価格」を確認して「注文する」を押す。

手順6

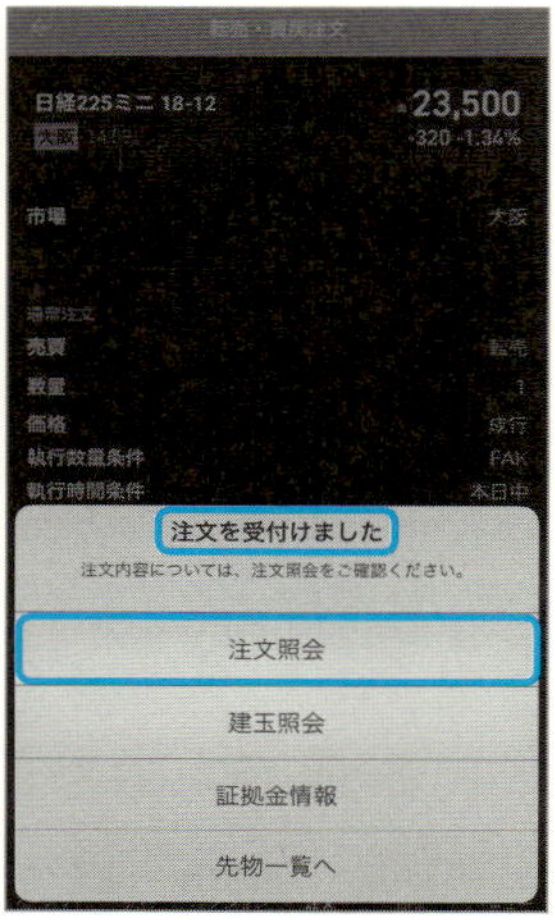

「注文を受付けました」と表示されたら「注文照会」を選択する。

● 注文照会と実現損益の確認

手順1

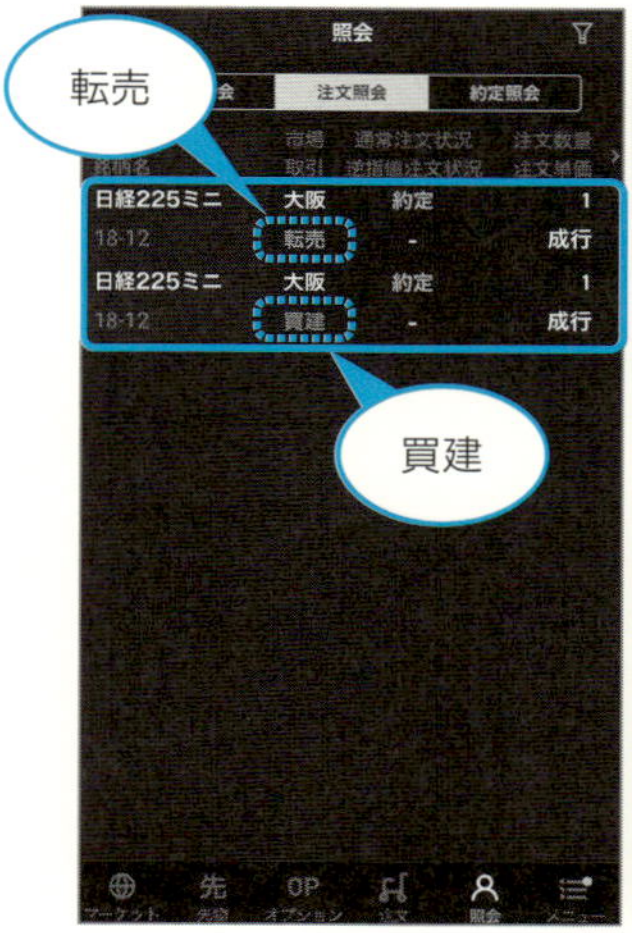

注文照会で、下段に「買建」、上段に「転売」の注文が約定していることが表示される。

手順2

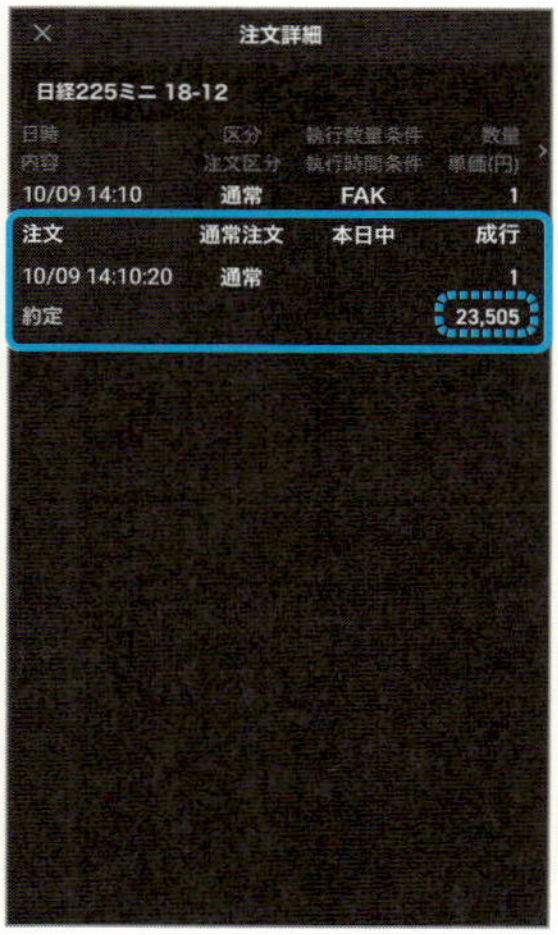

転売の注文詳細を見ると23,505円で転売できたことがわかる。

手順3

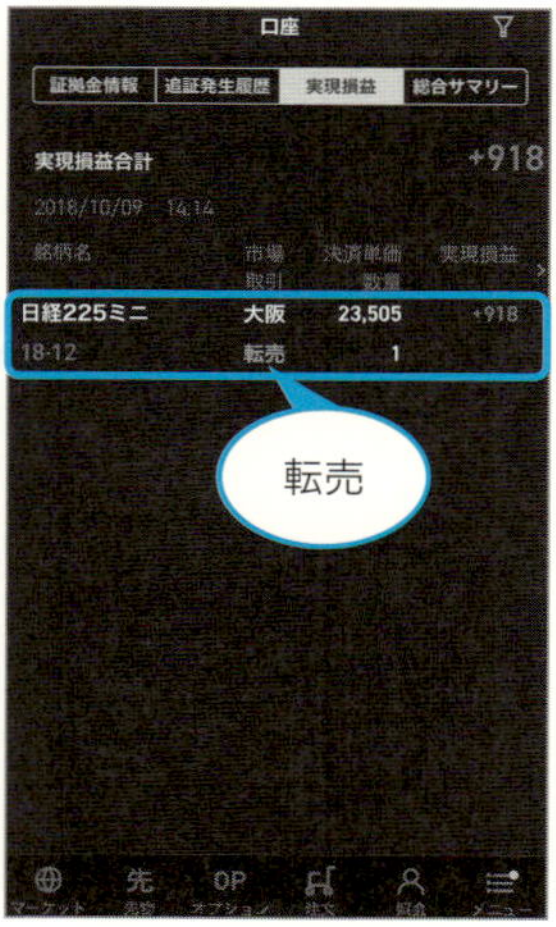

23,495円で「買建」して、23,505円で「転売」しているので、918円の利益確定が実現できた。

文を出して約定したあと、建玉を転売して利益を確定するところまで、ひととおりこなせるようになりました。最大限わかりやすくお話ししましたが、まだ操作には不安が残りますか？

大丈夫です。一連の過程を特典動画としてまとめたのでご覧になりながら、練習してみてください。

特典動画❶ 注文❶ 買建から転売して利益確定まで（http://tbladvisory.com/book004）

最初の注文は誰でも
怖いもの、動画を見ながら
覚えて1回実践したら、
あとは慣れですよ！

08

売建 下がると予想したら「注文」する

1 限月を選んで売建注文を出す

買建の取引ができたところで、ここでは下がるときに利益をあげることができる売建注文のしかたについて見ていきます。これも何か特別なことが必要かというと、取引の区分を変えるだけです。「**本当に売買の基準を〝売建〟に変えるだけ**」ですね。あとは買建と同様に、注文の受付けを確認して、注文照会で結果を確認するだけです。

売建注文に関しては、信用取引の「空売り」同様どうしても苦手だと思う人が意外と多くいます。売建という言葉が難しかったら、サッカーのくじを思い出してください。

「下がるほうのスクラッチを削るのが〝売建〟」といったら少しは楽になりますよね。

自分が売建をしたかを確認するのも簡単です。129頁の買い戻しの **手順1** を見てください。取引の種類によって「買建」か「売建」なのかが明確に書かれています。

売建注文のしかたから確認、受付けまで

手順1

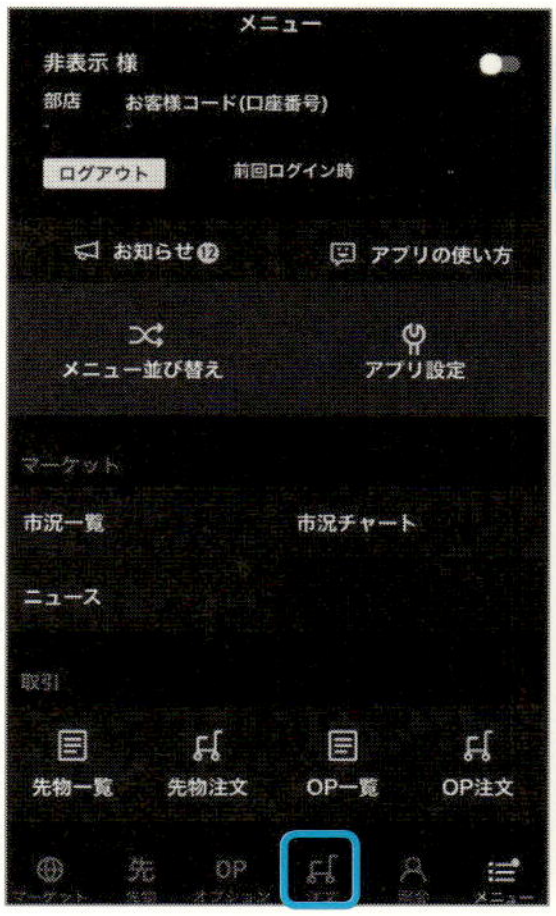

アプリのホーム画面で注文アイコンを押して新規注文選択画面に進む。

手順2

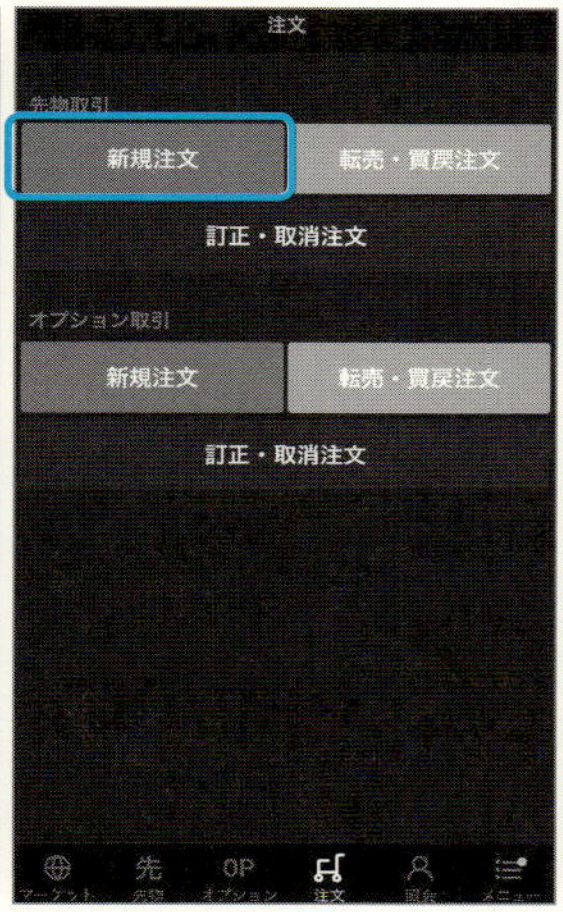

表示される注文メニューで「先物」→「新規注文」を選択する。

手順3

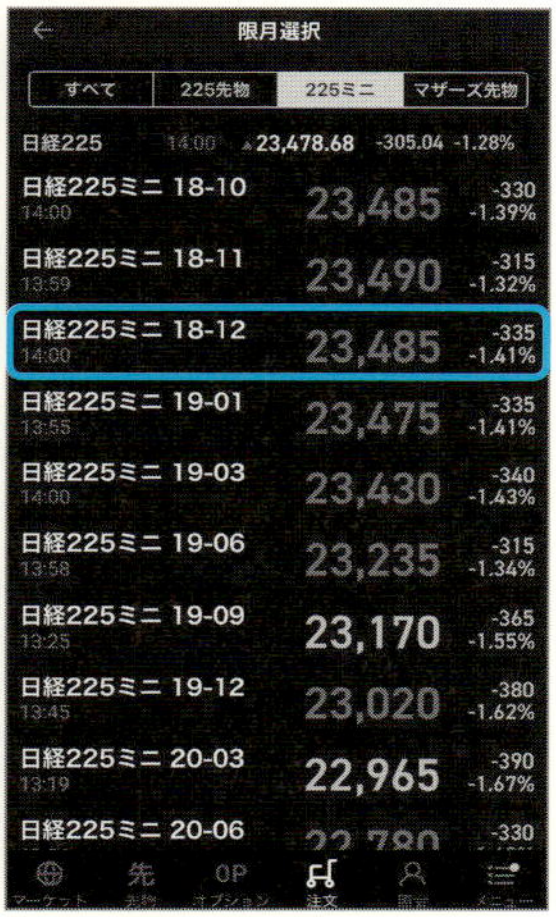

新規注文を出す限月を選択する。メジャーSQのある「12月物」を選ぶ。

手順4

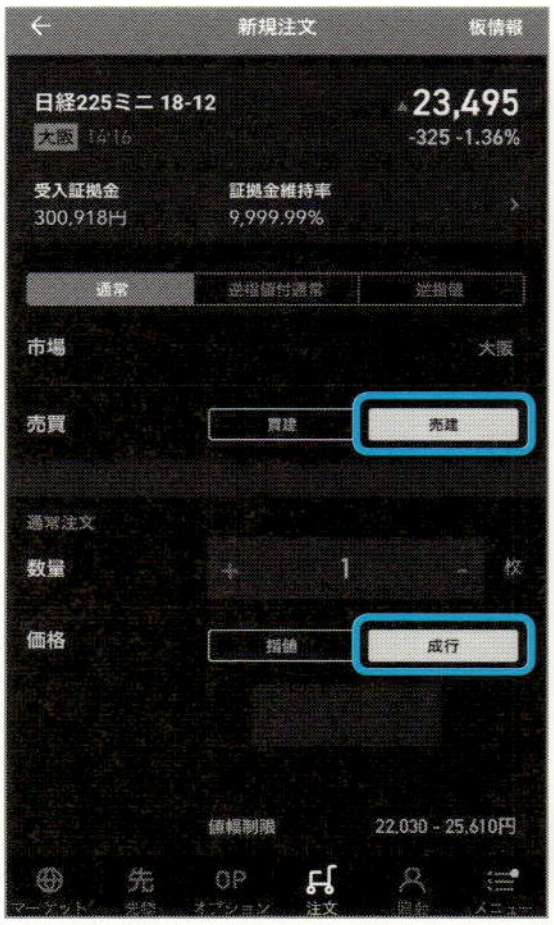

新規注文画面で「売建」を選択して価格は「成行」を選ぶ。

手順5

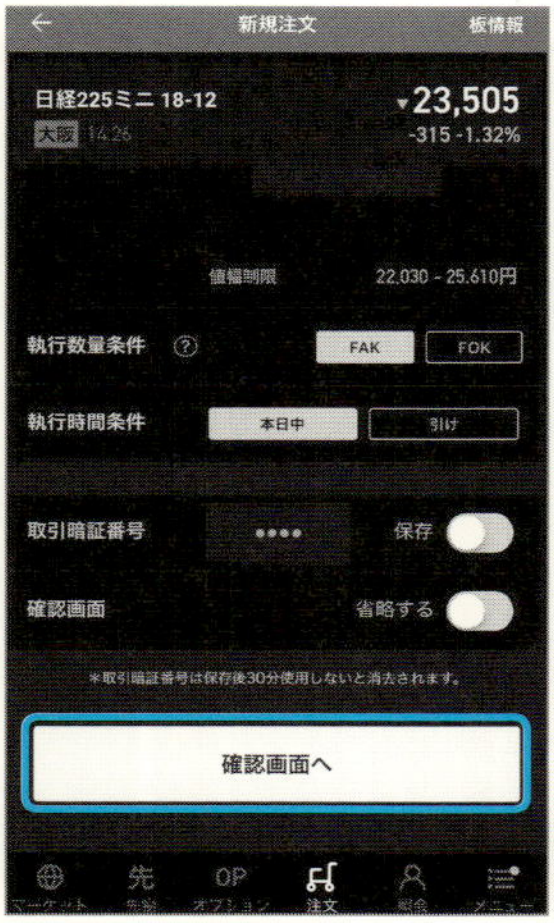

下にスクロールして「確認画面へ」を押すと注文の確認ができる

手順6

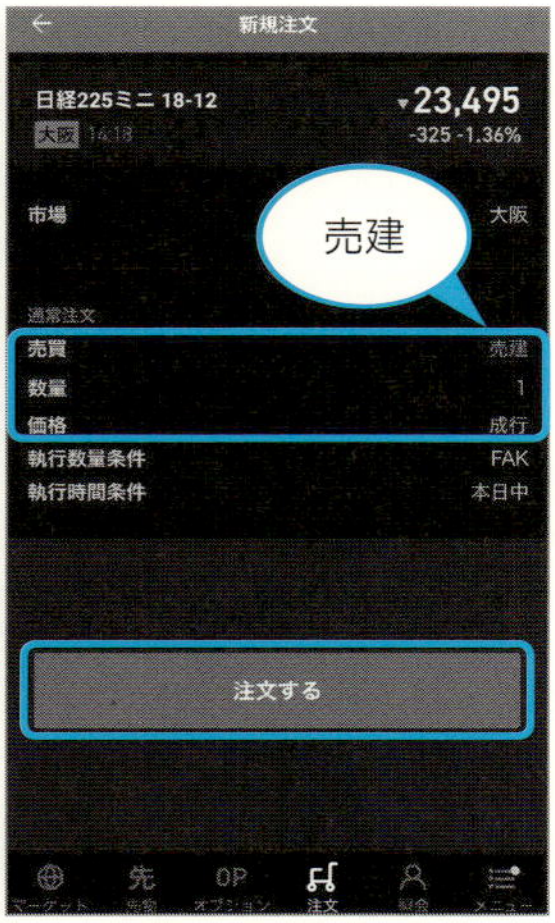

確認画面で「売建」「数量」「価格」を確認して「注文する」を押す。

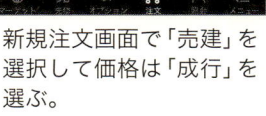

09

買戻 返済注文の実践

1 売建の建玉を買戻して返済する

売建の建玉を1枚持っているので、早速、買戻して返済してみましょう。この結果で売建取引の特徴がわかるので、注意深く読んでみてください。成行で買戻をした結果、2万3500円で買戻をしています。先の買建では918円の利益でしたが、今回の売建の結果を反映すると実現損益はどうなるかを見てみましょう。買建の取引の場合は2万3495円で買建て、2万3505円で転売しました。上昇分10円の100倍にあたる約1000円の利益が実現できています。一方、売建の場合は2万3495円で売建てたあと、2万3500円で買戻しています。利益確定どころか、むしろ上昇分5円の約100倍にあたる582円の損失が発生しています。

次の章からはこれが理解できているという前提で話を進めるので、難しくてついていけないという人は、何度でも読み返してください。

売建てた 1 枚を買戻して返済する

手順 1

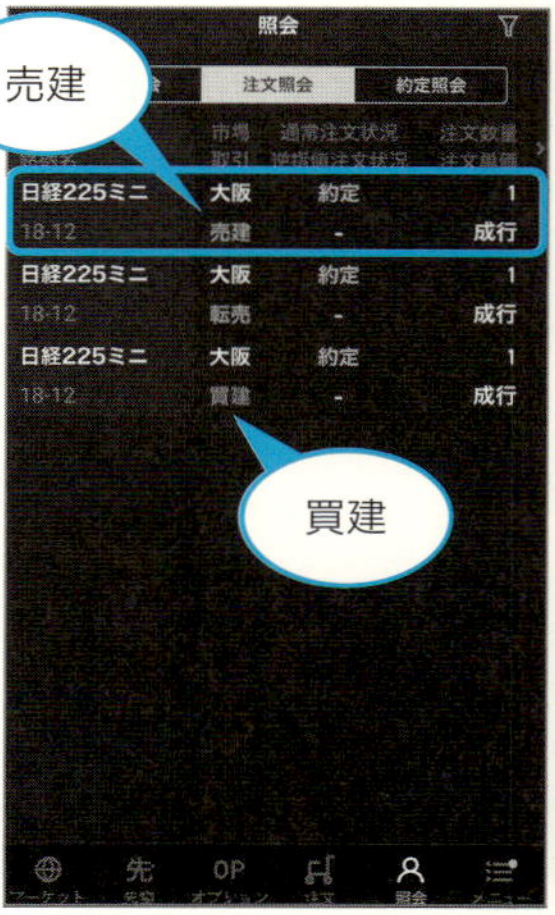

注文照会画面で、下段に「買建」の注文に続き、「売建」の注文が約定していることが表示される。

手順 2

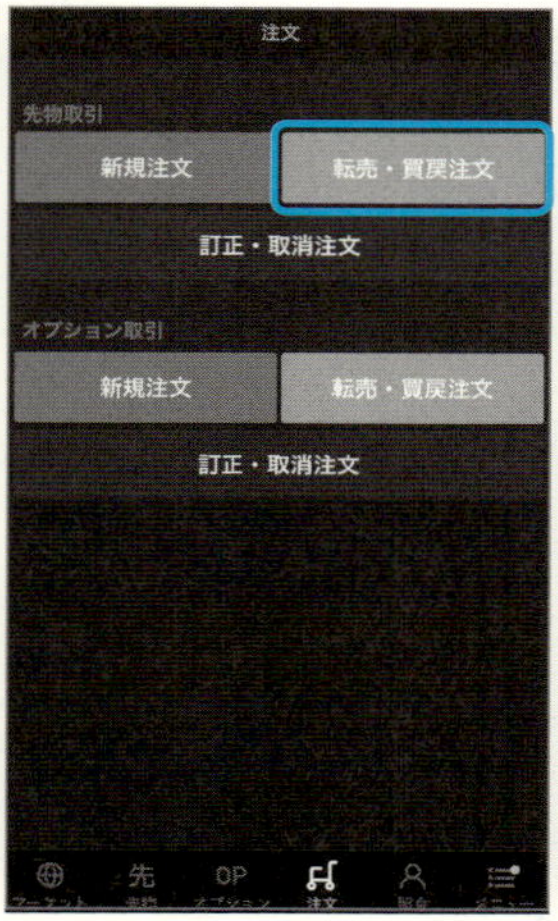

ホーム画面で「注文」を選び、注文選択画面で「転売・買戻注文」を選択する。

手順 3

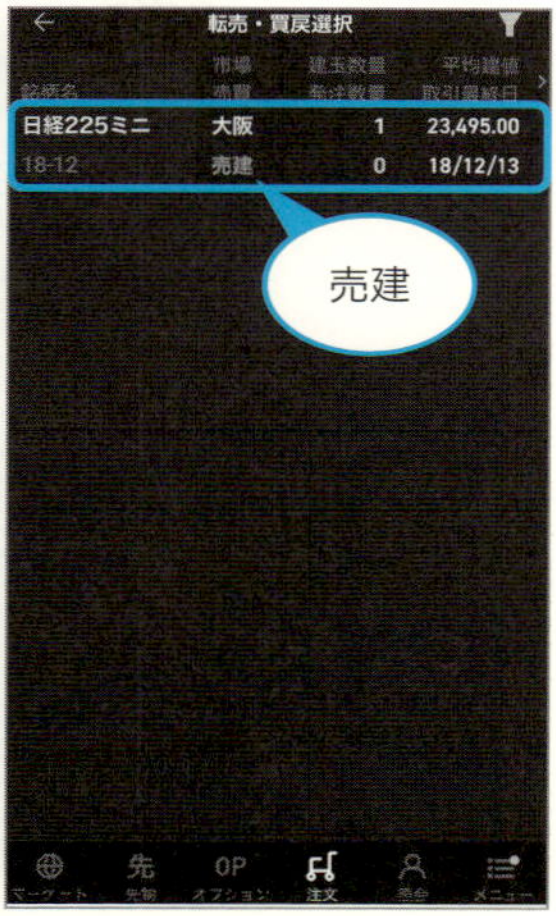

転売・買戻す建玉を選択する画面が表示されるので、先ほど約定した「売建」を選ぶ。

手順 4

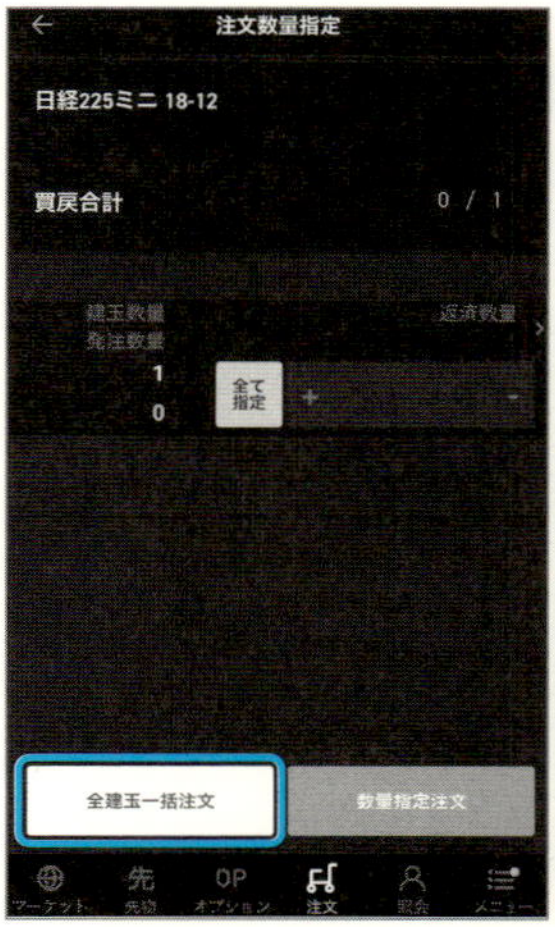

「全建玉一括注文」を押す。複数買っている場合は、別々に注文を出すこともできる。

手順 5

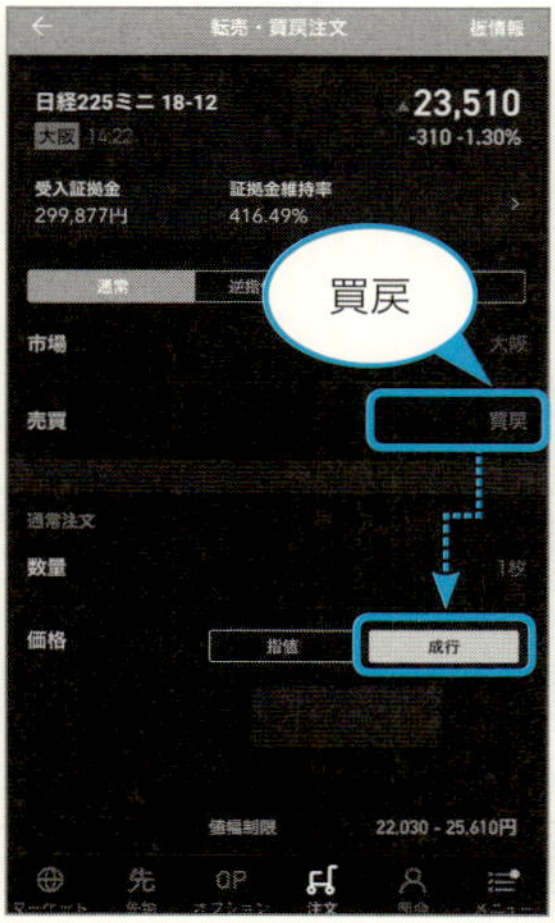

売買区分が「買戻」になっていることを確認し、価格は「成行」を選択する。

手順 6

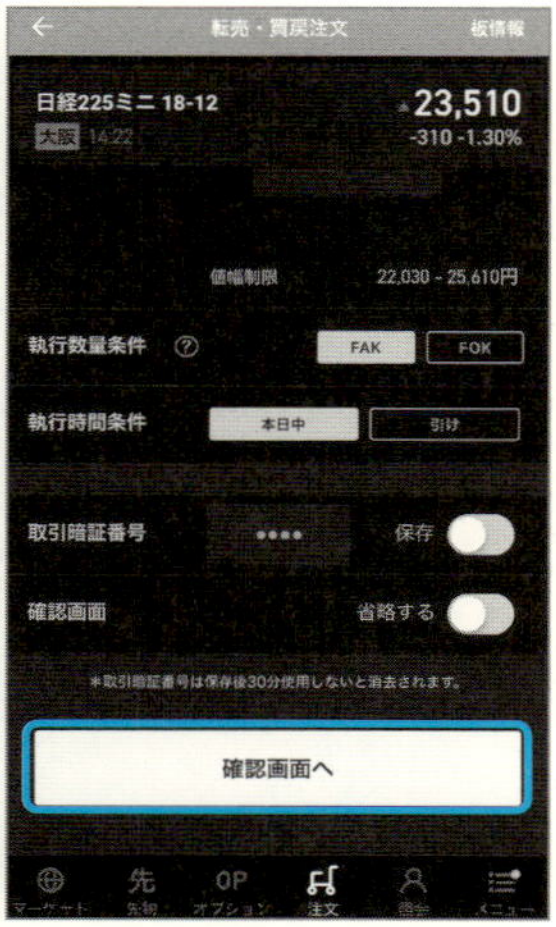

下にスクロールして「確認画面へ」を押し、注文の確認画面に進む。

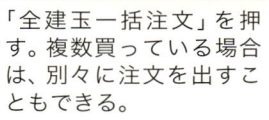

注文の受付けと約定の照会

手順1

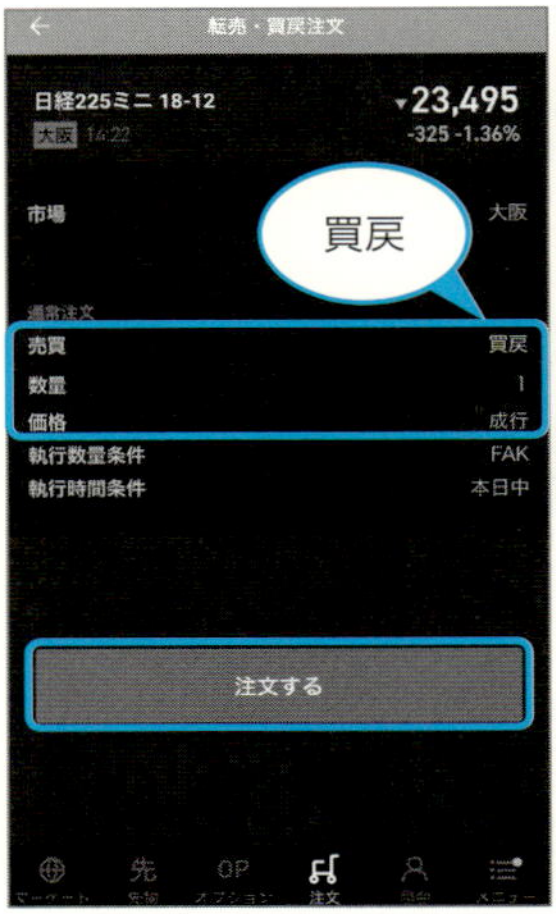

確認画面で「買戻」「数量」「価格」を確認して「注文する」を押す。

手順2

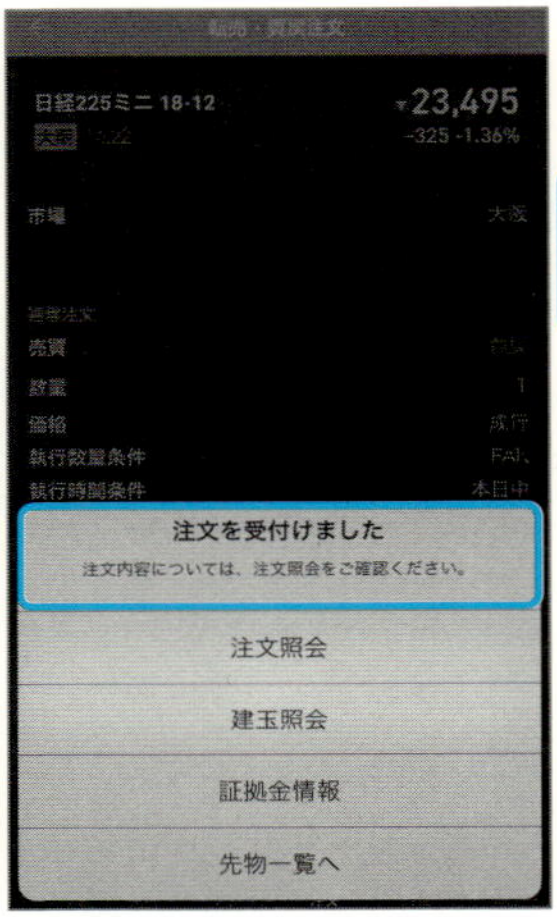

「注文を受付けました」と表示されれば完了。

手順3

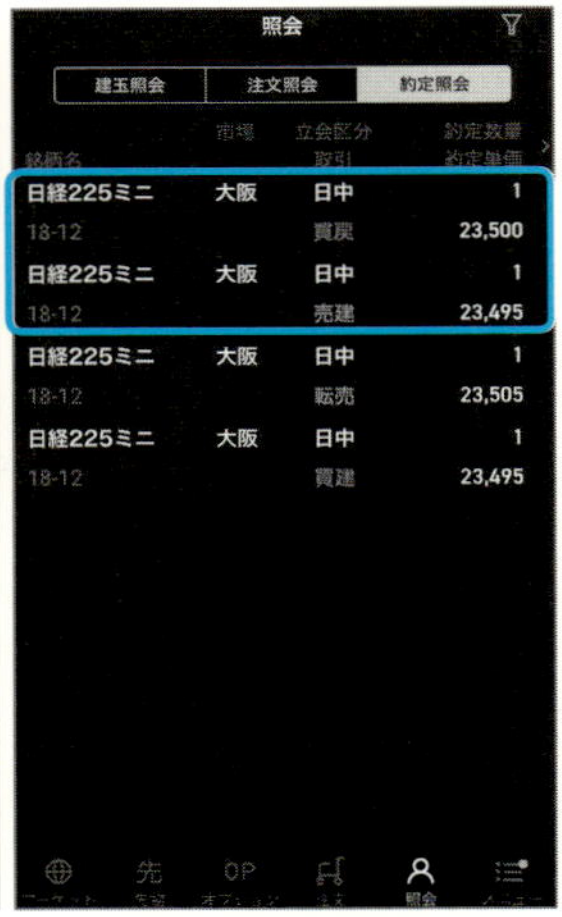

「約定照会」で「買戻注文」の約定を確認。23,495円で売建、23,500円で買戻している。

実現損益の確認のしかた

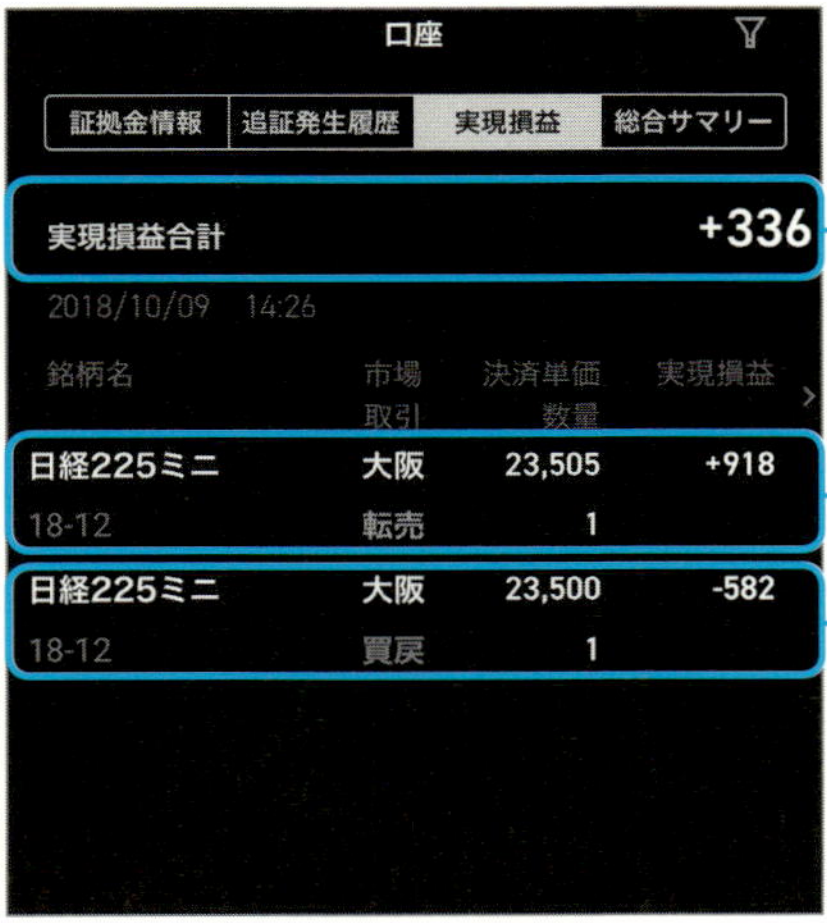

ここまで行ってきた取引の損益状況を合計して表示する

最初の買建取引では、918円の利益が出ている

売建では、23,495円で売建て、23,500円で買戻したので、損失が発生しているのがわかる

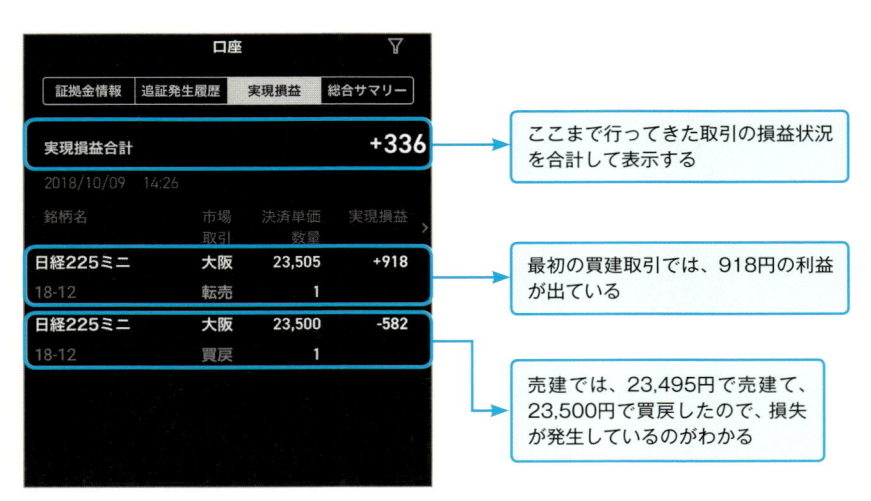

10 2限目のまとめ

1 買建・売建の注文の流れを頭に入れる

証券会社を選ぶ基準から、口座を開いて、その口座で買建、売建の注文をすることまでやってみました。ここでやってみた注文は画面を中心とした説明だったので、まだ全体の取引が頭の中に整理できていないかもしれません。

2時限目の締めくくりとして、ここでやってみた買建（売建）注文から決済、決済のあとの損益結果までをわかりやすくまとめてみます。注文の流れがよくわからないとき、2時限目に戻って復習する際の参考資料として役立ててください。

2時限目でやってみた注文は、「❶**買建**→**転売**」「❷**売建**→**買戻**」の流れでした。決済をしたあとの損益結果までを次頁の図にまとめたので、しっかり確認しておいてください。

● 注文の流れのまとめ

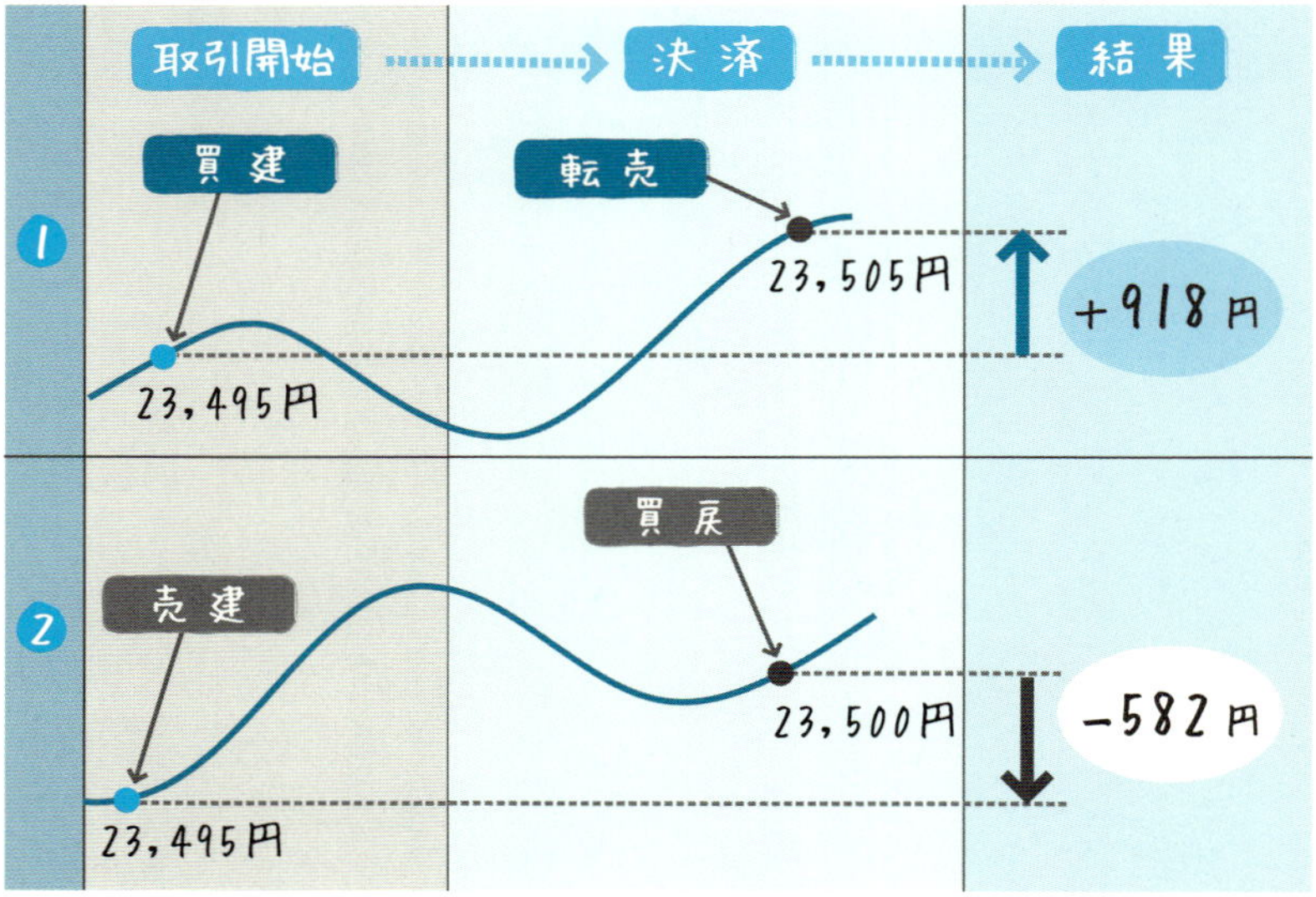
取引開始
決済
結果
1
買建
23,495円
転売
23,505円
+918円
2
売建
23,495円
買戻
23,500円
-582円

わからなくなったときは、いつでも
戻ってきてくださいね。
この1枚ですべてがわかりますよ。
ここに書き込みながら復習するのも
お勧めです！

3時限目

「日経225先物」勝ちの戦略
取引全体の概要を覚える

具体的な戦略に入る前に、取引の全体像を理解しましょう。自分にあうスタイルがきっと見つかりますよ。

01 「トレードスタイル」に正解はない

1 時間軸という概念がすべての基本

2時限目では証券会社を選ぶ基準、口座開設から買建、売建の注文まで実行しました。これで売買の準備は完璧に整ったので、勝ちの戦略を学びましょう。

ここでは、これからお話しする時間軸別の戦略について、全体概要を理解していただきます。いきなり「デイトレードですよ」「スイングトレードですよ」などといわれても、短編的な戦略の羅列にすぎず、つながりが見えてきません。

そこで、まず全体の考え方を理解したうえで、各々戦略を詳しく見ていきましょう。そうすると、今自分が読んでいる戦略が全体の中でどのあたりかを把握しながら読み進めることができます。そして、「**すべてが理解できたあと、どの戦略をメインにするかは〝あなた〟次第**」です。

2 ライフスタイルにあわせてトレードスタイルを決める

具体的に概要をお話しする前に、投資に対するスタンスについて見ておきます。本屋さんかインターネットをのぞいてみるとわかりますが、投資のアプローチ方法は星の数ほどあります。

「長期投資、中・短期トレード、デイトレードのように時間軸」で分けることもできるし、「企業の内在的な価値に注目するバリュー投資」「チャートのパターン分析を重視するテクニカル分析投資」といった分け方もあります。大事なことは、**「何かひとつだけが正しいと思い込んで決めつけなくてもいい」**ということです。

いろいろな考え方を聞いて、理解したうえで自分のライフスタイルにあわせた投資スタイルを確立すればいいだけの話です。**「投資でたくさん儲けて、サラリーマンをやめるのが投資の王道のような考えを押しつけ**

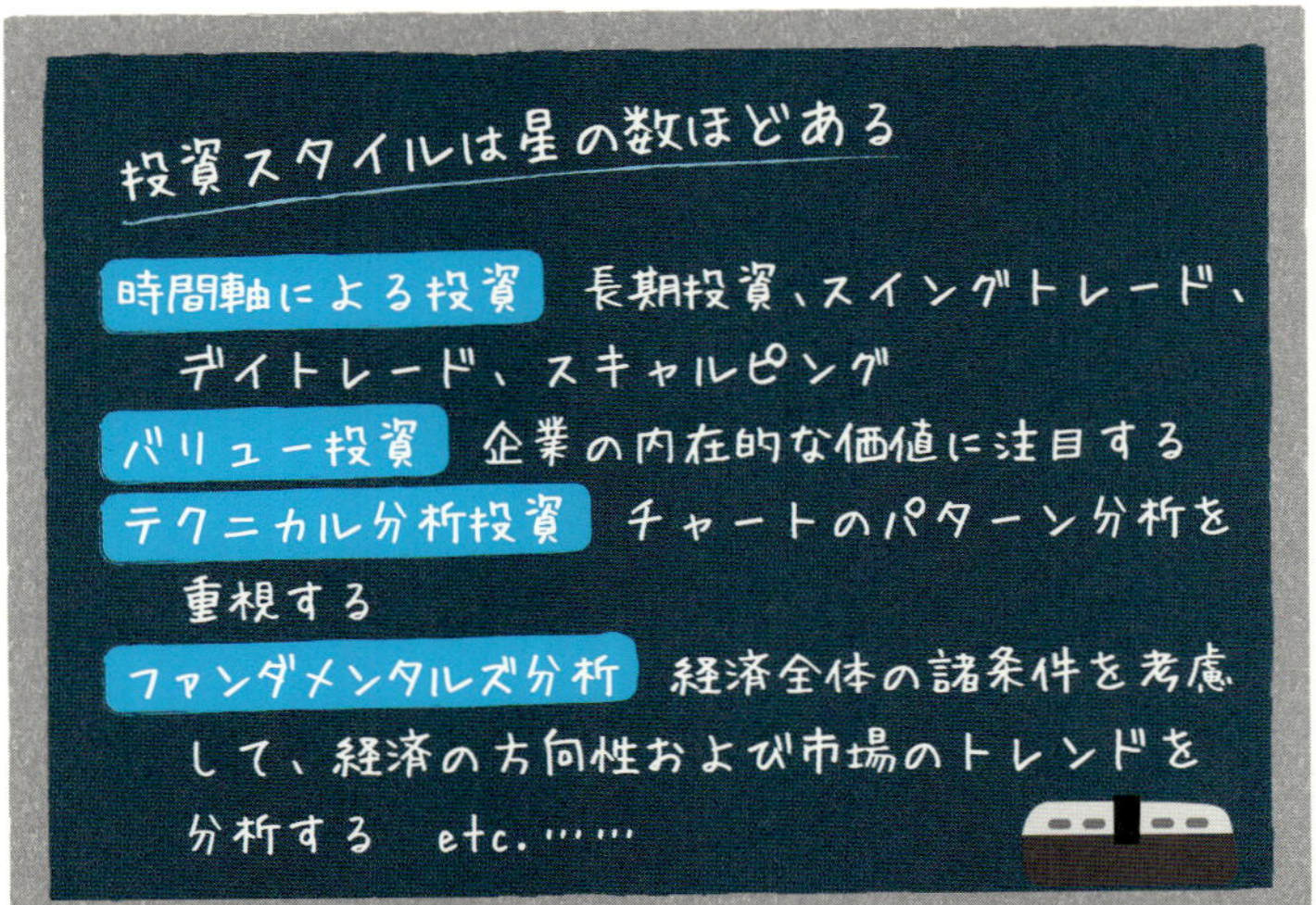
投資スタイルは星の数ほどある
時間軸による投資　長期投資、スイングトレード、デイトレード、スキャルピング
バリュー投資　企業の内在的な価値に注目する
テクニカル分析投資　チャートのパターン分析を重視する
ファンダメンタルズ分析　経済全体の諸条件を考慮して、経済の方向性および市場のトレンドを分析する　etc.……

る場合もありますが、十分な資産を持ったあとも、やりがいを求めてサラリーマンを続けたい人もいます」。そのような人に、1日中取引画面に張りついているデイトレードが正しいものだと説得したところで何の役にも立たないわけです。

本書では、「**ラージの限月の単位（3カ月）を中期**」と捉え、「**中・短期とデイトレード、スキャルピングのように時間軸を基本にして、ファンダメンタルズ分析をつけ加えるスタンス**」をとります。この考えも自分にあう時間軸だけを取り入れるか、2つの時間軸を組みあわせるなど、自分の好みとライフスタイルにあわせていけば大丈夫です。

3 勝負するのは時間軸

先物に対する私の投資スタイルは「**中・短期トレードを軸足にして、デイトレードで小さい利益を積みあげていく**」ことです。言葉からもわかるとおり、「**時間**

● ライフスタイルにあわせて投資スタイルをつくりあげる

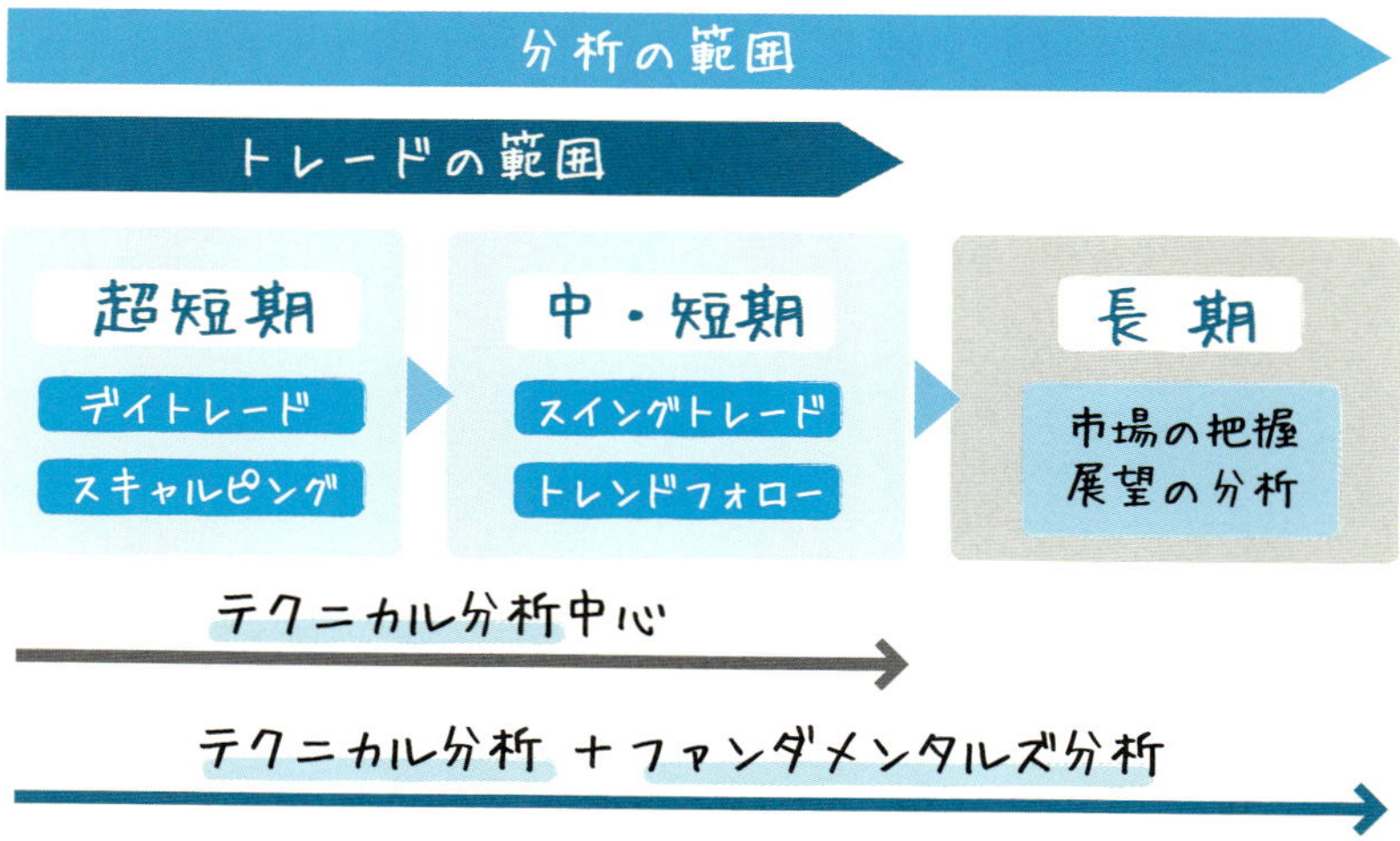

軸を基準にするトレードスタイル」です。時間軸を基準にするので、自然にチャートのパターンや売買のタイミングを分析する「**テクニカル分析**」が中心になって、「**市場全体の流れとこれからの方向性を把握するのにファンダメンタルズ分析をつけ加えます**」。このときの分析範囲は、数年に渡る長期も含めます。言葉だけでは難しいので、前頁の図を参考にしてください。

4 勝負は時間、分析は長期まで

右頁の図を見ると、上段の範囲が2つのレイヤーになっています。「トレードの範囲」は超短期から中・短期までカバーしているのに対し、「分析の範囲」はトレードの範囲には含まれない長期までを含めています。ここで生まれる疑問が、「なんでオカネにならない長期まで分析しないといけないのか？」ということです。答えは、「**長期を分析することで、より大きな利益につなげるため**」です。

長期的な分析なしに中・短期を理解することは難しい

「〝**一時的には戻っているけれど、長期的には下げトレンド**〟**という大きな図が見えると、中・短期のトレード根拠がより精密になる**」わけです。とはいっても長期的な分析は経済を知ることになるので、難しいところもあります。でも、まずは本書の内容だけ押さえるようにすれば大丈夫です。

02 短期・長期に分けて「戦略」を立てる

1 トレード全体の概要

まず次頁下のトレードの全体図を見てください。前節、最後の図の考え方を詳細に表現したものです。

時間軸の長い（ここでは1年分のチャートを表示しています）中・短期の期間を対象にトレンドフォローという戦略で利益を取るのが基本ですが、さらに細かく時間軸を分けていくと、スキャルピングにまで到達するのがわかります。

2 中・長期のスイングトレード概要

「スイングトレードというのは、数日から数カ月以内にトレードを完了していくトレードスタイル」のことです。時計の振り子のように一定の範囲（時間軸）の中で売買を繰り返すことからこの名前がつきました。

「限月の範囲内でトレンドが発生したら、素直にその流れに乗せる安定的なトレードを目指します」。トレンドが発生する際に買い（売り）をはじめ、トレンドの終わりを確認してから転売（買い戻し）をするのが基本です。

トレンドの長さによって、トレードの期間が数週間から数カ月まで多様化されます。

詳しくは4時限目でお話しします。

日経225先物のトレード全体概要

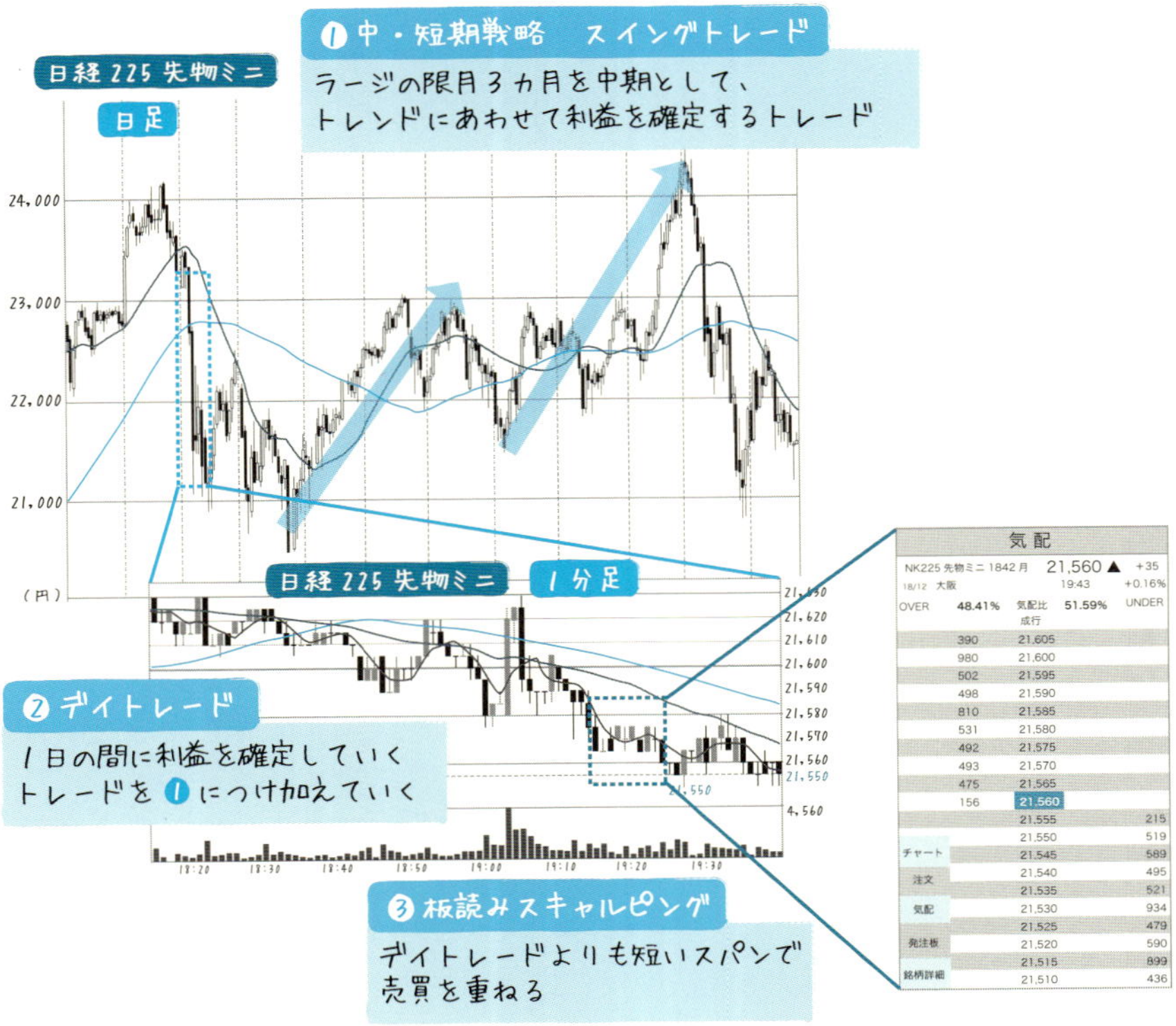

3 短期のデイトレード・スキャルピング概要

「**中・短期のポジションを持ちながら、時間があるときに超短期のトレードを行い小さい利益を重ねていく**」ことが基本です。私の場合は「マーケットプロファイル」「IRブレイク」といった典型的なデイトレードスキルに加えて、スイングトレードのスキルを取り入れる独特な方法を使います。

さらに短い時間軸では、受給のバランスが偏ることでトレードチャンスをつくっていく「板読みスキャルピング」も行います。これも「**スイングのポジションを持ったうえでのこと**」だというのを忘れないでください。

慣れてくるとデイトレードをメインにするのも可能ですが、まずはトレンドフォローを身につけてから極めるようにしてください。トレンドフォローについては、5時限目で詳しくお話しします。

4 トレンドはそんなに重要？

「まずはトレンドフォローを身につけてから、トレンドにしたがってスイングを先に」と、何回も強調しています。トレンドというのはセミナーでよく出てくる質問でもあります。

「トレンドは本当にそんなに重要でしょうか？」

「直感にしたがって、パッと買ってスッと抜けるのが格好よくないですか？」

答えは、はい、もちろん大事です。長く投資をし続けたいなら、最も重要かもしれません。格好いいとされる「パッと買ってすっと抜ける」のを、直感でどうやってやるのかはわかりませんが、よほどの直感力を持っていないかぎり、強運を願い続けるしか方法が思いあたりません。

しかし、トレンドの読み方が1度わかると、いかなる商品や場面においても活用することができます。前のページに戻って「日経225先物のトレード全体概要」のチャートを見てください。日足の中で1度トレンドが発生すると、上か下かしばらくその動きが続くのを確認できます。同じことを1分足でも確認することができます。例に挙げたチャートは、1度下に向かってトレンドが発生して下がり続けているのがわかります。

しかし、1分足や5分足などの短い時間軸で入門してトレンドを読もうとすると、変化が早すぎるうえに分析しているうちにトレンドが変わってしまいます。

一方スイングの場合、トレードはもちろん練習においても、市場が終わって時間をかけてじっくり分析することができます。時間をかけながら、深く分析してその動きが理解できれば、あとは実践を重ねながら徐々にスピードを上げていくだけです。これが「まずはスイングでトレンドフォローを」とお願いする理由です。

これでトレードの全体像を理解することができました。いかがですか？　ワクワクしてきましたか？　それでは早速、4時限目から勝ち戦略の1幕を開けましょう！

Column 2

投資スタイルに良し悪しを論じるのは無駄

ライブドアショックで投資資金のほぼすべてを失った時間まで入れると、投資に関わって十数年、投資はやればやるほど難しくなると言っていた先輩たちの言葉が少しは理解できるようになってきました。ましてや自分にとってますます難しくなる投資を人に教えるなんて……、教えはじめる前からは想像もしなかった難題に日々ぶつかります。

最も難しい問題のひとつが、「生徒の間で論争が起きて譲らないとき」です。「デイトレード、スキャルピングなんてけしからん！　長期投資をすべきだ」「短期で利益を確定していくことに投資の醍醐味があるでしょう」とか、「テクニカル分析なんかよりとにかくファンダメンタルズ」などと、自分の考えが正しいと主張し、一歩も引かない。セミナーの休み時間に論争がはじまり、講演がはじまっても興奮冷めず口論を続けるなんてこともありました。

３時限目でお話ししたように、「**投資スタイルは自分の考えやスタンスにあわせて選べばいいだけの話し**」で、人に強要したり、他人のものを盲目的に受け入れる必要もありません。自分が練習してみて、じっくり投資スタイルを選んで極めていけばいいわけです。

大阪に住んでいたときは「ソースか醤油か」で口論したりもしましたが、今考えるとまったくの無駄な時間でしたね。

「好きなもんで食えばええやん！」

それぞれにあうスタイルが
あるのだから、ソースか
醤油かなんてどうでもいい。
好きなものを選びましょう！

4時限目

「日経225先物」中・短期の勝ち戦略

中・短期はトレンドフォローで取引します。本物のトレンドフォローを、ここで押さえましょう。

01 中・長期には「2つの分析軸」を使う

1 「テクニカル分析」と「ファンダメンタルズ分析」を身につける

日経225をラージの限月期間3カ月単位でトレードしていくには、中期・短期の流れに加えて、長期的な視野も身につける必要があります。中・長期のトレードで判断に必要な材料はテクニカル分析とファンダメンタルズ分析を通じてそろえます。

ここで簡単に両方の意味を考えてから、どちらを中心にトレードしていくべきか、見ていきます。

2 ファンダメンタルズ分析とは

投資にかぎらず、暮らしていくには経済的な状況がすべての部分で影響してきます。

「ファンダメンタルズとは、国や企業、また外国までを含めた経済状態を表す環境のこと」で、言葉のとおり「**経済の基礎的条件**」と訳されます。

その環境を把握するには各種指標を使うのが最も一般的な方法で、「**外国を含めた国レベルでマクロ的な環境はGDP、経済成長率、財政収支、インフレ率といった指標を使います**」。

「**企業など経済主体別の状況を把握するには、売上高、利益率などの業績から、資産、負債、純資産などの財務状況といったミクロ指標を使います**」。

このように数字で表すことのできる指標を「**定量的指標**」、その分析を「**定量的分析**」と呼びます。

一方、ファンダメンタルズには数字だけでは表せない要素も入っています。最も身近な例としては米国と中国の貿易摩擦や欧州の財政危機

● **ファンダメンタルズ分析とテクニカル分析**

	意味	分析材料・フレーム	
ファンダメンタルズ分析	経済状態を表す環境全般を分析して、投資の判断を行う **定量的分析＋定性的分析**	定量的分析	**マクロ指標** GDP、経済成長率、財政収支、インフレ率など **ミクロ指標** 売上高、利益率などの業績から資産、負債、純資産などの財務状況
		定性的分析	ニュースや政治的な動き、要人発言などは、数字で表すことができない変動要因
テクニカル分析	過去のデータを決まった計算式に入れて、売りと買いのタイミングを知るための分析	トレンドフォロー系指標	上昇か下降などの相場の流れ（これをトレンドという）を判断する指標：移動平均線、ボリンジャーバンドなど
		オシレーター系指標	**買われすぎや売られすぎのポイントを判断するのに使う指標** RSI、サイコロジカルラインなど

といったニュースや政治的な動き、要人の発言などは数字で表すことはできませんが、間違いなく経済の諸条件に影響を与えてきます。このような要素を分析することは「**定性的分析**」と呼びます。

「**ファンダメンタルズ分析とは、定量的分析と定性的分析を組みあわせてこれからの株価や為替、先物の値動きを予測すること**」を意味します。

3 テクニカル分析とは

「**テクニカル分析は、株価や為替の動きを表すチャートを表示させ、過去のデータに基づき未来の動きを予測するための分析方法です**」。わかりやすくいえば、データを決まった計算式に入れて、売りと買いのタイミングを知るのが目的です。

ここには、要人がこんな発言をしたので、こんな風に影響するはずだといった定性的な要素が入る余地はなく、データから計算された指標やチャート上のパターンを見て、売り買いのタイミングを探すことだけに焦点をあてます。

テクニカルの指標にも2つが存在していて、「**上昇か下降などの相場の流れ（これをトレンドといいます）を判断する〝トレンドフォロー系指標〟**」というものがまずひとつ。

もうひとつは、「**トレンドが変化するタイミングを捉えるために買われすぎや売られすぎなどのポイントを判断する〝オシレーター系指標〟**」があります。この2つに関しては、今の段階ではわからなくても大丈夫です。あとでわかりやすく詳しくお話しします。

4 テクニカル分析を中心に、ファンダメンタルズも無視しない！

長期投資か短期投資かの論争のようによく目撃するのが、テクニカル分析とファダメンタルズ分析のどちらがメインなのかという口論です。結論からいうと両方必要ですが、どちらに重きを置くのか、ウェイト配分を考える必要があります。

本書では、「**テクニカル分析を中心にしてファンダメンタルズ分析を踏まえる**」というスタンスでお話ししていきます。ファンダメンタルズ分析をメインにしない理由は次項の３つです。

5 ファンダメンタルズ分析の3つの難点

❶ 専門的な知識が必要

まず、ファンダメンタルズ分析は考慮すべき分野が非常に多く、一個一個の分野をまともに理解したうえで組みあわせて分析するには、高度な知識と訓練が必要です。聞いたこともないイタリアのとある銀行が経営危機に陥ったときに、私の株式にどんな影響を与えるのかを分析するのはどれだけのことを考慮しないといけないでしょうか。

❷ひとつの要素が影響する範囲を特定するのが難しい

必要とされる要素をすべてマスターしたところで、ひとつの出来事が与える影響が広すぎる場合が多いので、その範囲を特定するのが非常に困難です。また特定できたところで1分後の出来事で再び変数が入り、状況は変わり続けます。米国の利上げが円安を引き起こし、新興国の通貨政策を狂わせるという現象をまともに説明できる人がどれくらいいるでしょうか。

❸ファンダメンタルズだけでは説明できない現代の相場

仮にファンダメンタルズ要素をすべて理解することができたとしても、現代の相場はファンダメンタルズだけでは説明がつかない動きをするのが普通です。

その原因は、アルゴリズム取引やＡＩアドバイザーといったトレードシステムの高度化と、そのシステムを利用する大口投資家の存在です。自動化されたシステムが多額の資金を動かしている中で、売りが売りを呼び、下げが加速するとさらに下げが続きます。上昇相場もしかりです。

しかもその動きを主導するのは、大きな資金を動かして市場に影響を与えることができる大口投資家なのです。

ファンダメンタルズ分析に多くの時間を使っても、分析とはまったく異なる方向に動くことが普通にあり、対処ができなくなるのが難点です。

6 結論 まずはテクニカル分析からはじめよう

ファンダメンタルズ分析の3つの難点を踏まえると、多くの時間を使って分析した結果が使えなくなる可能性が高く、3カ月スパンでトレードを考えるときには役に立たない場合もあります。

「**基本スタンスはテクニカル分析を中心として考え、ファンダメンタルズ分析をつけ加えるアプローチを取ります**」。誤解してほしくないのは、「**ファンダメンタルズはまったく関係ない**」という極端な考え方とは違うということです。「**ファンダメンタルズなしで市場を考えることはできないし、そうすべきでもありません**」。

基本的なアプローチが理解できたので、いよいよ実際のテクニカル分析をしてみましょう。

まずはテクニカル分析を！
ファンダメンタルズは、
無視ではなく
つけ加えるんだよ。

02 相場の流れを読む「テクニカル分析入門」

1 チャートは何のために使う

「テクニカル分析で相場の流れを読み、売買のポイント（タイミングと売買の価格）を導き出すのに使うのが〝チャート〟」というものです。ここではまず、チャートの意味と構成要素を理解することで相場の流れを読む準備運動をします。

2 チャートの意味と構成要素

テクニカル分析の舞台になる「**チャートは左から右へ（いわゆるX軸）時間を取って、縦に価格の流れを取ることで、時間の流れによって価格がどのように変化したかを表すグラフ**」です。

このグラフは大きく2つの要素で構成されています。まず、左頁下図を見てください。ローソク（またはキャンドル）と呼ぶものがあります。**「チャートが表示している時間単位の中で、株価がどのように動いたかを表す」**ものです。下図のチャートは「**日**《ひ》**足**《あし》」と呼ばれ、1日の動きを表すものです。テクニカル分析上、非常に重要な位置を占める要素なので、後ほど詳しくお話しします。

もうひとつの大事な要素が「**テクニカル指標**」と呼ばれるものです。図ではローソク足と絡みながら上下する２つの線が見えますが、これが移動平均線と呼ばれるテクニカル指標です。テクニカル指標の詳細も後ほどお話しするので、最も使われる「**移動平均線**」という名前だけ覚えておいてください。

テクニカル分析でもうひとつ登場するのが「**板**」です。売り買いの注文が出て

テクニカル分析の構成要素

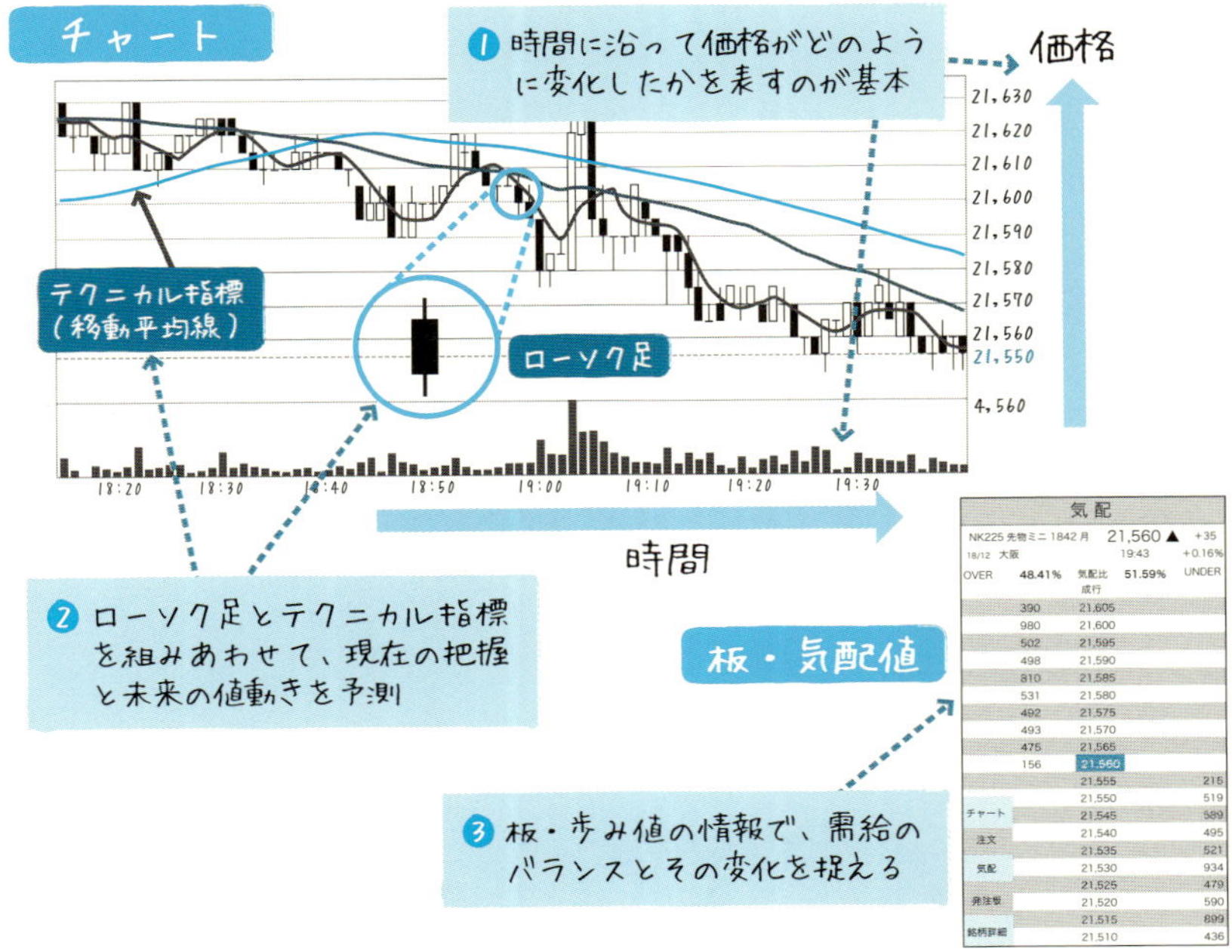

いる状況を示すものですが、注文の状況以上に多くの情報を含んでいます。主にデイトレーダーやスキャルピングで使いますが、ここでは使わないので、こちらも後ほど、詳しく見ていきます。

それでは、ここからの出発点になる構成要素をひとつずつ詳しく見ていきましょう。

3 ローソク足がすべての基本

日本で発明されたローソク足は意味がわからないときはまったく使いモノになりませんが、一度覚えてその使い方まで理解すると、これほどシンプルで便利なツールはないくらい強力なものです。

1本のローソク足が現すのは一定期間中の値動きです。日足チャートの場合は1日の値動き、週足の場合は1週間で月曜日の朝から金曜日の取引終了までの値動きを表します。デイトレードで主に使われるのは分単位の動きを表す分足《ふんあし》で、さらに5分足、15分足、30分足などが存在します。

1本のローソク足の中に現れる値動きは「**始値**《はじめね》」（取引開始と同時に成立した値段）、「**高値**《たかね》」（期間中最も高かった値段）、「**終値**《おわりね》」（取引が終了する時点の値段）、「**安値**《やすね》」（期間中最も安かった値段）です。この4つの値段を「**4本値**《よんほんね》」と呼び、その期間に起きた主な値動きが読み取れます。

日足の例を見てみましょう。

ある日、日経225先物が取引スタート時に2万2100円で取引が成立して市場が始まりました。その後は少し下げて２万１９５０円になりましたが、日経が上がると思う投資家が増え、先物の値段は上がっていき、２万２２５０円まで到達します。そして終値にかけて少し落ち着いて２万２２１０円を最後の値段として取引が終了します。

日経２２５先物は朝から見て価格が上昇したことになり、この４つの動きを表すのが白い胴体を持つローソク足です。これを「**陽線**《ようせん》」と呼びます。そして胴体の上に伸びている線、「**終値から高値に引いている線を〝上ひげ〟**」と呼び、「**始値から安値に向かって引いている線を〝下ひげ〟**」と呼びます。ひげ以外の部分、つまり「**始値と終値で結ばれた胴体の部分を〝実体〟**」と呼びます。

実際の注文値段を設定するときなどは、ひげか実体かが重要になるので、この用語はしっかり覚えておいてください。

● ローソク足の「陽線」と「陰線」

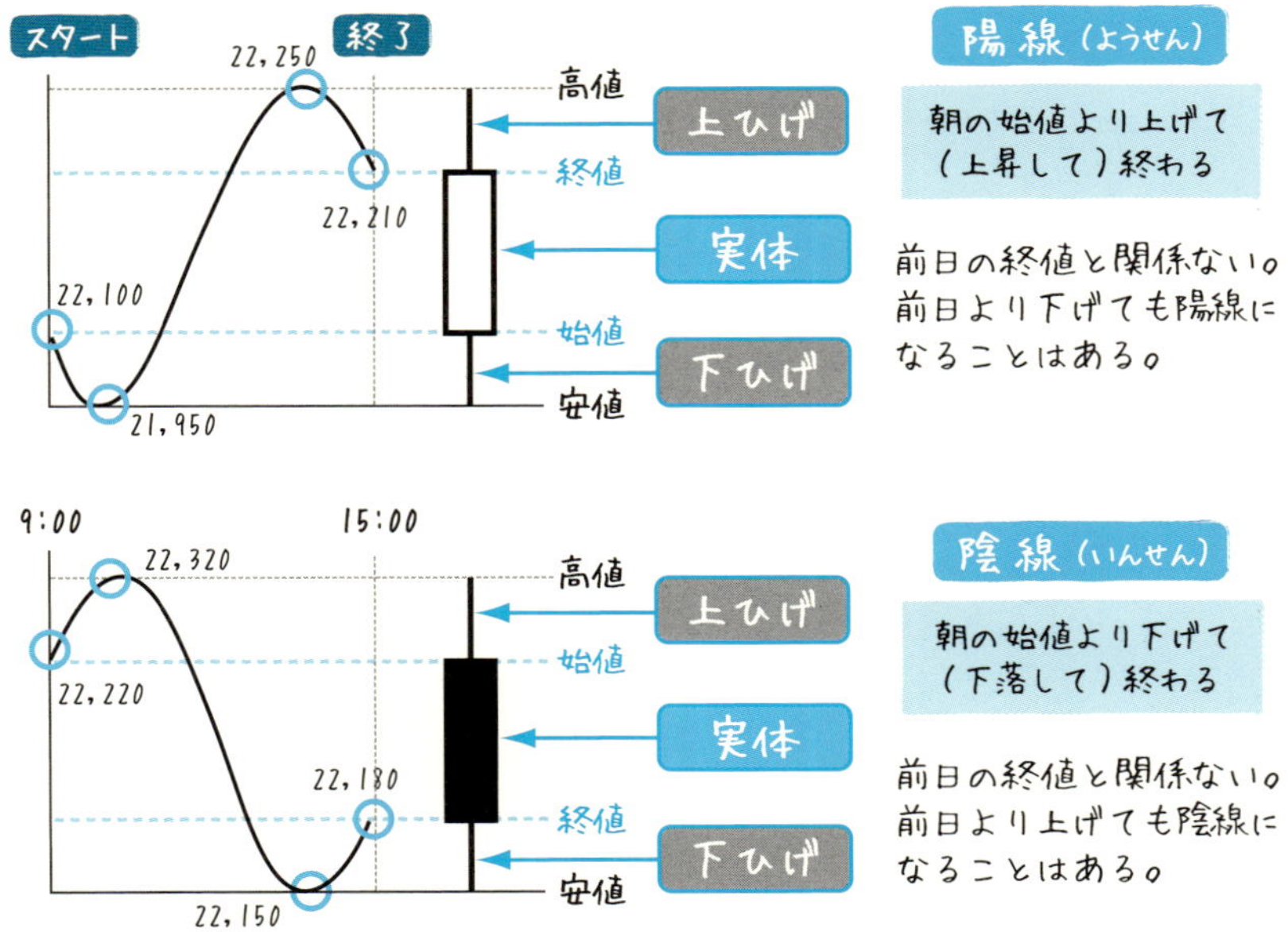

4 移動平均線の意味と正しい使い方

ローソク足を通して、日々の詳細な動きは読み取れます。結局はローソク足が集まってできあがるのがチャートですが、「**ローソク足だけだと日々の動きに惑わされてしまい、大きなトレンドが見えなくなります**」。そのときに大きな役割を果たすのが、テクニカル指標のひとつ、「**移動平均線**」です。

まず移動平均は一定期間の終値の平均値で、平均の計算期間が一定期間になるようにずれていくしくみのことをいいます。少しわかりにくいので図を見てみましょう。

次頁の下図は、5日の移動平均線を計算する例を示しています。5日目の移動平均は、1日目から5日目までの終値を足して、5で割る普通の平均計算になります。6日目になると1日目を外し、2日目から6日目までの平均を計算します。この四角がずっと横に移動していくので移動平均と呼ばれます。四角の中が25日だと25日移動平均、75日だと75日移動平均になります。

移動平均の意味することとは、「**直近の終値を計算に反映し、古い値は外していくことで、直近の傾向を表す**」ものです。つまり、移動平均の値が少しずつ大きくなっていくと、最近は上昇傾向にあるということを意味します。

上昇傾向にあるかどうかを視覚的にすばやく把握させてくれるのが移動平均線です。「**各日数に**

対応する移動平均値をグラフ上に置き、線で結ぶと〝移動平均線〟になります」。

下図の例を見ると、毎日の終値は上下しているので、その値だけで傾向を把握することは難しいですが、移動平均線にしてみると直近の5日間は上昇傾向にあることが直感的にわかります。

このように移動平均線は、ローソク足だけでは見失うおそれのある大きな流れを把握する視点を提供することに大きな意味があります。本書では大きな流れを把握するのに、「**75日線移動平均線**」と「**25日線移動平均線**」を主に使います。

ローソク足、移動平均線といったテクニカル指標を使って、トレンドの分析をしながら売買ポイントを導き出します。まずは、トレンドを分析する意味と方法を詳しく見ていきましょう。

● **移動平均と移動平均線（5日）**

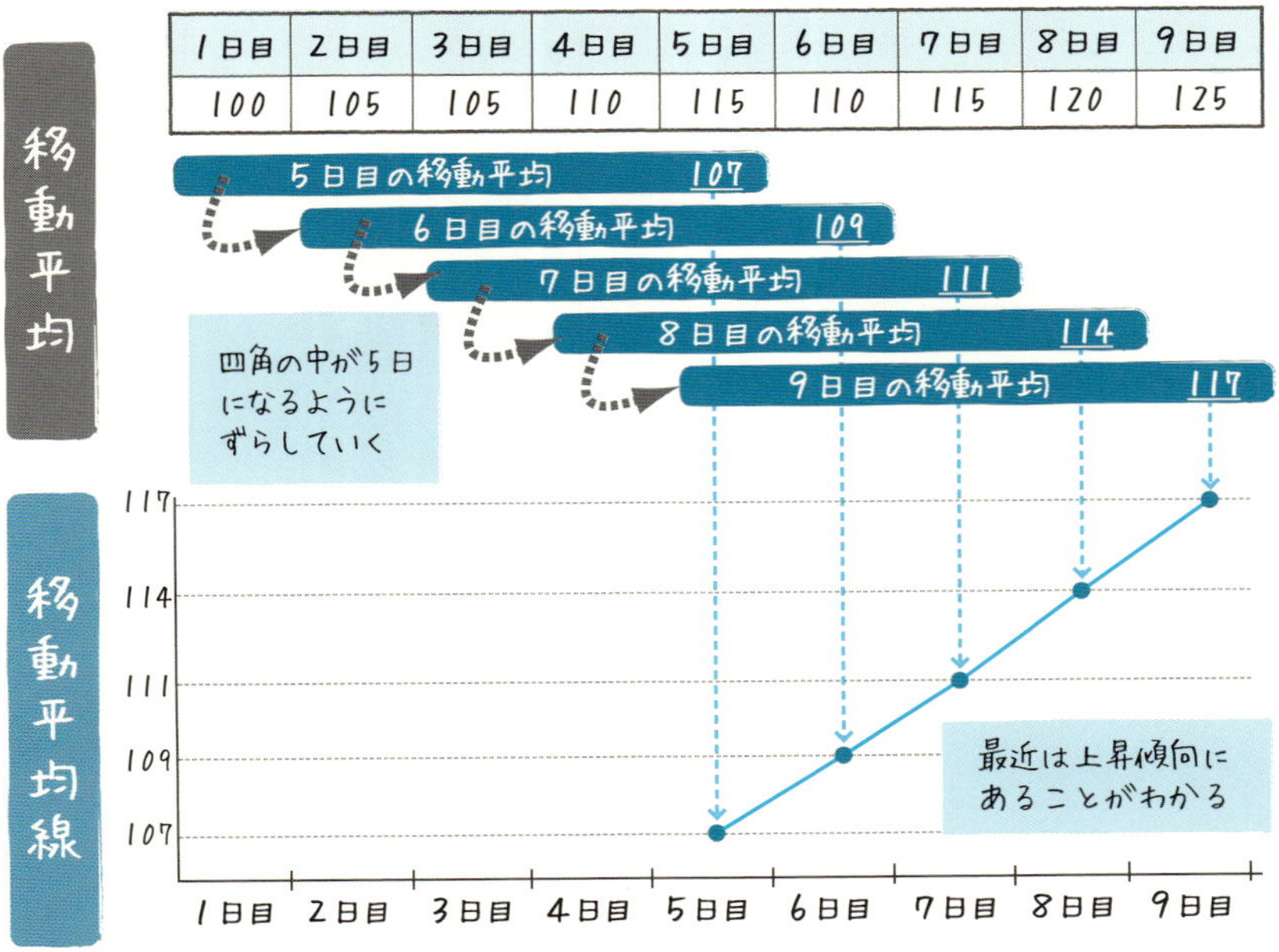

03 相場の流れは「トレンドではじまりトレンドで終わる」

1 トレンドを正しく理解する方法⇓トレンドを分析する

市場全体または個別の銘柄も、相場には一定の方向に向かって動くトレンドが存在します。トレンドの方向にあわせて売買を行う場合、理論的には難しいことなく利益をあげることができるし、その方法について説明した書籍やネットの資料も数多くあります。すべてのトレードはトレンドではじまり、トレンドで終わるかのように。

ここからはトレンドを正しく理解する方法をお話しするので、「**トレンドフォロー**」ならわかっていると思う人も必ず最後まで読んでみてください。

流れに沿って売り買いを繰り返す一般的な「トレンドフォローの戦略」を実践しても、なかなか利益につながらないことを経験した人は多いと思います。トレンドフォローの戦略なんて聞いたこともないという人はむしろラッキーだと思ってください。

トレンドが形成されるプロセスは、次のようになります。

❶トレンドの継続 ⇓ ❷トレンドがない ⇓ ❸トレンドの継続

簡単ですね？　簡単すぎるじゃないか！　と怒る前に、その意味を聞いて理解してください。

❶トレンドが継続 上昇または下降で、一定の方向に向かって相場が動く時間帯

❷トレンドがない やがて方向感がなくなり迷いに入る時間帯。横ばいか、乱高下を繰り返しながら方向感に欠ける動きを指すが、ここは次の動きを準備する2つの時間帯として考えることができる

❷-Ⓐ 上昇（下降）だったものが下降（上昇）に変わるために、迷いに入ったトレンド反転の準備期間

❷-Ⓑ 上昇（下降）だったものがしばらく持ちあったあと、さらに上昇（下降）を強める準備期間

● トレンド形成のプロセス

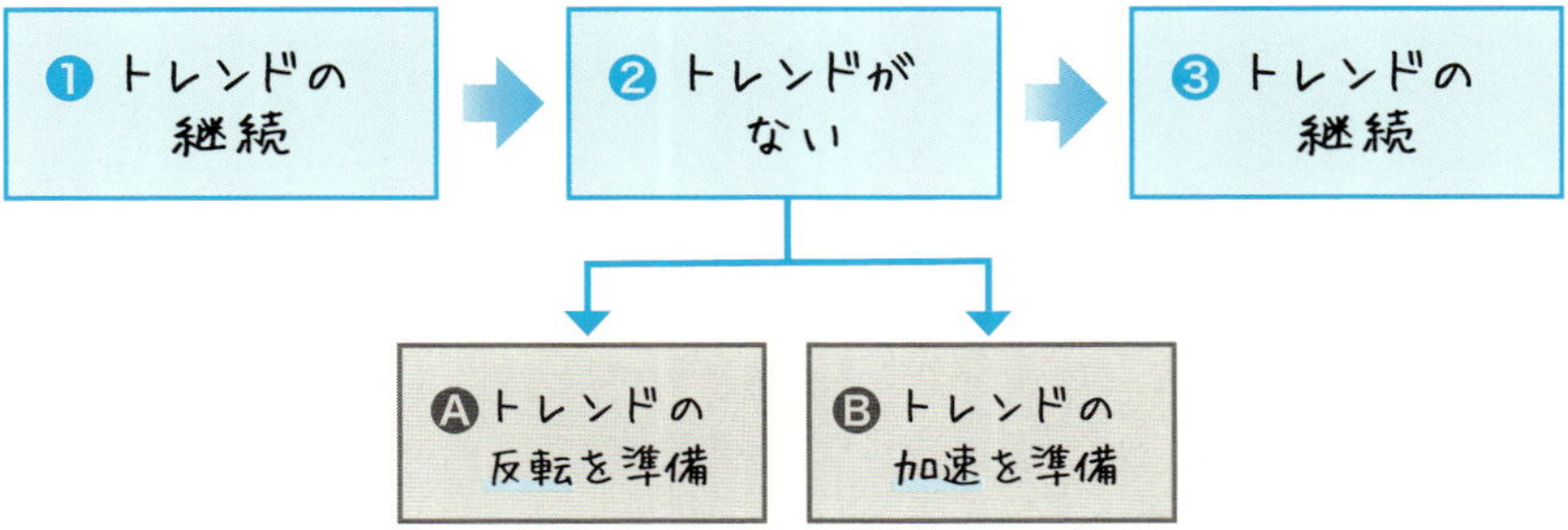

❸ トレンドの継続
トレンドが転換して、新たなトレンドが形成されるが、もとのトレンドが続く時間帯

つまりトレンドが常にあるという前提でその戦略を一生懸命研究しても、実際の流れにはあてはまらないということです。

概要は理解できたので、各々の場合に分けてトレンドの流れをマスターしてみましょう。トレンド形成の考え方を分解して並べると下図の2つになります。これも難しくはないですが深い話しです。ここをしっかり理解してくださいね。

2
トレンドを理解する❶
トレンドの反転（②-Ⓐ）

トレンド形成の最初のパターンは持ちあい期間を経て、もとのトレンドが止まり、反対のトレンドが生まれ、新トレンドができる流れです。同じ日経225先物でも2つのパターンを繰り返しながらトレンドは変わっていきます。

日経の動きからその例を探してみましょう（次頁下図参照）。

● トレンド形成は２つに分けられる

トレンドの反転

❶ トレンドの継続 → ②-Ⓐ トレンドの反転を準備 → ❸ 反対トレンドの継続

トレンドの加速

❶ トレンドの継続 → ②-Ⓑ トレンドの加速を準備 → ❸ もとのトレンドの継続

２０１５年８月から２０１６年２月までは下降のトレンドが継続しますが、その後およそ９カ月に渡って横ばいの状態が続きます。

この横ばいの時間帯は次の下げを準備するのではなく、上昇トレンドに変わるための準備をしていたのがわかります。

3 トレンドを理解する②
トレンドの加速（②-Ⓑ）

次のパターンは、もとのトレンドを加速させるものです（次頁下図参照）。

日経の動きからすると下げトレンドが終わり、２０１８年３月末から上昇トレンドがスタートしますが、２万３０００円を抜けることができず、持ちあう期間が３カ月以上続きます。

その後、上に抜けてくるともとの上昇トレ

● 日経平均でトレンド形成のプロセスを理解する

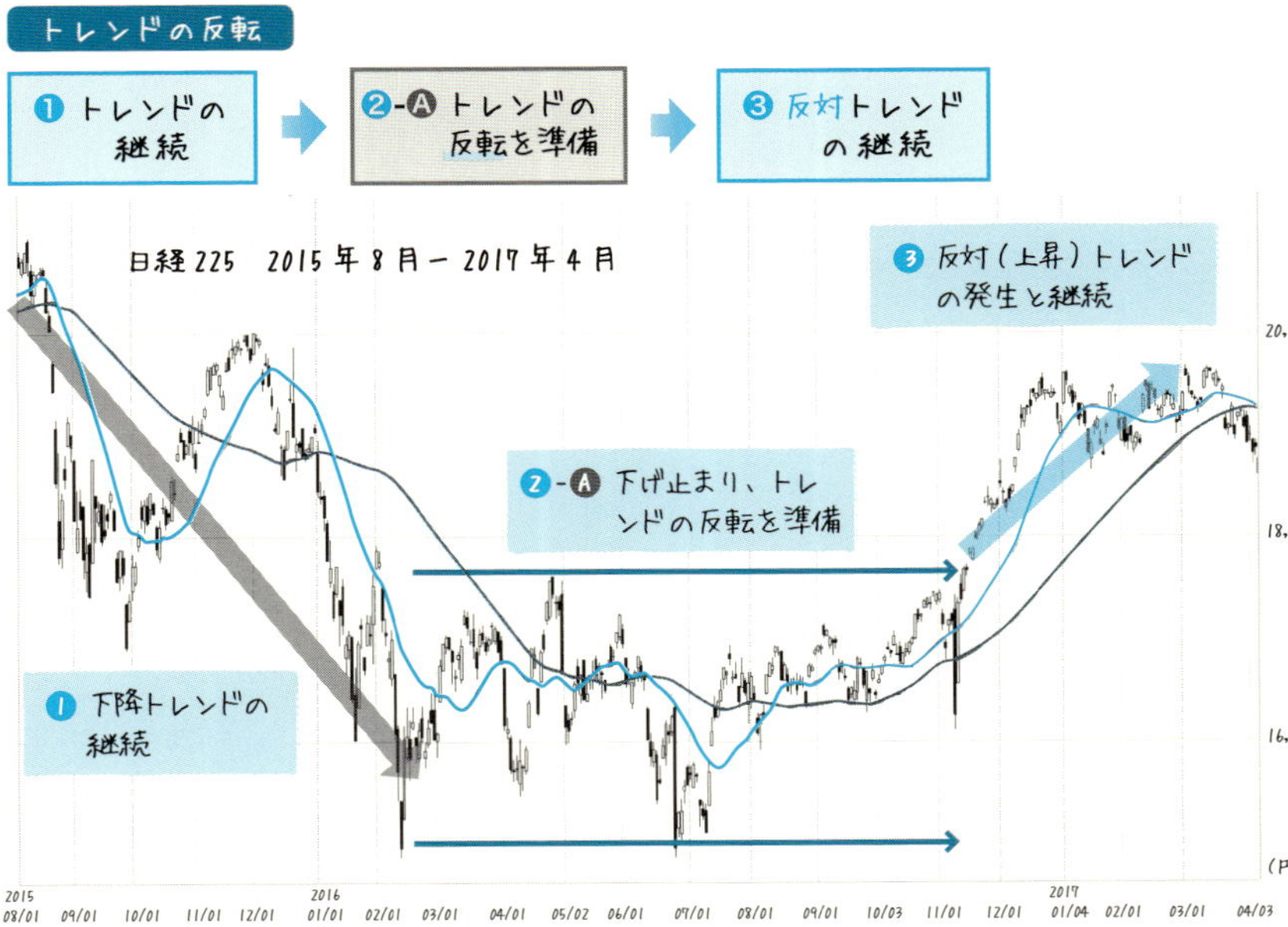

ンドが加速して一気に2万4000円を抜けてくる時間帯が訪れます。

この場合はトレンドが反転したのではなく、もとのトレンドが強くなって加速したことになります。

4 株価の動きと日経の動きが似ている理由

同じ動きが個別の銘柄でも現れるか確認してみましょう。日本を代表する大企業トヨタ自動車で検証してみても、同じプロセスを経てトレンドが形成されるのがわかります。

特にこの場合は、「**移動平均線を超えてその上にいるときに持ちあいに入るとトレンドの加速になりやすい**」のが読み取れます。

● もとのトレンドが加速していく

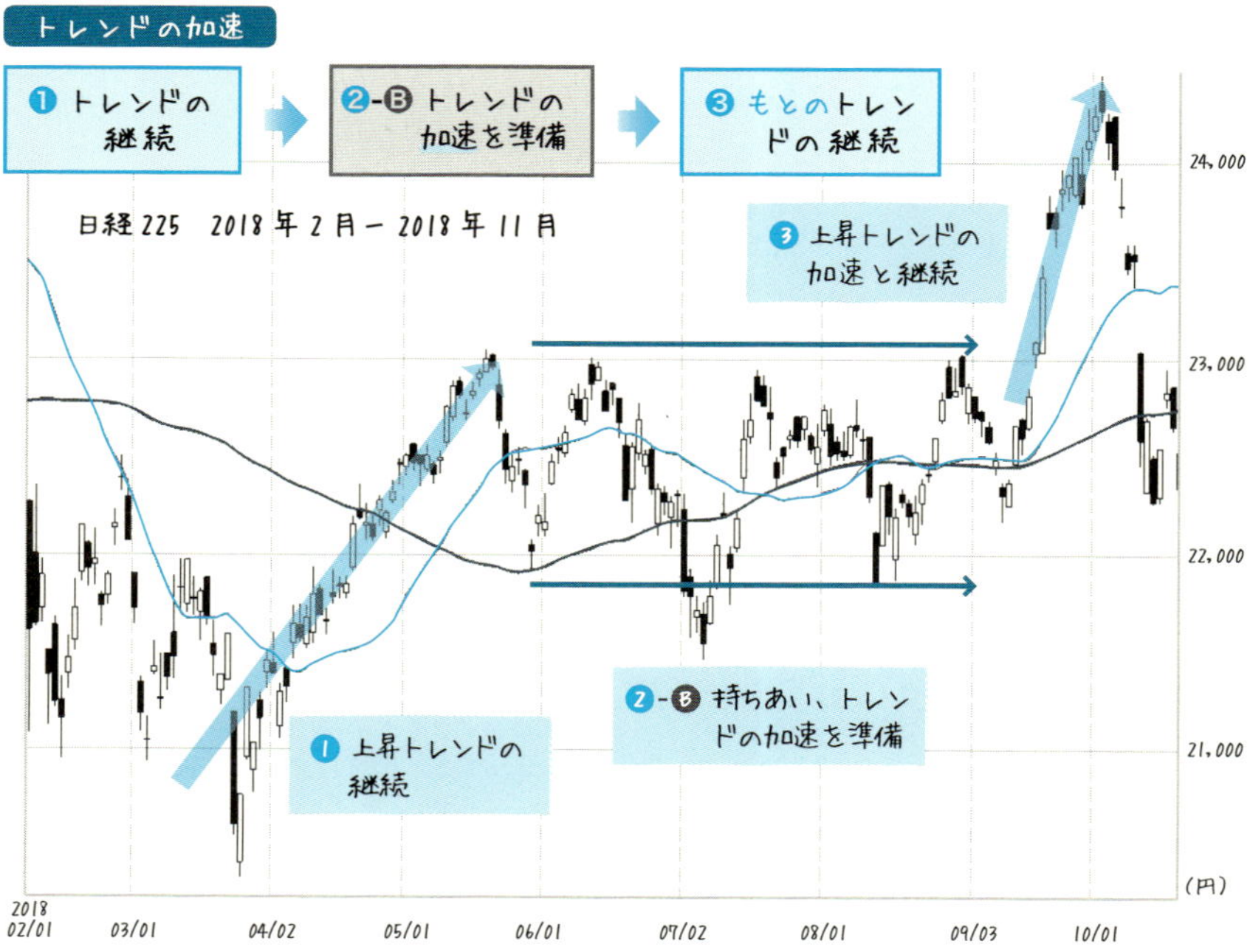

このように「**個別銘柄も日経225先物もトレンドが形成され、持ちあいを経て次のトレンドに入っていくのが一般的なプロセス**」であることがわかります。

個別銘柄の動きが日経225先物に似ているのは実はその反対のことですね。個別銘柄の動きが集まって平準化されたのが日経225先物なので、各々の銘柄がつくるトレンドが日経225先物の動きを形成するわけです。

特に「**日経225先物は平均化される過程で異常値と思われる動きは排除されるので、個別銘柄よりわかりやすいトレンドをつくるのが特徴**」です。

ここまでじっくり読み進めた人はある程度気づいているかもしれませんが、「**日経225先物トレードの基本はすべてこのトレンド形成のプロセスにしたがいます**」。

トレンド継続時のトレードスキルを身につ

● **個別銘柄のトレンド形成と変化**

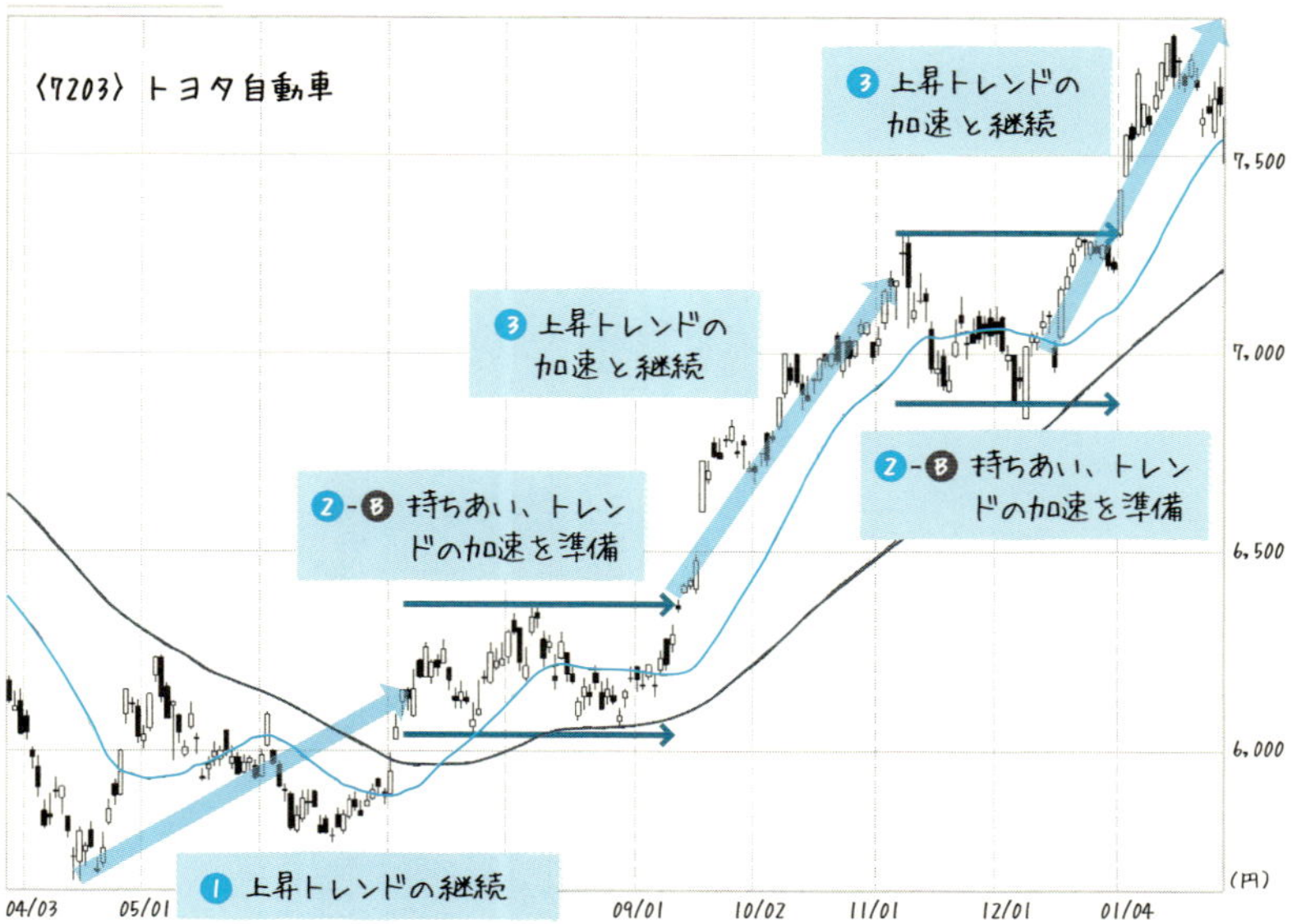

ければ❶と❸のトレンド継続、反対トレンドの継続時のトレードがすべてカバーできるし、持ちあい中の対処法がわかれば❷もカバーできるわけです。

トレンドが継続するか反転の準備をしているのかはどうやってわかるのでしょうか？

そのときに使えるシンプルで強力な理論があります。「ダウ理論」の存在がそれです。

5 トレンドの継続性を図るダウ理論

ダウ理論は「ウォール・ストリート・ジャーナル」を創刊し、ダウ・ジョーンズ工業株平均株価指数も開発するなど、チャート分析理論の基礎を築いたチャールズ・ダウが開発した理論です。

正式には6つの理論から構成され、株式チャート分析のために開発された理論ですが、今は「**FXや先物、仮想通貨などあらゆる（チャートが存在するすべての）金融商品**

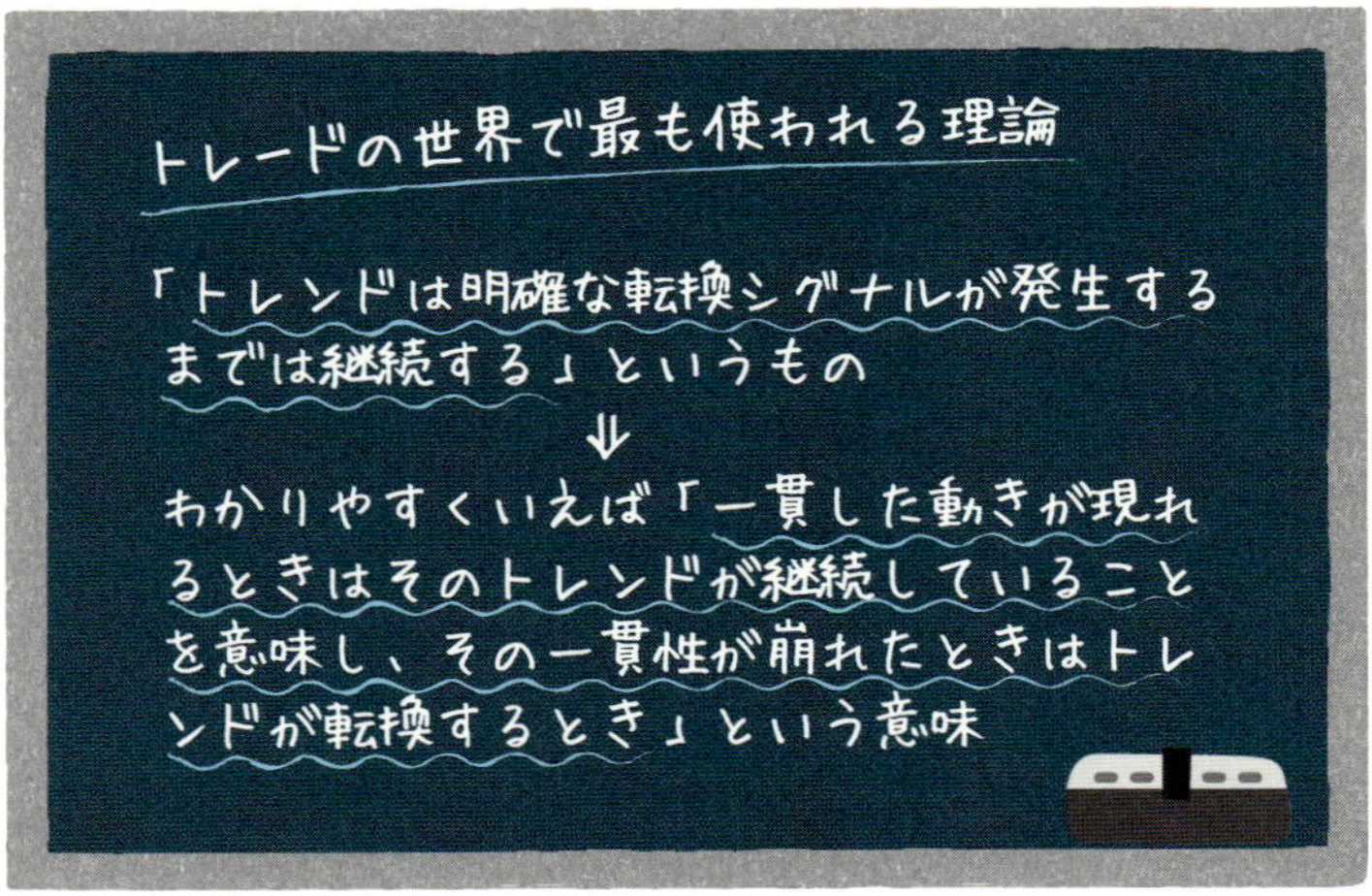

トレードの世界で最も使われる理論
「トレンドは明確な転換シグナルが発生するまでは継続する」というもの
⇓
わかりやすくいえば「一貫した動きが現れるときはそのトレンドが継続していることを意味し、その一貫性が崩れたときはトレンドが転換するとき」という意味

の分析に使われる強力な理論」です。強力とはいっても難しいことではなく、基本原理はとてもシンプルで、前頁下の黒板のようになります。

言葉だけでは難しいので下の図も見てください。

一貫した動きが現れるときはそのトレンドが継続していることを意味するので、「**上昇トレンドの継続とは、チャートの流れで考えて前回の高値より今回の高値が高く（これを切り上げといいます）、安値も切り上げが続くこと**」を意味します。

「**この動きが成立する間はダウ理論で上昇トレンドが継続していると判断**」します。逆に「**高値と安値が切り下げ続けている間は下降トレンドの継続**」と判断して、ある日をもって高値と安値の更新が止まるときがトレンドの転換期です。

実際の日経225チャートで見るとわかりやすいので、自分でもトレンドラインを描きながら確かめてみてください。

● ダウ理論の概要

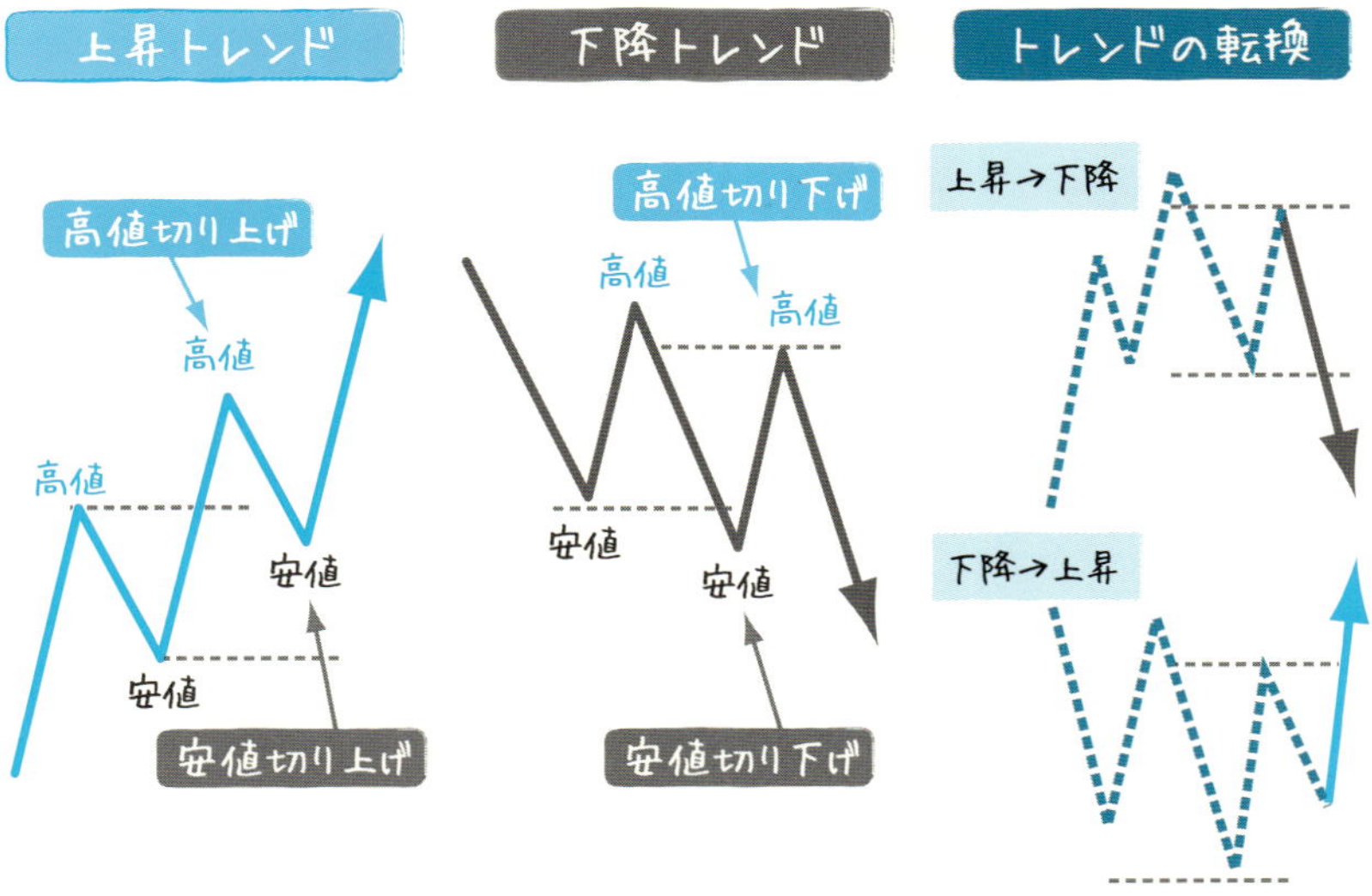

トレンドの継続と転換が判断できるようになりましたが、実際のトレードポイントがわからないと何の役にも立ちません。

いよいよ実際のトレードポイントを明確に理解できるようにします。

ダウ理論による分析

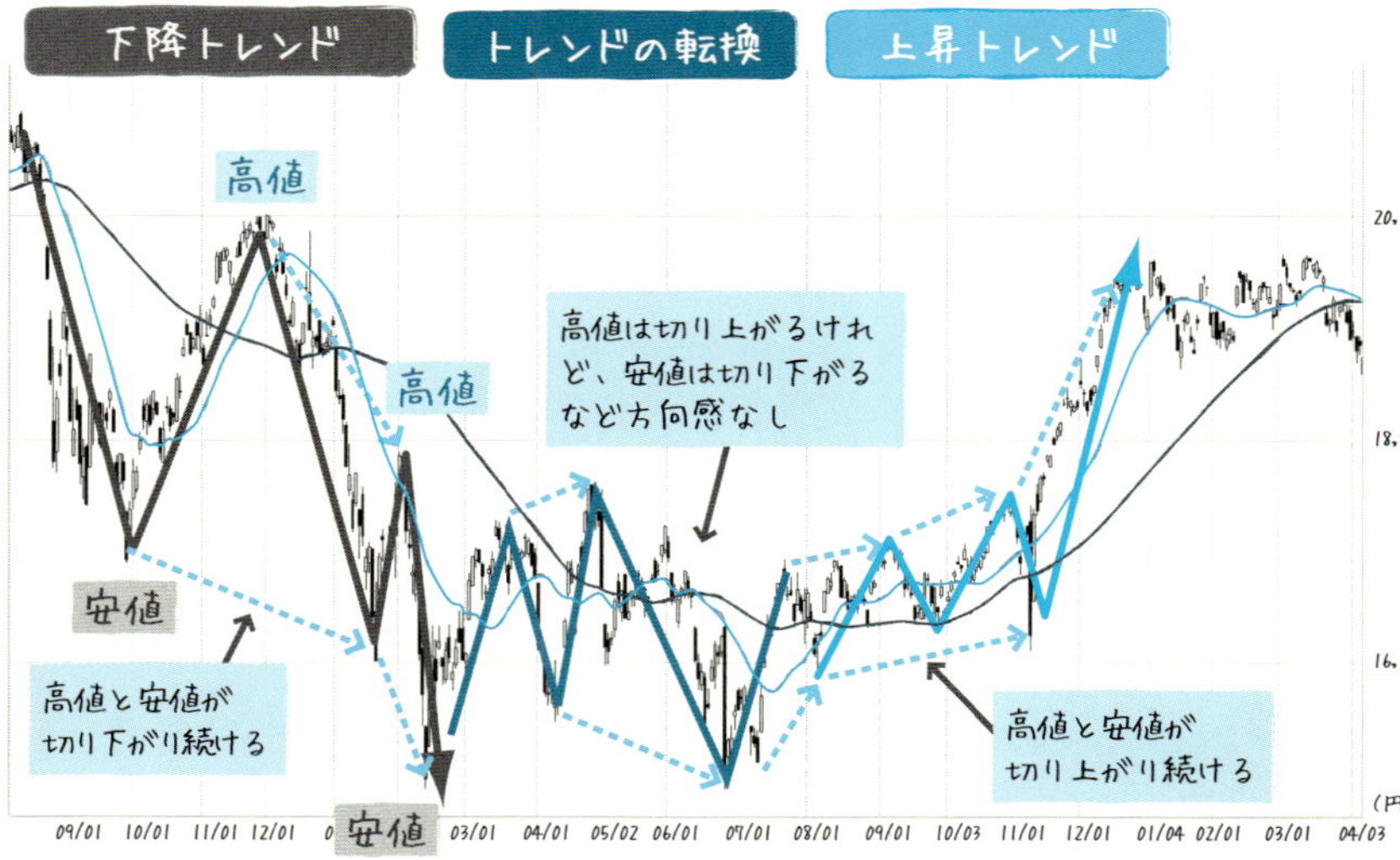

04 トレードの実践 トレンドの「継続」と「転換」でトレード

1 ダウ理論が成立するときは「トレンドフォロー」

トレードを本格的に実践する前に、自分の居場所を確認してください。次の2点を、常に頭の片隅に置いていてついてきてください。

対象にしている期間は？
数週間から数カ月に渡る（わかりやすくいえば3カ月）中・短期のトレード

基本的な戦略は？
トレンドの流れにしたがう、いわゆる「トレンドフォロー戦略」

では、各局面別の戦略を説明した次頁の表を見てください。

まず基本的な戦略は、「**ダウ理論が成立し続けていること**」、つまりトレンドが継続している

「トレンドフォロー」です。言葉どおり、**「トレンドがはじまる、またはトレンドがないときを経てもとのトレンドが加速するタイミングで買っていき、トレンドの継続がなくなるときに利益を取る戦略」**です。

理論だけでは難しいので、実際の日経225の動きで考えてみましょう（左頁下図参照）。

下降トレンドのときは安値と高値が切り下げ続け、トレンドが継続していることを表します。いよいよ安値が1回切り上げ、下げトレンドの継続性がなくなるときがきます（❶）。トレンド転換を確認したら、「**翌日に高値を抜けて上昇（※1）**」するところで買いを入れます（❷）。注意点は「**❶の安値切り上げが確認できなければ、〝こんなに下げたし、もういいだろう〟という甘い考えで買ってはいけない**」ということです。

初心者が失敗する最も典型的なパターンです。そして、ダウ理論の上昇が継続します。このときにやることは？　何もありません。継続性がなくなるまで持ち続けてください（❸）。

上昇が続いたあと売るポイントは、「**下降トレンドが上昇ト**

● トレンドフォロー戦略の詳細

	基本戦略	スタート	エグジット
トレンド継続	トレンド継続のサインにしたがって利益を伸ばす	トレンドの転換またはトレンドの加速が確認できた翌日	トレンドの一貫性が崩れたことが確認できた翌日
トレンドなし	トレンドの変化に備えて、ボックス圏のトレードで小さい利益を積みあげる	短いスイングが終わり、次のスイングがはじまるとき	スイングの終わり、逆のスイングが確認できたとき

レンドに変わることの正反対」だと思えばいいでしょう。上昇し続けたトレンドは過熱する局面を迎え、安値切り下げが現れます。これでダウ理論の連続性が崩れたことになるので、高値の切り下げが現れたのを確認して、「**下に向かってトレンドが反転したところ（※2）**」で利益確定の転売をします。

ここは、「**同時に売りをスタートするタイミング**」でもあります。下げるときに利益をあげるにはどうしたらいいですか？　はい、上昇のときとまったく逆の行動をとればいいですね。「**ダウ理論で下降が継続するときは売りのポジションを保持して、トレンドの終わりを確認すると同時に買い戻して利益を確定**」します。

これなら誰にでもできそうです。しかしこのままトレードをはじめると、非常に困ったことが起こります。自分が考えていた方向とは反対に、トレンドが行ってしまうことがあります。

● トレンド継続時のトレード戦略（上昇トレンドの場合）

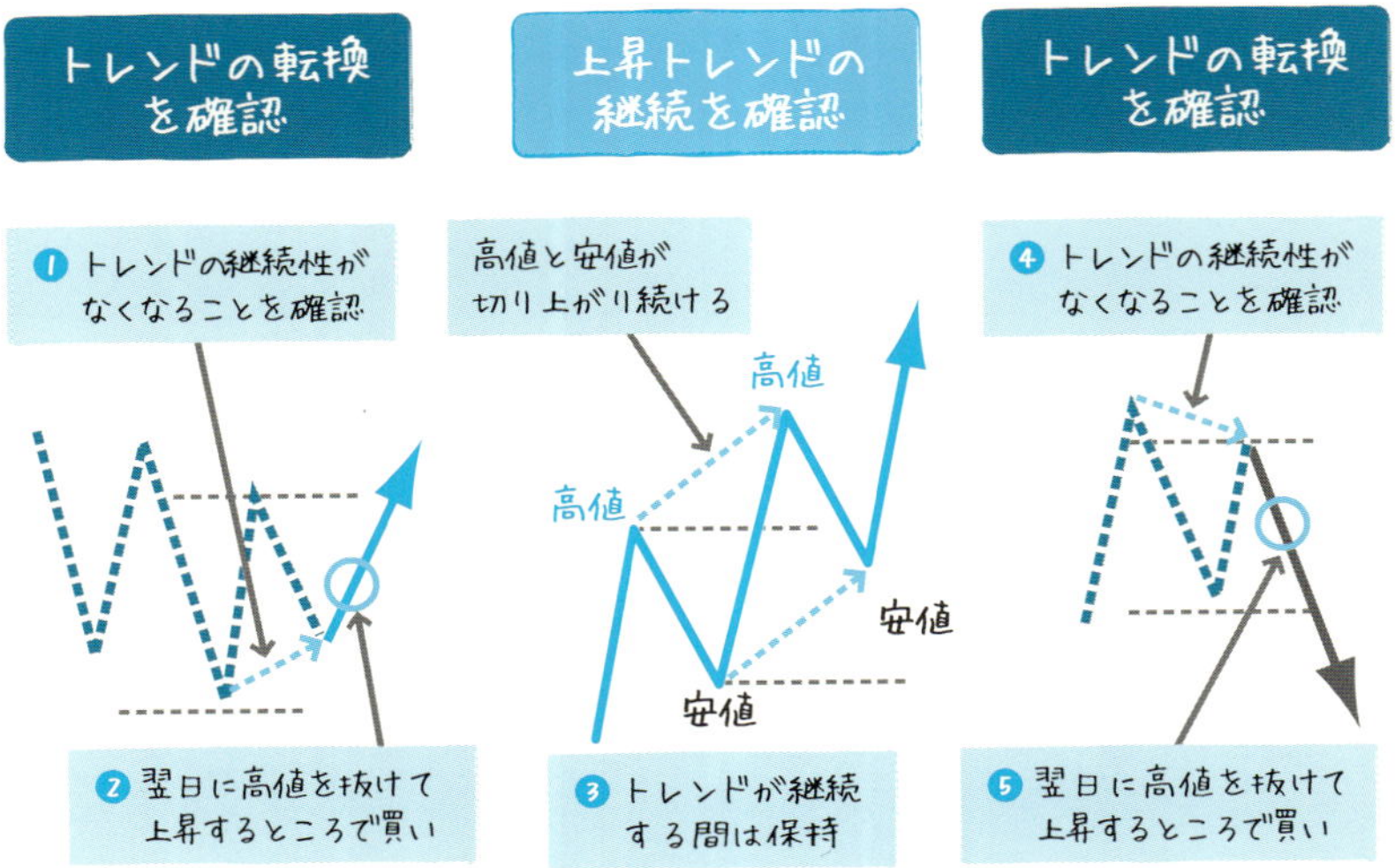

トレンドの転換を確認
上昇トレンドの継続を確認
トレンドの転換を確認
❶ トレンドの継続性がなくなることを確認
高値と安値が切り上がり続ける
❹ トレンドの継続性がなくなることを確認
高値
高値
安値
安値
❷ 翌日に高値を抜けて上昇するところで買い
❸ トレンドが継続する間は保持
❺ 翌日に高値を抜けて上昇するところで買い

実践❶ 上昇トレンド トレンド転換の確認とトレンド継続時のトレード

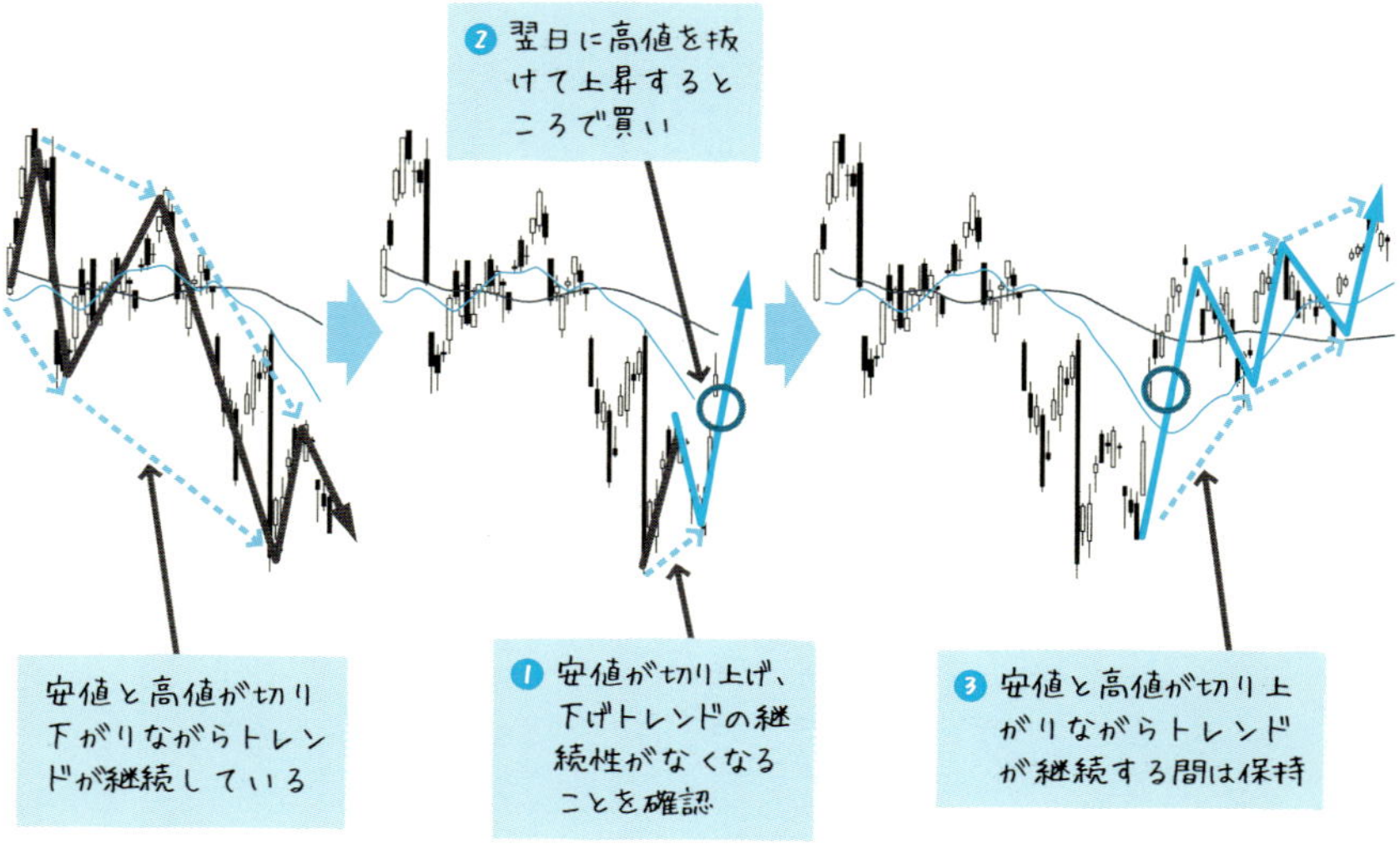

❷ 翌日に高値を抜けて上昇するところで買い

安値と高値が切り下がりながらトレンドが継続している

❶ 安値が切り上げ、下げトレンドの継続性がなくなることを確認

❸ 安値と高値が切り上がりながらトレンドが継続する間は保持

実践❷ 下降トレンド トレンド転換の確認とトレンド継続時のトレード

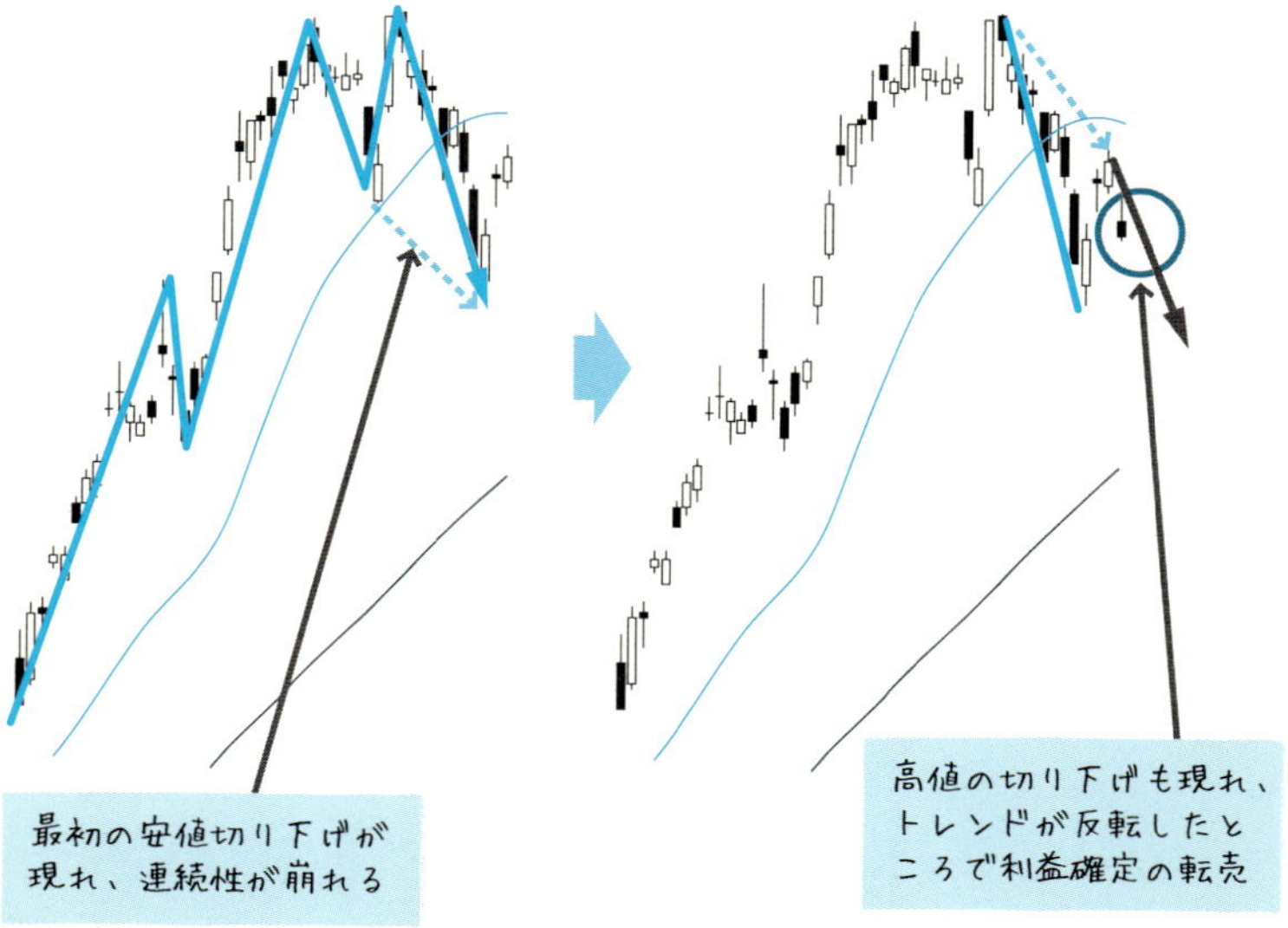

右頁の 実践❶上昇トレンド の図中❶のように、下げ止まってから、トレンド転換して100％上にいき続けるかどうかなんて、誰にもわからないということです。もしトレンド転換したように見せかけて、下降トレンドの継続となってしまったら大変です。そんなときは早い段階で「**ロスカット**」して、さらなる暴落による損失を限定しておく必要があります。

ロスカットは、買いのスキルかそれ以上に重要なスキルなので、必ず理解して設定できるようにしておいてください。右図では、❷のところで買っていきましたが、❸で高値の切り上げが失敗して再び下げはじめています。上昇だと思っていたらもう一度下にいきそうです。どこかで損失を限定するために、ロスカットを設定しておかなくてはいけません。

2 ロスカット 損失を限定するポイントはどうやって見つける

実は利益を確定するポイントと一緒です。覚えていますか？「**トレンドの一貫生が崩れたことが確認できた翌日**」ですね。では、トレンドが崩れるところはどこでしょうか？

高値と安値の切り下げが両方現れ、上昇トレンドの一貫性が崩れたと考えられるところが最も低い底値なので、そのため、底値より2単位下にくると転売して損失を限定します。

たとえば底値が1万9950円の場合、ここから2単位（10円）下の1万9940円になるとロスカットをして損失を限定しておきます。

「難しいことは何ひとつないですね」と言いたいところですが、本当にないですか？　明日からでもすぐに利益を出せそうですか？

さすがに、それは無理でしょう。なぜかって？　はっきり言っておきますが、**「あなたの中には曖昧さが残っている」**からです。166〜167頁の戦略の説明で「※」が2回出てきたのですが、次の質問に答えられますか？

- **「翌日に高値を抜けて上昇（※1）」どうすれば上昇がはじまるのかわかりますか？**
- **「下に向かってトレンドが反転したところ（※2）」どうやって下に向かってトレンドが反転したのかわかりますか？**

答えられなかったら、この節を最後まで読んでから買いを入れてください。もちろん、売りからスタートするのも一緒です。

● トレンド継続が失敗したときの損失限定

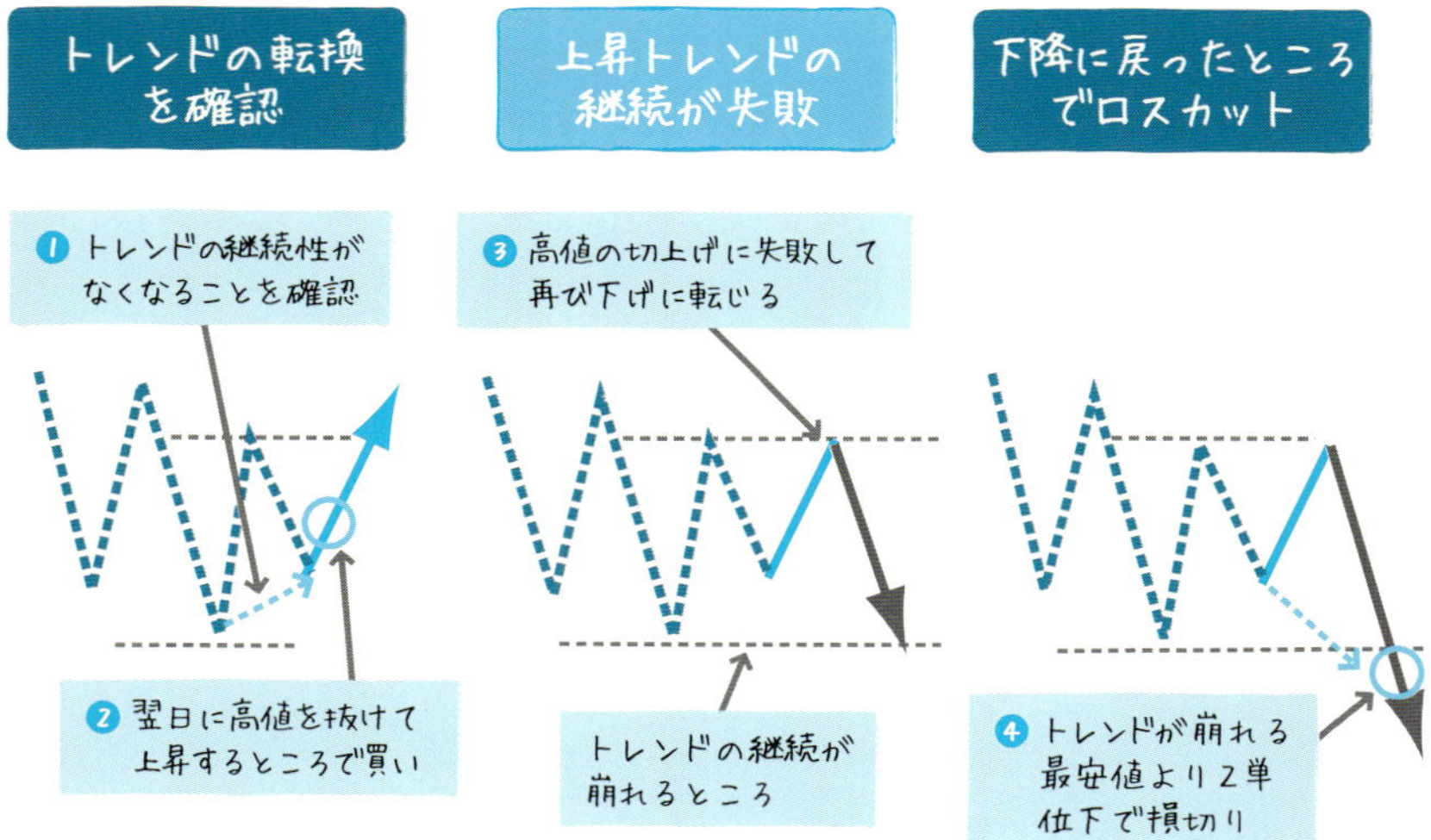

トレンドの転換を確認
上昇トレンドの継続が失敗
下降に戻ったところでロスカット
❶ トレンドの継続性がなくなることを確認
❷ 翌日に高値を抜けて上昇するところで買い
❸ 高値の切上げに失敗して再び下げに転じる
トレンドの継続が崩れるところ
❹ トレンドが崩れる最安値より2単位下で損切り

3 上昇へのトレンド転換を確認する「トレンド転換線」

ダウ理論で見て「変わるとき」が大きなチャンス

チャートを見れば、下げトレンドが終わって上に向かって切り返したところがわかります。しかし、ここで正確にいくらで買っていくかがわからないと、実際のトレードはできません。逆にこれがわかれば、ダウ理論でトレンドが変わるときを大きなチャンスにすることができます。

ここでも微分・積分などいりません。線を1本描くことができればすべては解決できます。先物だけでなく、いかなる商品でも力を発揮する「**トレンド転換線**」というものです。

「上昇のトレンド転換線」の描き方

まず短期的に下げてきた流れが反転して、上昇トレンドに変わるポイントを見つける「**上昇のトレンド転換線**」を描いてみます。

最初は難しいと感じるかもしれませんが、続けて練習すると、目で見るだけで線が引けるようになります。

上昇のトレンド転換線の書き方と売買ポイントは、拙書「世界一やさしい 株の教科書1年生」

● 下降から上昇にトレンドが転換するポイントを見つける方法

Step 1

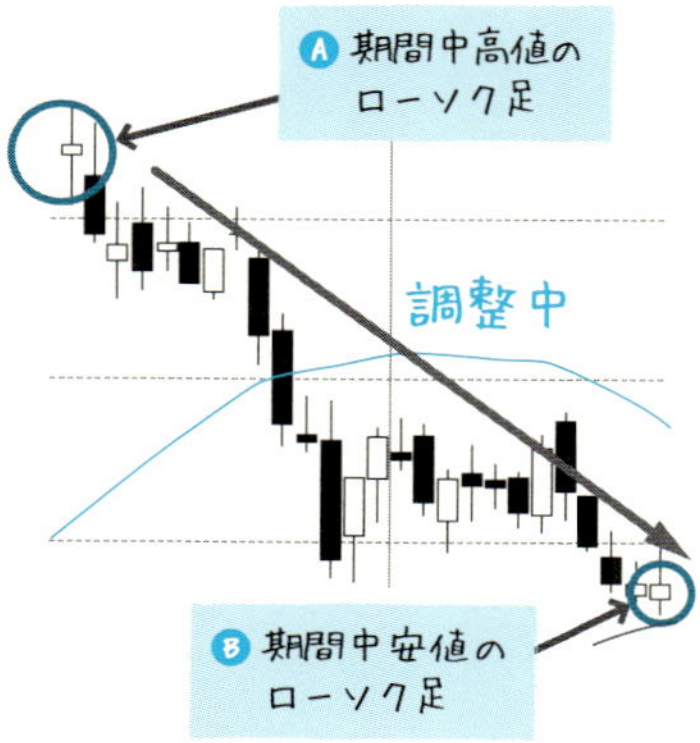

❶ 転換を確認したい期間において、直近の高値と安値を探す

Step 2

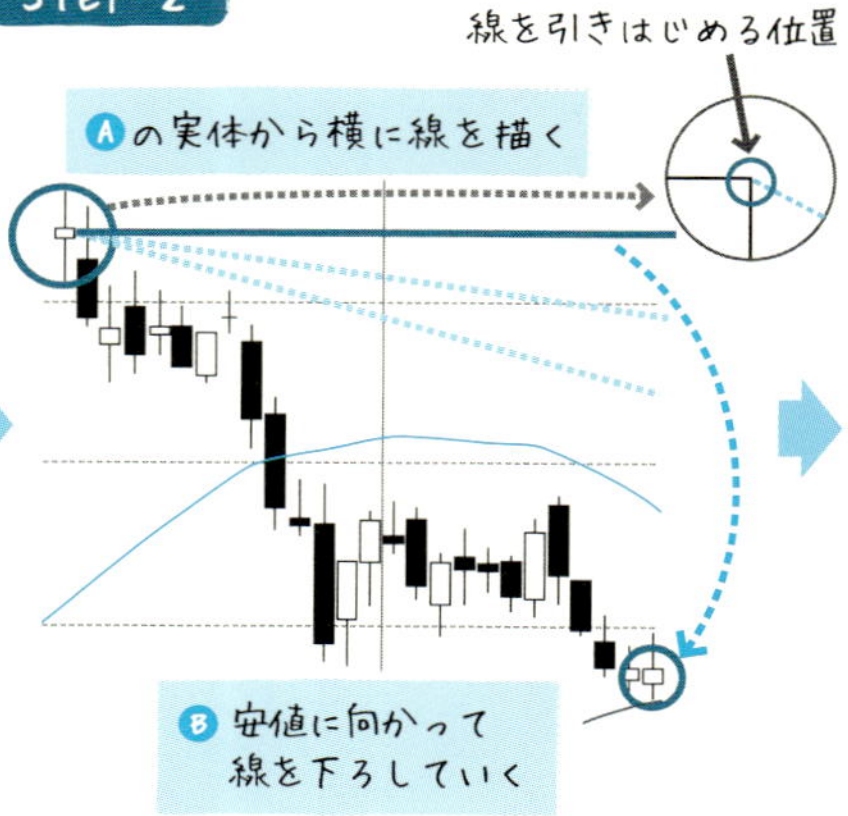

❷ 直近高値の実体から線を引き、直近の安値に向かって下ろしていく

Step 3

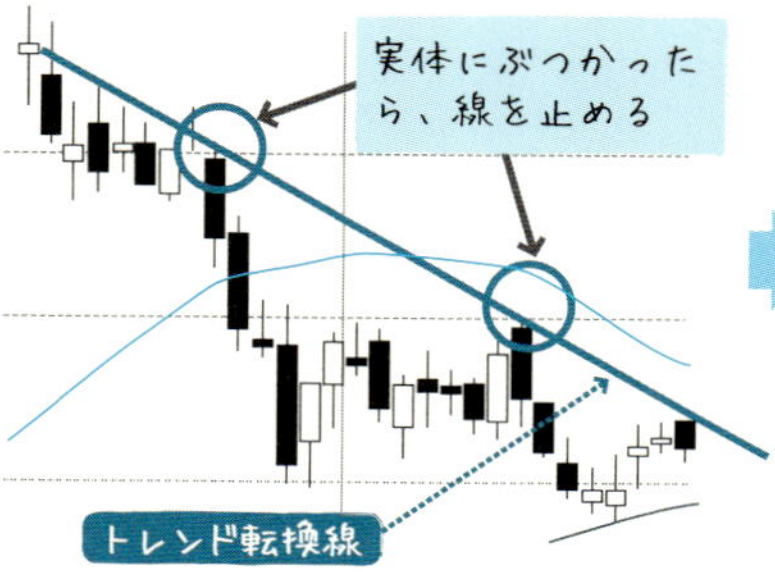

❸ 下ろしていく途中で、ローソク足の実体にぶつかったら線を止める。この線を「トレンド転換線」と呼ぶ

Step 4

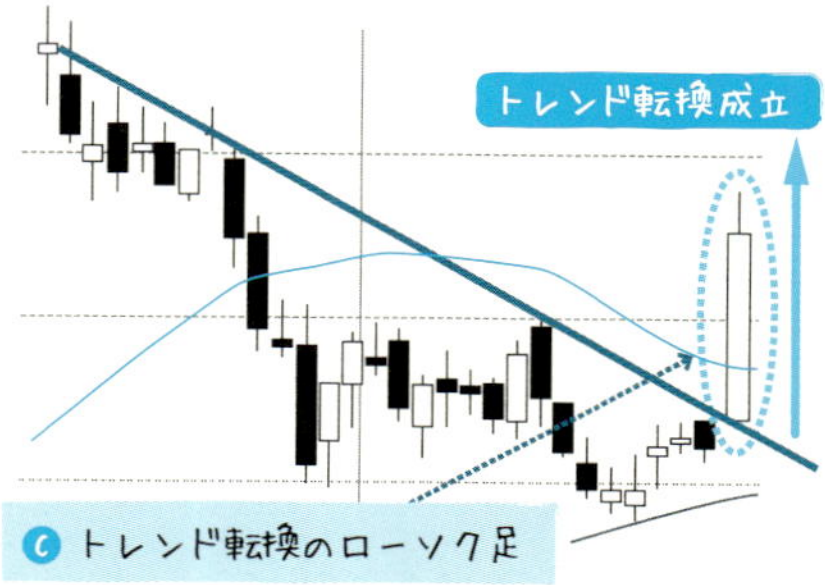

❹ 何日間か観察して、ある日のローソク足の実体がトレンド転換線を下から上に抜けることを確認する。越えたこの日を「トレンド転換が成立した日」と定義する。実体が越えたこのローソク足を「トレンド転換のローソク足」と呼ぶ

（ソーテック社刊）でも詳しくお話ししているので、よろしければ参考にしてください。

上昇へのトレンド転換が確認できたところで、実際の買いポイントを明確にしてみましょう。

ここは慣れないと難しいですね。次のURLから、わかりやすく解説した特典動画をダウンロードしてください。

特典動画② 上昇のトレンド転換線の描き方：上昇のトレンド転換時の売買ポイント
(http://tbladvisory.com/book004)

● トレンドが転換したときの買いポイント

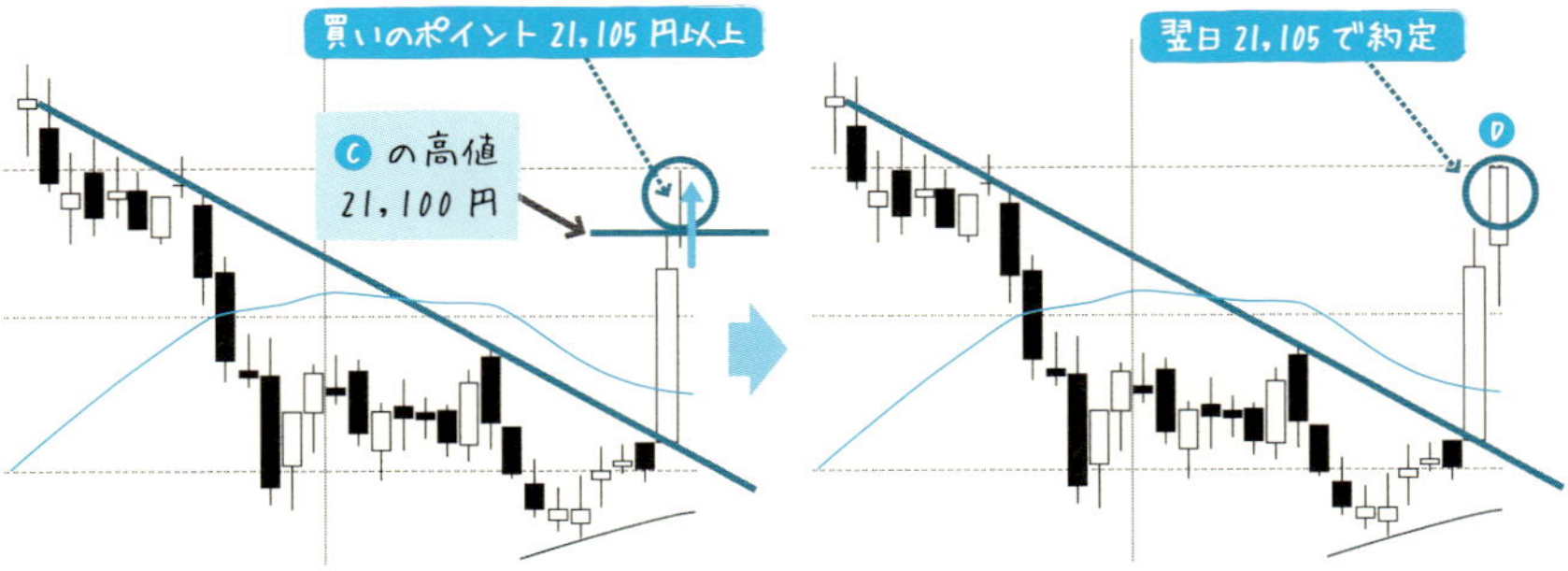

トレンド転換が成立したローソク足 C の高値を下から上に超えるタイミングで買う。たとえば C の高値が 21,100 円の場合、21,105 円以上になったら、買う」のが正しい買いの設定

上昇がはじまるサインは、C の高値を超えてくること。翌日にすぐ約定しなくても数日持ちあったあと、超えてくることも多いので、1 週間ほどそのまま注文を変えない。この例では翌日早速、21,105 円で先物の買いが約定（D）している

逆のトレンド転換を捉える方法

Step 1

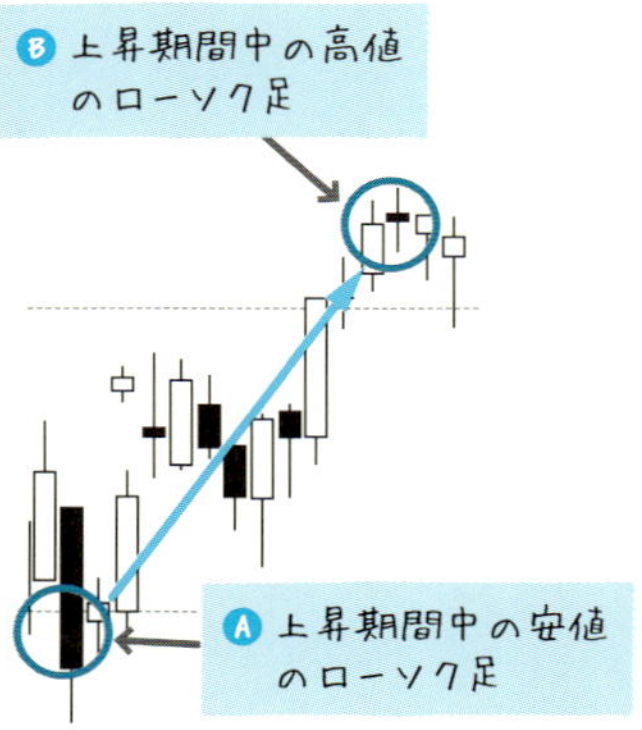

❶ 上昇が終わり、下に向かってトレンド転換を確認したい期間において、直近の高値と安値を探す

Step 2

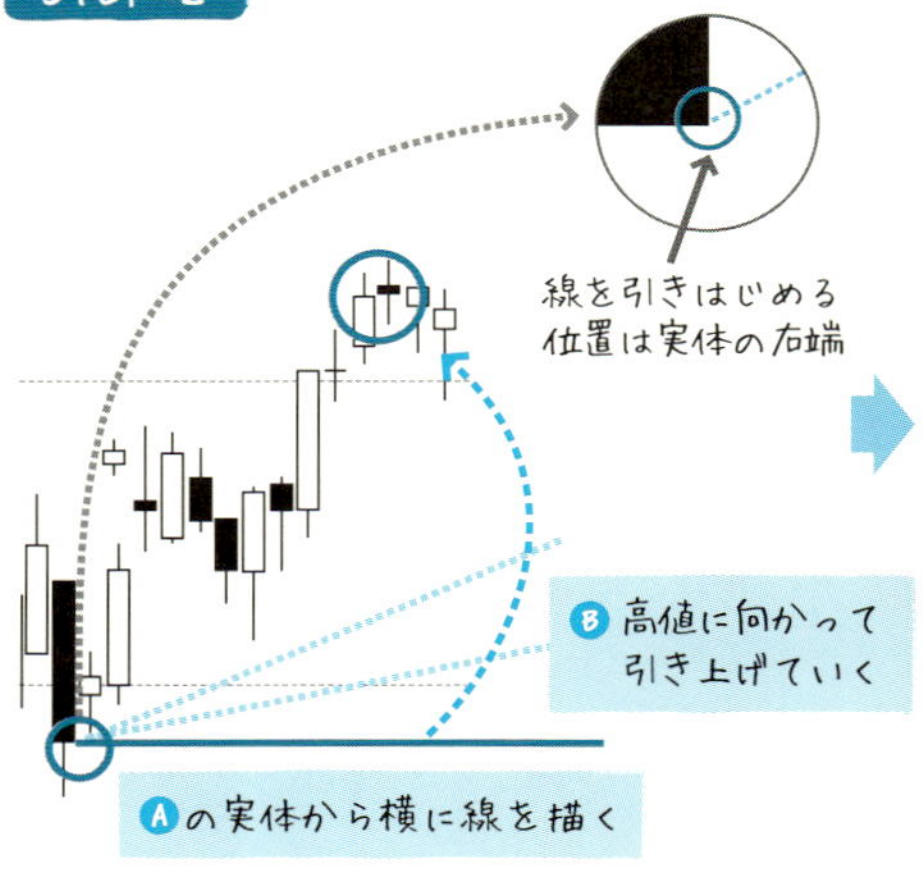

❷ 直近安値の実体から線を引き、直近の高値に向かって引きあげていく。線を引きはじめる位置は安値ローソク足の実体の右端

Step 3

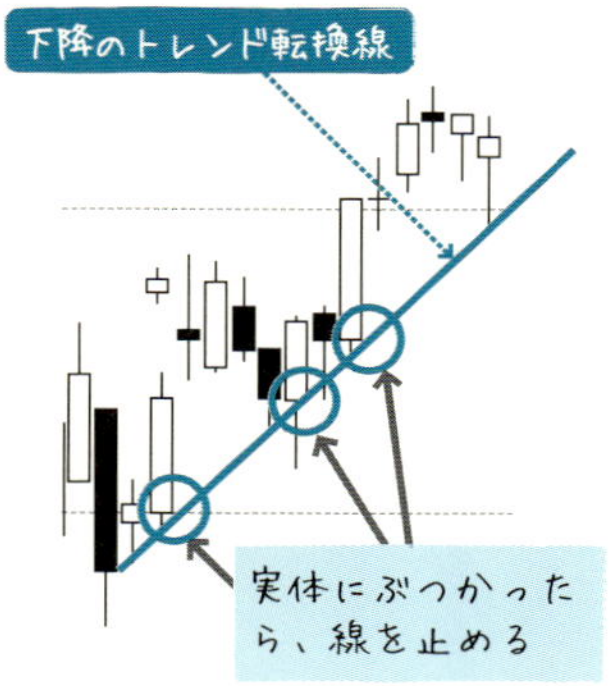

❸ 引き上げていく途中でローソク足の実体にぶつかったら線を止める。この線を「下降のトレンド転換線」と呼ぶ

Step 4

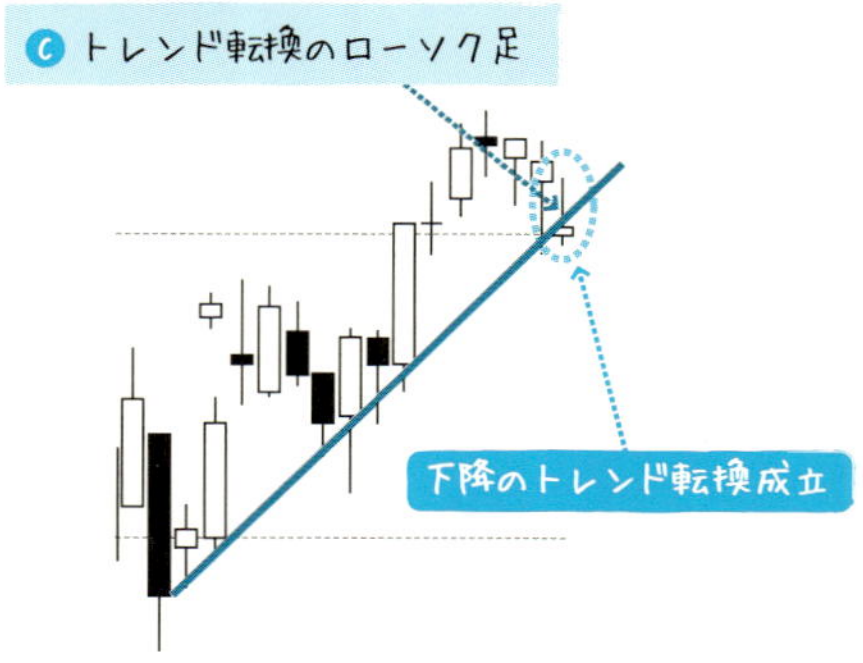

❹ ローソク足の実体が下降のトレン転換線を上から下に抜けると、このローソク足を「下降トレンド転換のローソク足」と呼び、この日を「下降トレンド転換をした日」と定義する。利益確定、または売りのポイントはこの安値を下に抜けるとき

4 下降へのトレンド転換を確認する「トレンド転換線」

今度は上昇トレンドの継続が成立しなくなって、利益を取るために下に向かってトレンドが転換したポイントを見つけ出す**「逆のトレンド転換線」**を描いてみましょう。難しいことではなく、上昇トレンド転換線と反対のことをすればいいだけのことです（右頁図参照）。

上昇のトレンド転換線が描ければ、難しくはないですね。ではもしかしたら売買ポイントも逆？　はい、そのとおりです。反対にすればいいだけです。

これで**「トレンドが継続するときの戦略」**を網羅することができました。1回トレンドが出ると、数週間から長いときは3カ月以上に渡って継続するので、安定してトレードをするにはもってこいの戦略です。

こちらも、慣れていないうちは難しいですね。次のURLから、わかりやすく解説した特典動画をダウンロードしてください。

特典動画③ 下降のトレンド転換線の描き方：下降のトレンド転換時の売買ポイント
(http://tbladvisory.com/book004)

また下降のトレンド転換線の場合は、空売りを中心にお話しした拙書「世界一やさしい 株の信用取引の教科書1年生」（ソーテック社刊）で詳しく解説しているので、こちらも参考にしてみてください。

5 トレンドがないときは、2本の線で小さく「スイング」の幅を取る

チャートを見ればわかるように、市場は常に上昇トレンドか下降トレンドをつくっているわけではなく、次の大きなトレンドをつくるために動きが停滞する時期が必ずあります。この動きも数週間から数カ月におよぶときがあります。この時期は、ダウ理論の「トレンドが継続するときの戦略」に乗せることができないので、何もせずに

● トレンドがないときのトレード戦略

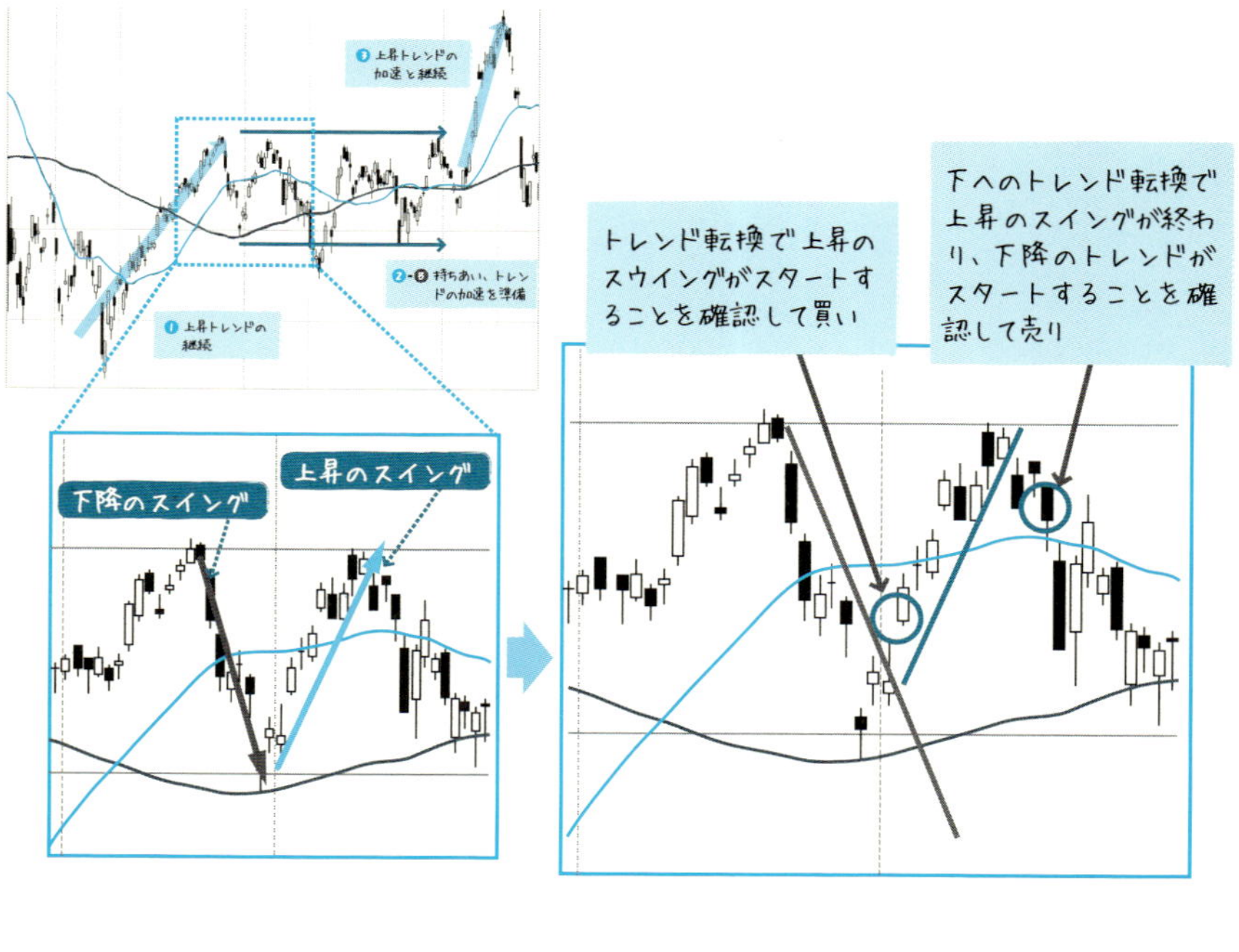

③ 上昇トレンドの加速と継続
②-③ 持ちあい、トレンドの加速を準備
① 上昇トレンドの継続
下降のスイング
上昇のスイング
トレンド転換で上昇のスウイングがスタートすることを確認して買い
下へのトレンド転換で上昇のスイングが終わり、下降のトレンドがスタートすることを確認して売り

毎日ビールを飲んでお風呂に入ればいいでしょうか？

もちろんその選択もできますが、前項で学んだ「**トレンド転換線に慣れると、線2本のみで小さい利益を積みあげていくこともできます**」。短く下げてくるか、上げてくる動きをひとつの「**スイング**」といいますが、「**スイングの動きが変わるところをトレンド転換線で捉えていくのが基本的な戦略**」です。

❶ 次のトレンドを待つまでの短いスパンで行う
❷ 停滞した時間帯を抜け出すとトレンドフォローに切り替える

この2つを必ず念頭に入れてトレードしてください。

これで中・短期のテクニカル戦略を理解することができました。しかし、テクニカルを中心とするとはいえ、ファンダメンタルズをまったく無視するわけにはいきません。

世界の動きは、必ず何らかの形で市場に影響を与えるからです。では5時限目で、いよいよファンダメンタルズ分析の世界に一緒に飛び込みましょう。

Column 3

ロスカットはどこまですればいいですか？

利益をあげることと並んで、投資家の永遠の悩みのひとつがロスカットです。いろいろな本とセミナーに出かけたことのある投資家は、ロスカットの重要性について説明される場面によく遭遇したはずです。

送られてくる質問も、ロスカットについてのものがたくさんあります。たまには連続するロスカットに呆れて、「一体、どこまでロスカットすればいいですか？　ロスカット貧乏になっちゃいますよ」という怒りをぶつけられることもあります。

10割勝つ投資方法というのはないので（もしあると自慢する人がいれば、まず詐欺だと思って相手にしないでください）、7割の勝率を仮定してみましょう。10回やれば3回は負けるということですが、運が悪ければ3回連続で負けてロスカットされることも起こります。20回で考えるなら4回、5回連続で負けることだって起きます。4回以上負けてくると焦りと怒りが織り混ざって、無理に利益を出そうとしてしまい、ロスカットをしっかりやっておけばよかったという悪循環に陥る場合もあります。この話、耳の痛い人がいると思いますが、何を隠そう、私自身の経験でもあります。それを抜け出した私の経験からできるアドバイスは2つです。

❶ ロスカットがロスとして感じられなくなるまでやる
❷ ロスカットばかりならポイントを見直す

❶は矛盾しているようですが、簡単にいうと「**ルーティンとして感じられるまで繰り返す必要がある**」ということです。「**正しい戦略でトレードしていくと、結局は利益のほうが大きくなるのはわかっているので、ロスカットはだんだんあたりまえの作業として定着してきます**」。あなたの周りで投資上手な人を見つけたら、1回観察してみてください。ロスカットを作業のように無表情で行っているはずです。

問題は「**正しい戦略**」という部分です。さすがに10回やってずっとロスカットというのは異常な状態で、その原因はロスカットポイントが正しく設定されていないだけです。これが❷です。

ゴルフを学ぶときだって10回のスイングでうまくなるとは誰も思わないし、テニスやほかのスポーツも一緒です。同じ炊飯器でご飯を炊いたって、10回くらいやってみただけでお母さんのご飯より美味しく炊けるとは思えないですよね。常に改善していくことで少しずつ向上していくのは、投資もスポーツもみんな共通するものです。

では正しい戦略って何でしょう？

あなたが今読んでいる本書で、勉強していることですよ！

5時限目

ファンダメンタルズ分析の実践

投資も生活もファンダメンタルズなしでは成り立たない。
ここでしっかり基礎を学んでください。

01 すべてに影響する「ファンダメンタルズ」の要因

1 初心者が「ファンダメンタルズ分析」で見るポイント

日経平均株価は、経済社会に関わるさまざまなニュースや指標に影響を受けます。市場に影響を与えるニュースや指標を分析して、これからの予測に使うことを「**ファンダメンタルズ分析**」と呼ぶのは4時限目でお話ししました。

ここからは、初心者がチェックすべきファンダメンタルズ分析をわかりやすく見ていきます。

ひとつ覚えておいてほしいのは、「**ファンダメンタルズ分析は非常に広い範囲が含まれるので、すべてを網羅することは不可能**」だということです。ここでは、次の2つに絞り込んで見ていきます。

❶ 初心者ができる範囲で
❷ かつ必ず見るべきもの

2 日経に影響を与える要因を覚えよう

ファンダメンタルズ分析には「定量的分析」と「定性的分析」があり、日経に影響を与える要因をひとつだけに絞ることはできません。

本書ではまず、定量的な部分は、**「日本の株式市場と海外株式市場」「為替などほかの市場」**についてお話ししたあと、定量的な指標の中で重要なものを見ていきます。定性的な部分は、**「ニュース」**や**「主要なイベント」**などで特に重要なものを取りあげたあと、最初に説明した定量的な指標以外に注目しておくといい各種指標をまとめていきます。

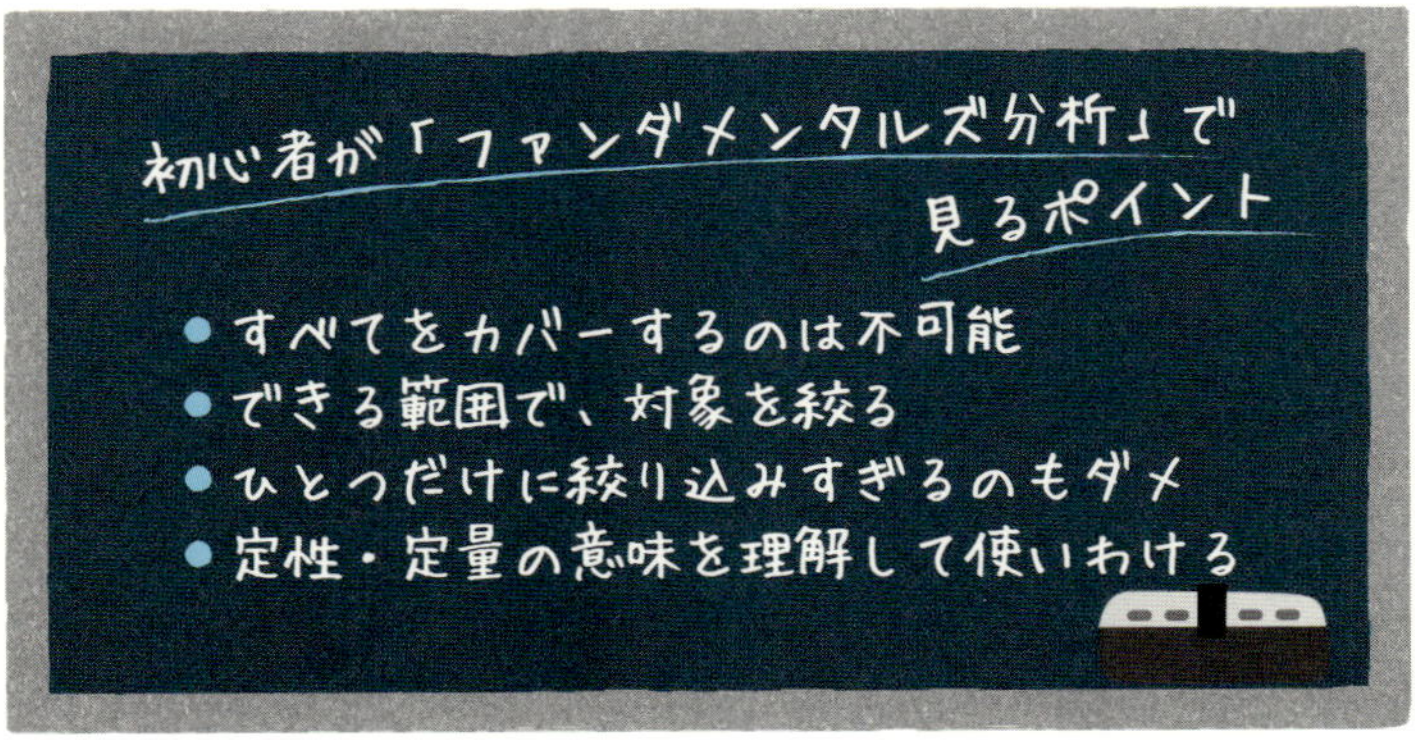
初心者が「ファンダメンタルズ分析」で
見るポイント
・すべてをカバーするのは不可能
・できる範囲で、対象を絞る
・ひとつだけに絞り込みすぎるのもダメ
・定性・定量の意味を理解して使いわける

02 定量的なもの❶「米国市場」と日経の関係

1 米国のダウ、CMEは全世界に影響する

1時限目05の中で、『海外にも存在する「日経225先物」。「CME」「SGX」と日本市場の関係』というお話しをしました。日経225先物がシンガポールと米国にも存在して、取引時間が重なっているので、お互い影響するという内容でした。

ここではもう一歩踏み込んで、「**お互いにどんな影響を与える関係なのか**」、そして「**日本の株式市場との関係**」についても見ていきましょう。難しい部分ではありますが、「**プロ並みの力を発揮してくれる貴重な知識**」でもあるので、じっくり取り組んでみてください。

CMEは世界最大の市場であり、取引時間も最も長いので、SGX、日本（大阪）市場の始値に影響を与えます。なお、ニューヨークダウ株式指数の動きと連動して、先物のみならず、日本

の現物株式市場にも影響を与えます。具体的に説明すると、**「ニューヨークダウ株式指数が上昇して終わり、CMEの日経225先物も上昇した場合、現物の日本株式市場も上昇してはじまる可能性が高い」**ということです。寄り付きの上昇幅はCMEの上昇幅に連動するとよくいわれますが、もちろんまったく同じ上昇幅ではじまるとはかぎりません。

2 SGXは日本市場の寄り付きの羅針盤

SGXは大阪市場より15分早くはじまるので、CMEが与える影響をより具体的に知らせてくれる役割を果たします。たとえば、**「ニューヨークダウ株式指数が上昇⇓CMEの日経225先物も上昇⇓SGXの日経225先物も上昇してスタートと連鎖してきたら、日経225先物の日本市場も現物の株式市場も、上昇でスタートする確率が高くなる」**と判断できます。

3 実践 CME、SGXで株式相場の流れを先読みする

2018年9月27日から28日にかけて起きた3市場の連鎖を見ると、ダウが小幅に上昇、CMEの円建てが3桁上昇したことを背景に、SGXの日経225先物が220円高で寄り付いたのを受け、その15分後の日本も大阪の先物は220円高、株式市場は283円高ではじまっているのがわかります（次頁下図参照）。

これで、4時限目までの日経225先物の重要な概念とあわせて、取引されている3大市場の関係まで網羅しました。次は株式市場に大きな影響を与える金融部門、「為替」について考えてみましょう。

● 「ダウ・CME ⇒ SGX ⇒ 日本市場」という連鎖

	株式市場	日経225先物
米国（ダウ・CME）	ダウ株価指数 +54.65ドル（+0.2%）	CME円建て +135円（前日比） +185円（大阪終値比）
シンガポール（SGX）		SGX円建て +220円 寄り付き
日本（東証・大阪）	東京日経平均 +283.27円 寄り付き	大阪 日経225先物 +220円 寄り付き

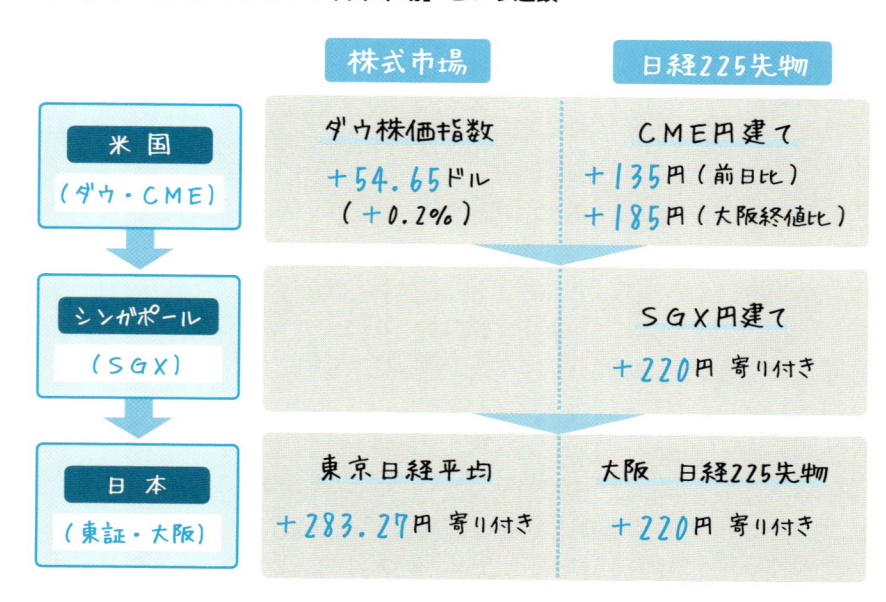

03 定量的なもの② 「為替市場」と日経225先物、株式市場との関係

1 為替市場と日経225先物は、実は相性がいい

新聞やテレビなどのニュースなどを見て、ファンダメンタルズ分析をしてくださいといわれても、どこから手をつければいいのかまったく前が見えないのが普通です。

それなら「**日経225先物と相関のいい（強い）分野を重点的にチェックして分析する**」というのはどうでしょうか。その代表的な分野が「**為替市場**」です。

アベノミクスという経済政策がはじまってから株価は7000円台から2018年10月には2万4000円を超えるまで、実に3倍以上の上昇を見せました。その要因としては企業の業績改善、日銀による市場への介入などいろいろなことが挙げられますが、円高の解消というのもひとつの強力な要因として挙げることができます。

2 まず押さえるべきは USD/JPY

具体的に為替市場と株式市場はどんな関係にあるのでしょうか。最も単純に考えて、まず次のように覚えてください。

円安が進むと株式市場は上昇、円高は株式市場の下落を招く

よく聞いたことのある話しで、常識的なことかもしれませんが、もう少し深く考えてみると、為替の動きで影響を受ける産業まで見えてきます。

まず「**円安が進むというのは、海外から見て品質のいい日本の商品が割安になる**」ということです。２００万円だったトヨタの自動車が為替の変動だけで１８０万円になったとすると、海外の消費者はほしくなりますね。その影響で自動車などの輸出産業は売上高が向上して業績が改善、株価はそれを織り込んで上昇すると考えられます。

一方、国内の輸入業者にとっては円安がうれしくない現象です。

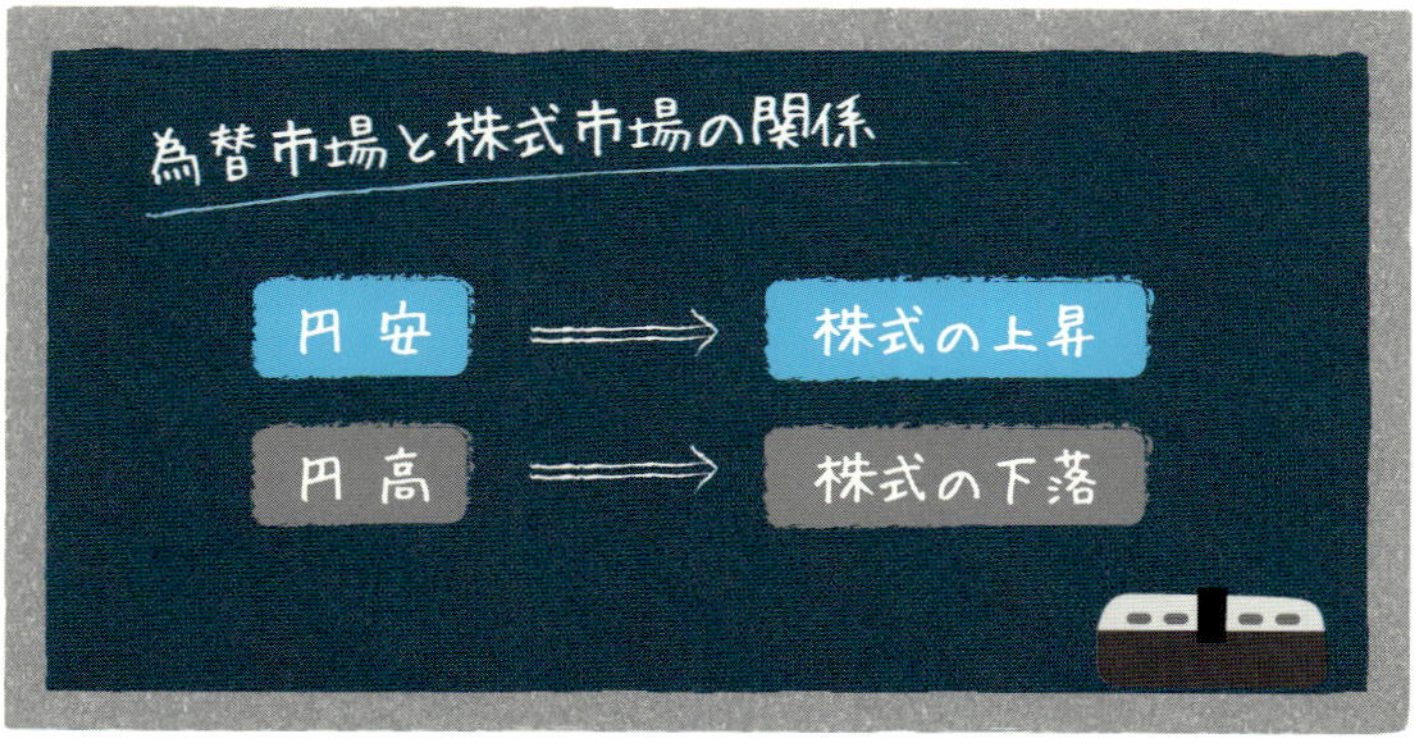

たとえば原材料の輸入比率の高い食料品業界は、１００万円で輸入できていたものが１２０万円まで値上がりすることになるので、コスト増の影響につながります。

「日本は輸出産業の重要性が高いので、円安が進むと輸出が増加⇓株価が上昇」とつながるわけです。

為替市場は株式市場同様、需給のバランスによって価格が決まります。円がほしい人が多くなってたくさん買われると、円の価格が上昇して円高が進みます。

需給のバランス以外に**「円は安全資産だから、世界的な懸念事項があるときは円高が進む」**という記事もよく目にします。純粋な需給の要因以外に、為替市場を動かす要因がほかにもありそうです。

では、なぜ円は安全資産だと思われ、**「有事の円買い」**などという言葉まであるのでしょうか？

● 為替市場と株式市場の関係：より深く

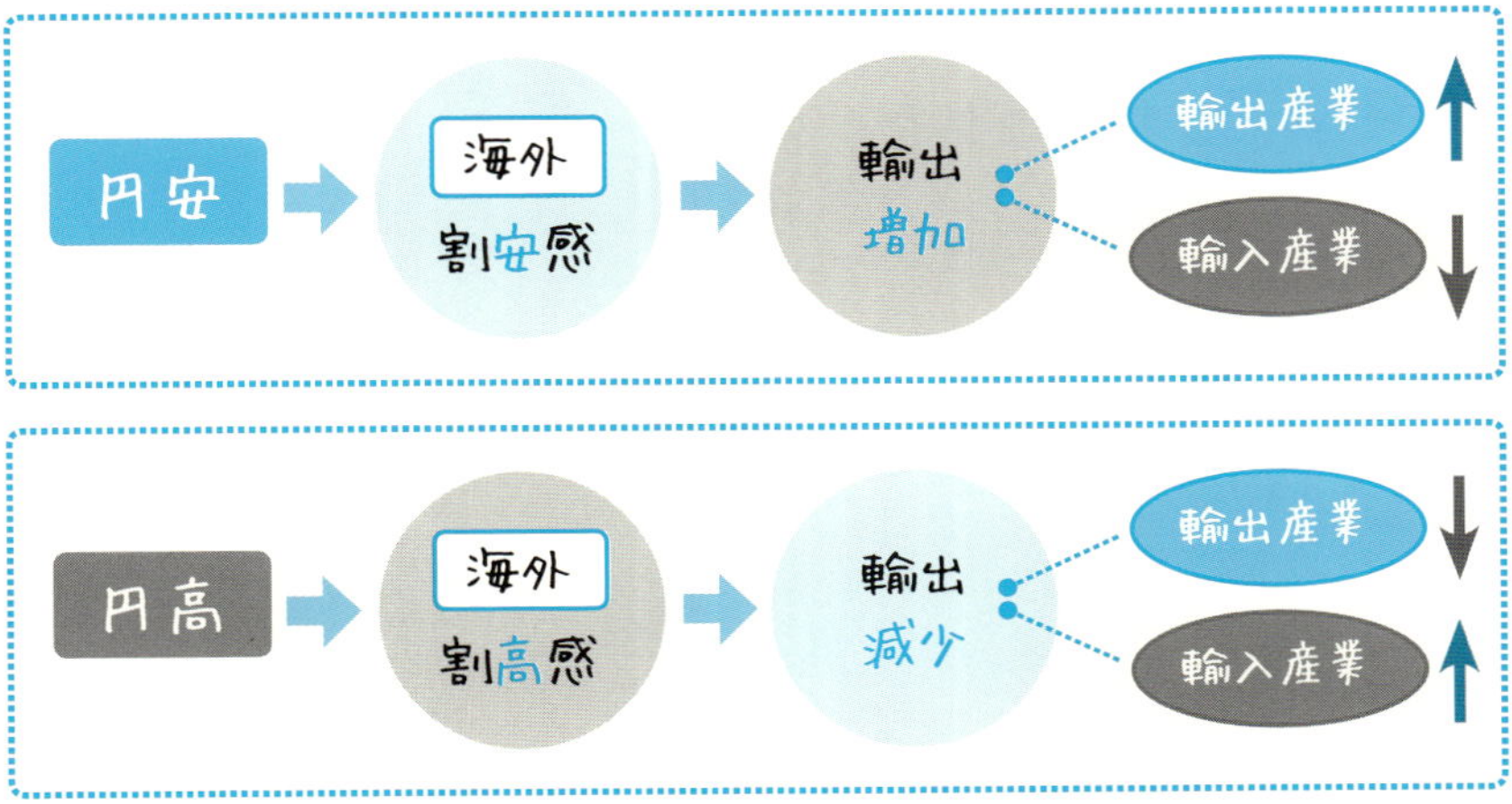

3 円が安全資産として思われる理由

2018年8月最後の日、米中の貿易摩擦問題が深刻さを増したとき、米国市場の下落を解説する記事には次のような記述がありました。

- **米中貿易摩擦への懸念が強まり、米株式市場でダウ工業株30種平均が下げ幅を広げると、円買いが加速した。**

世界経済に不安が広がると、どうして円が買われるのか。理由は、大きく次の3つになります。

理由❶ 失われた20年のおかげ：円はデフレ通貨

日本は失われた20年といわれるデフレを経験してきました。「**デフレというのは、物やサービスの価格が持続的に下がる状態**」を意味します。「**物価が下がるということは、通貨の価値が下がりにくく、むしろ上昇していく**」ことを意味します。つまり同じものやサービスを、以前より少ないお金で買えるようになることなので、通貨の価値（これを購買力といいます）は高まるということを意味します。

海外の投資家の考えでは、世界経済に危機的な状況が起きた場合、価値が下がりやすい通貨よりは購買力を維持できる日本円を買っておいたほうが安心できるということになります。

理由② やはり失われた20年：超低金利が続く

デフレと歩調をあわせて「**ゼロ金利政策**」が導入されて20年、2016年度には「**マイナス金利**」まで導入されるほど、円は超低金利通貨の座を20年間守り続けました。「**同じお金なら円を売って、ドルを買って米国の銀行に預けておけばより高い利息が得られます**」。これが「**円キャリトレード**」といわれるものです。ただし、これは世界が平和的な状況で成り立つ話で、資金の移動コストもないという前提が必要です。

しかし危機的な状況になると、円キャリトレードの巻き戻しが起こります。「**高金利通貨を売って利益を確定したあとは、価値変動の少ない円に資金を替えておく**」わけです。

理由③ 世界最大の債権国

「**日本が世界最大の債権国**」だということは聞いたことがありますか？それを表すのが「**対外純資産残高**」の推移です（下図参照）。「**〝対外純資産残高〟とは、政府部門と民間部門の資産・負債を合算して、日本国が**

● 2017年度末の対外純資産残高順位

順位	国家	対外純資産
1	日本	328兆4470億円
2	ドイツ	261兆1848億円
3	中国	204兆8135億円

参考 IMFの資料より

海外からいくらお金を借りているか（対外債務）、あるいは貸しているか（対外資産）の数字の差のこと」です。わかりやすくいえば、日本が海外にお金を貸しているのか、借金をしているのかを表す数字です。

日本は2017年度末基準で、なんと27年連続で世界最大の債権国を記録しています。海外にお金を貸すか、多くの資産に投資をして回収できる資産が世界一多いということです。

海外に資産がいっぱいあるのと円高が何の関係？と疑問を感じるかもしれませんが、危機的なことが起きたときに何が起きるかを考えてみてください。

たとえば、2011年3月に起きた東日本大震災。日本国内で壊滅的な被害が発生すると復興のためにお金が足りなくなるので、海外の資産を売ってお金を日本に戻す必要が出てきます。日本に戻すということは？ ドル建てで受け取った資産の売却額を日本円に交換しないといけないので、円が買われることになります。これが金融の出来事だけではなく、

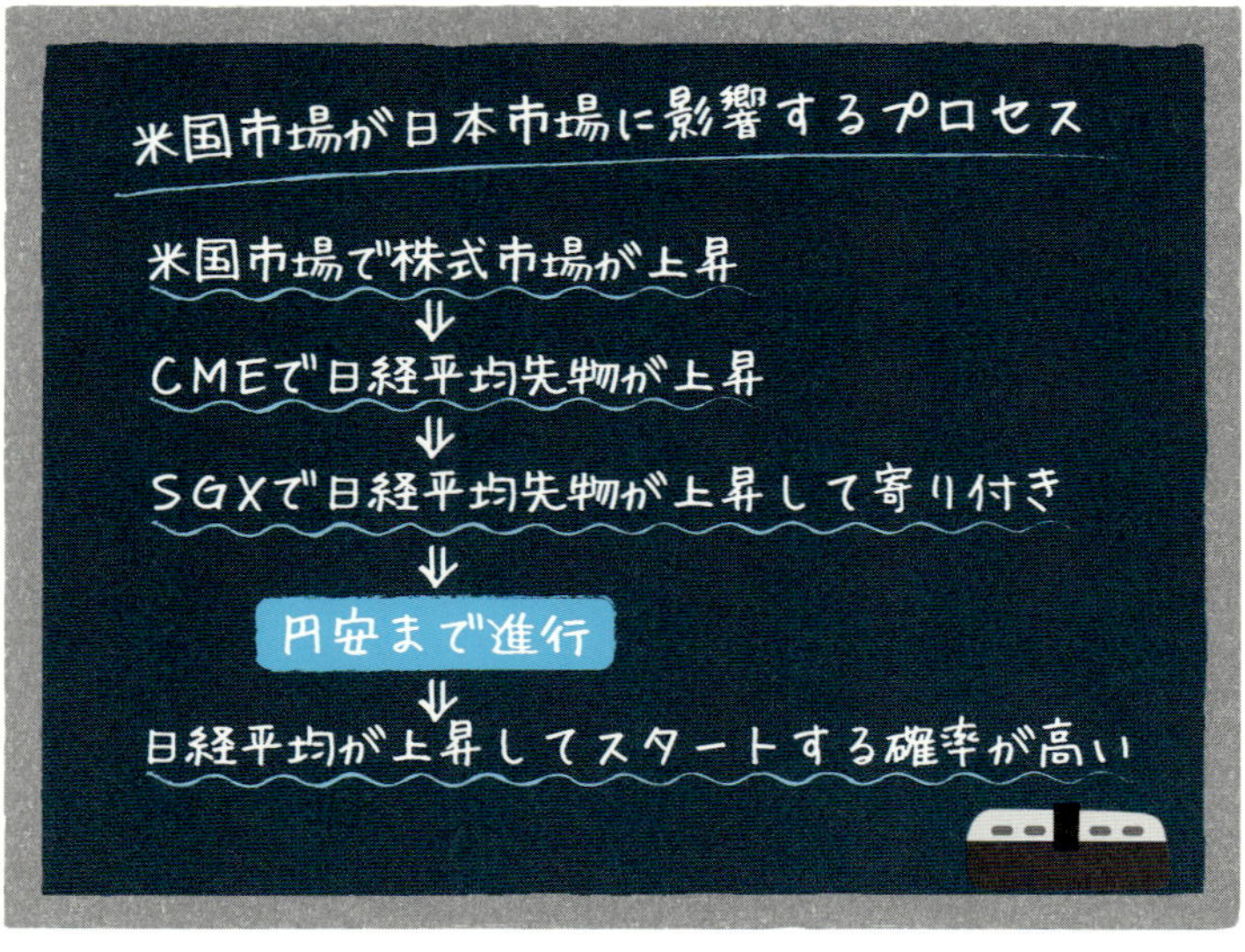
米国市場が日本市場に影響するプロセス
米国市場で株式市場が上昇
CMEで日経平均先物が上昇
SGXで日経平均先物が上昇して寄り付き
円安まで進行
日経平均が上昇してスタートする確率が高い

「自然災害などでも円が買われる理由」です。

ここまで、円高が進む3つの要因まで勉強したので、流れを右下の黒板にまとめてみましょう。

このような流れの反対になる場合は、もちろん下げてスタートする確率が高いことを意味します。**「ここまでのことを理解して新聞記事を読んで分析できるようになると、日経225先物の取引はかなり楽になります」**。

これに加えて、チェックすべき定量的な指標についても考えてみましょう。

海外の株式市場、先物市場、
為替市場まですべて

04 定量的なもの③ チェックすべき「経済指標」

定量的な指標は、さらにマクロ指標とミクロの指標に分かれるとお話ししました（145頁「ファンダメンタルズ分析とテクニカル分析」参照）が、ここでは、両方で重要度の高い指標をいくつか紹介します。

1 まずは「GDP」で大きな流れをつかむ

「一国の経済規模や成長を図るときに、最も重要な指標はGDP」です。「**GDPは一定期間内に国内で産み出された付加価値の総額で、市場で取引された財やサービスの総額**」を意味します。

GDPは内閣府がまとめて発表しますが、確定値は年1回、速報値は3カ月に1回発表され、四半期ごとのものを翌々月10日ごろ、その1カ月後修正値が発表されます。

もし「**GDPが前年同期比で伸びた場合、景気が上昇傾向にあるので日経平均株価も上昇する**」と予測できます。「**中・長期的には〝買い〟と判断**」できるということです。

もちろんGDPがマイナスの場合は、その反対のロジックとして考えることができます。

また世界経済が密接に関係しあう現代において、日本だけでなく世界経済に大きな影響を与える経済圏のGDPもチェックするようにします。その代表格は、もちろん**「米国」**と**「中国」**です。

国レベルの大きな全体像を見てきたので、今度は各経済主体に関わる指標を考えてみましょう。

● GDP

順位	名称	GDP	地域
1位	アメリカ	20,494.05	北米
2位	中国	13,407.40	アジア
3位	日本	4,971.93	アジア
4位	ドイツ	4,000.39	ヨーロッパ
5位	イギリス	2,828.64	ヨーロッパ
6位	フランス	2,775.25	ヨーロッパ
7位	インド	2,716.75	アジア
8位	イタリア	2,072.20	ヨーロッパ
9位	ブラジル	1,868.18	中南米
10位	カナダ	1,711.39	北米
11位	ロシア	1,630.66	ヨーロッパ
12位	韓国	1,619.42	アジア
13位	スペイン	1,425.87	ヨーロッパ
14位	オーストラリア	1,418.28	オセアニア
15位	メキシコ	1,223.36	中南米
16位	インドネシア	1,022.45	アジア
17位	オランダ	912.9	ヨーロッパ
18位	サウジアラビア	782.48	中東
19位	トルコ	766.43	中東
20位	スイス	703.75	ヨーロッパ

（2018年現在：10億USドル）

2 企業部門は「機械受注統計」と「日銀短観」をチェック

経済主体の中でも収益をあげることに目的を置いて活動する企業の元気度合いは、その国の景気を表すといっても過言ではありません。企業部門で特に注目するところは売上高や純利益などの業績の推移だけでなく、次の2点が大切になります。

> **❶次の生産活動のためにどれだけの投資を行ったか**
>
> **❷経営者たちはこれからの景気をどのように見ているのか**

❶は「**設備投資**」といいますが、その中でも注目度の高いのが「**機械受注統計**」です。設備投資の行方を示す指標は数多く存在しますが、その中でも機械受注統計は機械設備投資の先行指標（6～9カ月）として、注目度が高いといえます。

つまり、「**統計値が増えてくると企業の設備投資が増え、景気が上向き**」と判断することができます。

● 機械受注統計

対前月（期）比　（単位：%）

需要者＼期・月	2018年（平成30年）1～3月実績	4～6月実績	7～9月実績	10～12月実績	2019年（平成31年）1～3月見通し	2018年（平成30年）11月実績	12月実績	2019年（平成31年）1月実績	2月実績
受注総額	△1.5	1.8	1.7	2.5	△9.7	△1.7	△6.1	△7.9	5.4
民需	△4.6	7.3	1.2	△5.7	1.2	△9.5	6.8	0.0	△1.1
〃（船舶・電力を除く）	2.3	1.6	1.5	△3.2	△0.9	△0.1	△0.3	△5.4	1.8
製造業	0.1	4.7	△1.0	△4.1	△2.0	△4.4	△4.4	△1.9	3.5
非製造業（除船・電）	2.1	0.4	3.4	△1.9	1.5	1.8	5.6	△8.0	△0.8
官公需	△3.1	4.4	17.9	△6.3	△23.4	△23.2	△11.3	2.7	2.2
外需	△1.8	△1.0	△0.5	10.4	△12.9	17.6	△18.1	△18.1	19.0
代理店	0.6	2.9	△0.6	4.4	△3.6	△3.6	0.3	△1.3	△8.8

● 日銀短観（景況判断の推移）

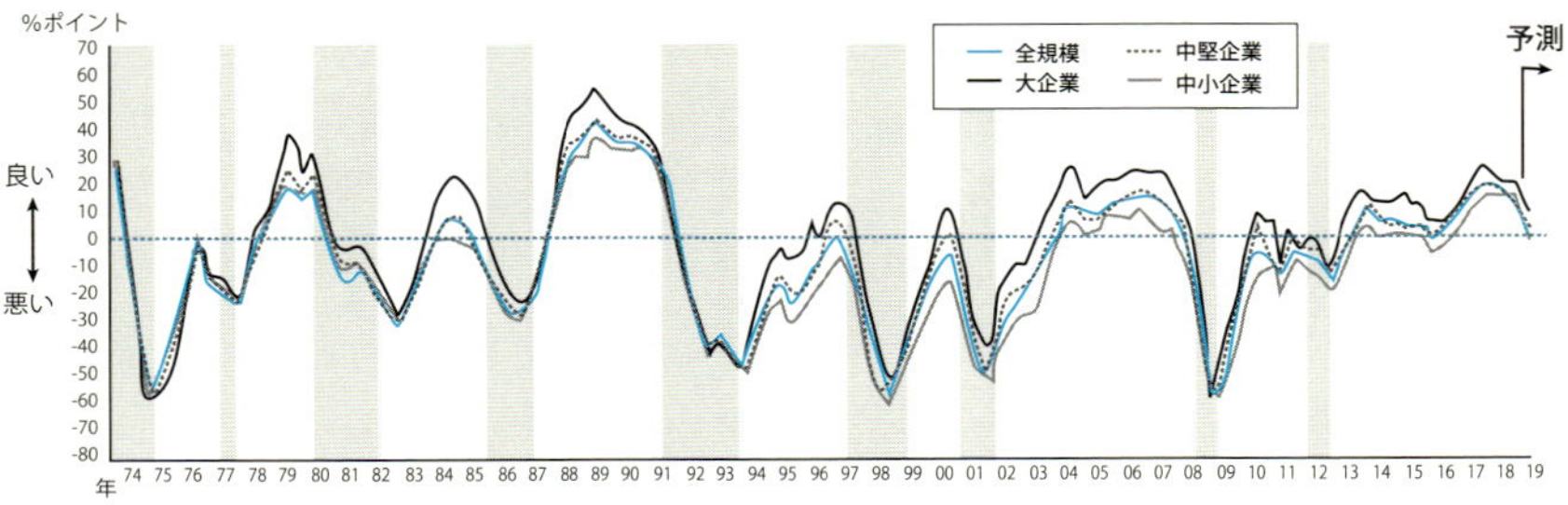

❷は日銀が実施している「**企業短期経済観測調査（日銀短観）**」というもので、日本で発表される経済指標の中で最も注目度の高いものです。日銀が四半期ごとに企業経営者を対象としてアンケート調査をした結果で、「**良い**」「**さほど良くない**」「**悪い**」で集計して算出します。

企業は、この2つの観点で指標を押さえるようにしましょう。

3 家計部門は「雇用」と「物価動向」が命

次はもうひとつの大きな経済主体、「**家計**」に関連する指標です。これはほとんどの人があてはまるので、自分の立場で考えるとすぐにわかります。家庭に置いて大事なことは、次の2つです。

● 完全失業率、有効求人倍率（1948～2018年）

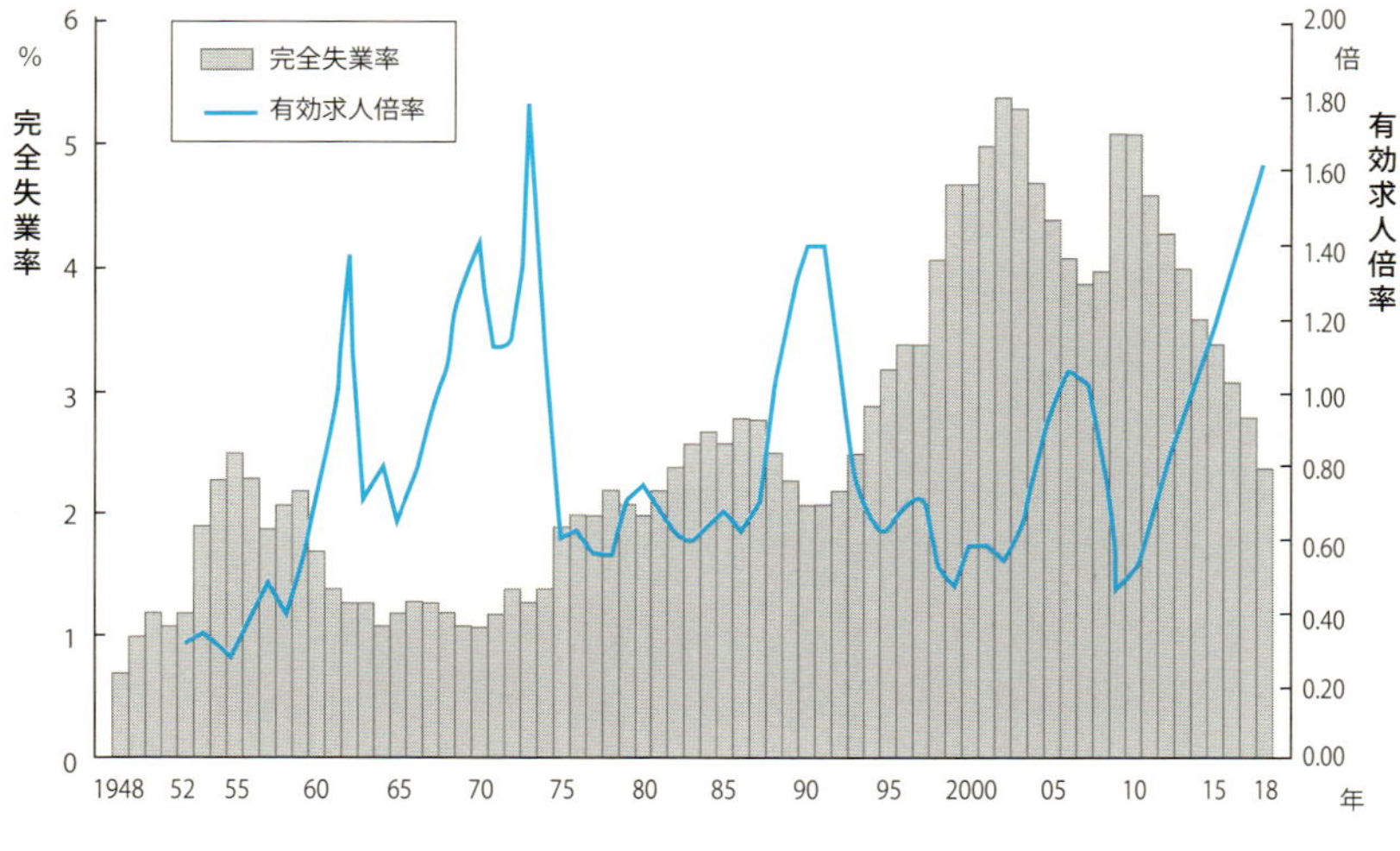

❶ きちんと雇用され生活費が入るのか
❷ 生活費関連で物価の動向が最重要

❶は厚生労働省が毎月集計・発表する「**有効求人倍率**」がそれにあてはまり、「**1を超えていると良好で、景気は上向いていると判断**」して無理はありません。2018年9月時点では1・64と史上最高のレベルにあるので、景気は上向いているといえます。そのほか、「**完全失業率**」「**常用雇用者数の推移**」も大事な参考材料になります。

❷は「**消費者物価指数**」で、全国の世帯が購入する家計に係る財およびサービスの価格などを総合した物価の動きを把握するための統計指標で、総務省から毎月発表されます。よく「**CPI（Consumer Price Index）**」と略され、民間部門では最も注目度の高い指標のひとつです。

4 指標の王様は米国の「雇用統計」

● 消費者物価指数

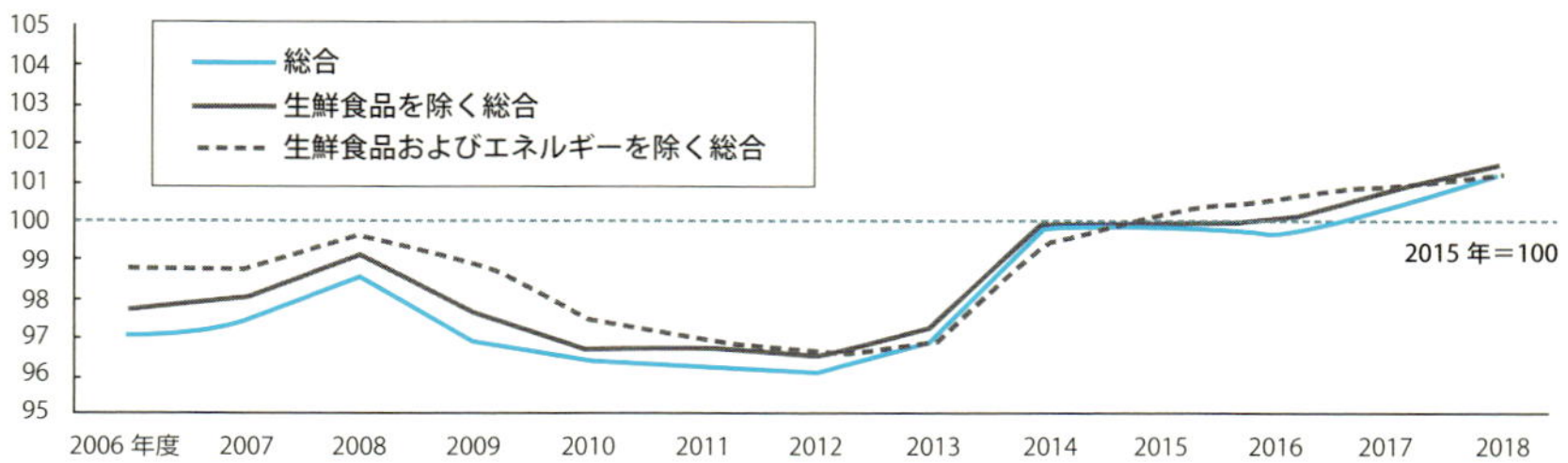

株式、ＦＸ、先物に関わるすべての投資家は「**毎月第一金曜日**」に緊張してひとつの指標の結果を待ちます。日本ではなく、「**米国雇用統計**」です。

米国の雇用統計は景気関連の経済指標のみならず、すべての分野に影響する指標で、全米の企業や政府機関などに対してサンプル調査を行い、10数項目の統計を発表します。注目の集まる項目は「**失業率**」「**非農業部門就業者数**」「**平均時給**」などです。日本の雇用関連指標同様、雇用情勢の推移は、個人所得・個人消費などにも関係してくるので、今後の景気動向にも大きな影響を与えます。その影響は米国だけでなく、全世界におよぶので、注目が集まるわけです。

「**毎月第1週目の金曜日は、雇用統計の結果を見極めたい心理で、株式の売買が様子見で停滞するほど**」です。これからは、毎月第1週目の金曜日に発表される雇用統計の結果を必ずチェックするようにしてください。

● 米国雇用統計の主要な項目

非農業部門雇用者数	自営業、農業従事者を含まず、非農業部門に属する事業所の給与支払い帳簿をもとに集計されたもの。米国の雇用統計だけでなく、世界の経済指標の中で最も重要な指標
失業率	失業者を労働力人口（失業者と就業者の合計）で割ったもの。約6万の世帯が調査対象で、雇用統計の中では、非農業部門雇用者数に次ぐ注目度の高い指標
平均賃金	これまでは上記の2つの指標が注目度が高かったが、インフレ懸念が広がる中、平均賃金の動向も注目されやすくなっている

05

定性的なもの
そのほかの「数字では表せない要因」

1 中央銀行の動きで金融政策の行方を追う

定量的な評価については大体のものは押さえてきたので、こんどは数字では表せない、しかし市場に大きな影響を与える重要な要素を見ていきます。

定性的な評価をわかりやすく3つのカテゴリーに分けると次のようになります。

❶ 金融政策の動向
❷ 政治動向
❸ ニュース

特に重要なのは、日銀、ＦＲＢ（米国の中央銀行）の金融政策動向です。

「日銀の〝金融政策決定会〟、米国FRBの〝FOMC〟は注目度が高いだけでなく、世界の市場に与える影響が大きいので、ニュースが出たら概要だけでも読んでおく」ようにしてください。

2 国内の選挙や米国の大統領選

次は数年に1回のイベントですが、参議院選などの選挙結果や米国の大統領選、および中間選挙結果などの政治動向です。金融政策のように年に数回影響を与えるわけではありませんが、その分1回の影響力が大きいので、**「選挙が間近の場合は、ポジションを整理して観望するのもいい戦略」**です。

定性的分析の最後の枠組みはトランプ大統領のツイッターに代表される「要人の発言」です。首相、大統領などの一国のリーダーだけでなく、FOMCが近づいてくるとFRB議長の発言内容に注目が集まるなど、イベントによって注目される要因も変わります。

● 定性的評価の枠組み

金融政策	日本	金融政策決定会	日銀の政策委員会が、金融調節の基本方針、公定歩合、預金準備率の変更などの金融政策を議論する会合
	米国	FRBのFOMC	今後の政策金利（FF金利）決定などの方針や現在の景況判断が議論され、発表される。世界の金融政策に影響する
政治動向	日本	国内の選挙結果	（与党が多数を占めるか否か）
	米国	大統領選、中間選挙結果	
ニュース	要人発言		首相、日銀総裁、FRB議長、米国大統領などの発言は市場に大きな影響を与える
	経済関連ニュース		経済危機、金融機関の破綻など

06 ファンダメンタルズ分析の「便利ツール」

1 ファンダメンタルズ情報はひとつにまとめる

ここまでの項目をカバーすると、重要なファンダメンタルズ分析の領域はマスターできることになります。

しかし、経済的諸条件という言葉からもわかるように、ファダメンタルズの勉強に終わりはありません。逆にいうと「**〝終わった〟という感覚を持つ瞬間が投資家としては最も危ない瞬間**」です。常に勉強して自分の領域をどんどん広げていかなくてはいけないと考えるようにしてください。

これは私自身へのアドバイスでもあります。

まず、ここで紹介したファンダメンタルズについてだけでもマスターするようにしてください。

ここで紹介した指標を個人的に全部集めて、リンクを貼って毎月チェックしにいくのは大変ですね。怠け者の私もそんな手間はかけたくないので、どうすれば効率的に仕事をしてサボれるかを工夫した結果、必要な情報を数枚のシートに集めました。ここで紹介した指標以外にも、重要な指標および定性的な評価のためのイベント情報を、日本、米国、中国の国別にまとめたシートです。

読者特典として特典サイトで提供しているので、登録してぜひダウンロードして活用してみてください（次頁参照）。

読者特典シート

ファンダメンタルズ分析の便利シート

(http://tbladvisory.com/book004)

長い道のりでした、お疲れ様でした。ここまでのことだけでも、あなたは日経225先物を取引して利益をあげることができる力がつきました。それでは、お元気で！という前に、ちょっと待ってください。トレンドを読んでフォローすることは理論的に理解できましたが、まだ実践はしていません。このままだと、きっと実際に買うときになって、あれ？と思うはずです。実はトレードの実践はこれからです。

まず中・短期でトレンドフォローする取引の実践を、次の6時限目で勉強しましょう。ここまで実践できるようになると、次のもっと短い時間軸でも取引できるようになります。ワクワクする時間はこれからなので、しっかりついてきてください。では、実践編のスタートです！

ファンダメンタルズ分析の便利シート

指標	説明	発表元	発表	参考サイト
国内総生産（GDP）	一定期間内に国内で産み出された付加価値の総額で、市場で取引された財やサービスの総額、一国の経済規模	内閣府	確定値は年1回、速報値は3カ月に1回：四半期毎のものを翌々月10日頃、その1カ月後修正値	http://www.esri.cao.go.jp/jp/sna/menu.html
企業短期経済観測調査（日銀短観）	日本の経済指標の中で一番注目度が高い経済指標。日銀が、四半期ごとに企業経営者を対象としてアンケート調査をした結果。良い、さほど良くない、悪いで集計、算出	日本銀行	4、7、10月初旬および12月中旬（速報性高い）	https://www.boj.or.jp/statistics/tk/index.htm/
機械受注統計	主要機械製造業者に対して行っている受注調査。機械設備投資の先行指標(6～9カ月)として注目	内閣府	毎月（実績）、四半期毎（見通し）	http://www.esri.cao.go.jp/jp/stat/juchu/juchu.html
鉱工業指数	鉱工業製品を生産する国内の事業所における生産、出荷、在庫に係る諸活動、製造工業の設備の稼働状況、各種設備の生産能力の動向、生産の先行き2カ月の予測の把握を行う	経済産業省	毎月	http://www.meti.go.jp/statistics/tyo/iip/index.html
消費者物価指数	全国の世帯が購入する家計に係る財およびサービスの価格等を総合した物価の変動を時系列的に測定するもの（有価証券、土地・住宅除く）	総務省	毎月	http://www.stat.go.jp/data/cpi/index.html
有効求人倍率	公共職業安定所（ハローワーク）における求人、求職、就職の状況をとりまとめ、一人の求職者に対する求人ニーズの倍率を出し、一般職業紹介状況として毎月公表（1を超えていると良好）	厚生労働省	毎月（翌月末発表）	https://www.mhlw.go.jp/stf/houdou/0000212893.html
完全失業率	労働力人口（15歳以上の人のうち働く意志を持っている者の人口）に対する完全失業者数（求職活動をしたが、仕事をしなかった者）の割合	総務省	毎月（翌月末発表）	http://www.stat.go.jp/data/roudou/sokuhou/tsuki/

※ 国内、海外の指標は特典シートを参照

6時限目

実践

スイングトレードの戦略と売買ポイント

理論で勉強しただけ
ではわからない！
実践を通じてこそ身
につくもの。実際の
トレードでしっかり
覚えましょう！

01 トレンドがあるのかないのか分析する

1 すべては実践して身につける

理論をきっちりお話ししたにも関わらず、わざわざトレードの実践を別途1時限設ける理由は、理論を自分の中に定着させるためです。

理論を読んでわかったつもりになったけれど、いざトレードをはじめようとすると、どこからはじめればいいのか、スタート地点すらわからない人がほとんどです。

そこで6時限目では、筆者が実際にやってみた中・短期のスイングトレードを再現しながら、覚えていくことにします。

2 最初からトレードポイントを探さないのがポイント

トレードをはじめるポイントは、矛盾しているようですが「**トレードポイントを探そうとしないこと**」です。

ここで大事なのはトレンドを確認するポイントをチェックして、「**上昇中なのか下降中なのかを判断しますが、トレンドがない場合も存在する**」ということです。

左下図を見てください。右端の陰線が今日だとすると、トレンド上で重要な分かれ目になっているのがわかります。トレンドがどのように形成されてきて、どうして今日が重要な日なのかわかりますか？

このチャートを細かく分けて、どんなトレンドをたどってきたのか分析してみましょう。

いいですね、この段階でのポイントは「**いきなりトレードのポイントを探さないこと**」です。

現在のトレンドを考える

負けないトレードの手順

日経225先物の流れをチャートで見て、トレンド（上か下か？）を分析したあと、現在の位置はどこかを確認する

3 トレンドの継続と変化の分かれ目はどこ？

今日に至るまでのトレンドを３段階に分けて考えてみましょう（左下図参照）。

❶ 左端から75日線に1回戻るまで

ここでは高値と安値を切り上げています。難しいことではなく、これだけで判断すると、この1カ月半くらいは下落トレンドを抜け出そうとしたところから、上昇トレンドが続いているのがわかります。

❷ 75日移動平均線をタッチしてから大きく下落して下げ止まり、1回反発するところまで

ここで変化がひとつ起きているのがわかりますね。はい、安値の切り下げが現れました。これでトレンドの変化は？　上昇の前提が崩れました。注意してほしいのは、「**この時点ではまだ下降への転換とは確定していない**」ということです。

安値の切り下げが現れましたが、高値の切り下げ

❸

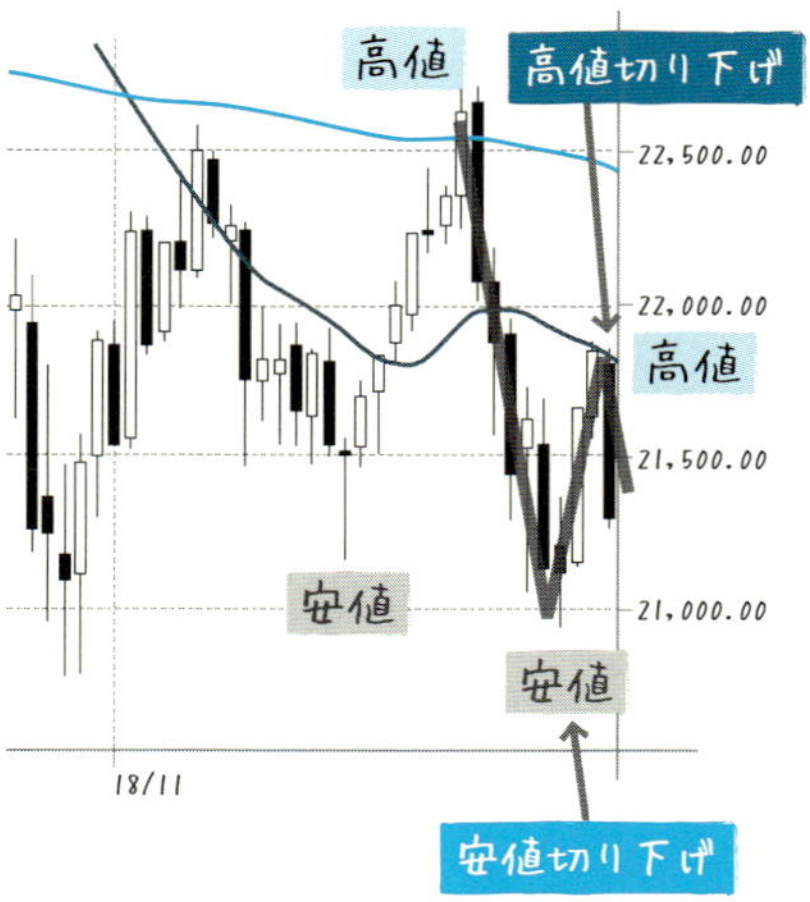

はまだ現れてないからです。ここから大きく反発して、高値（❶最後のローソク足）を超える動きが現れる可能性だっていくらでもあるわけです。

❸最後の重要なサインが出た

1日だけですが反発した流れが止まり、下落しながら下に向かってトレンド転換しました。これで高値切り下げが成立して、トレンドは下降に変わりました。これが「**今日はトレンドの分かれ目**」という理由です。

トレンドの連続性と変化を把握するのは、このあたりまで分析できれば十分です。ここではまだ、トレードポイントが見えなくても大丈夫です。

● トレンドの継続と変化の把握

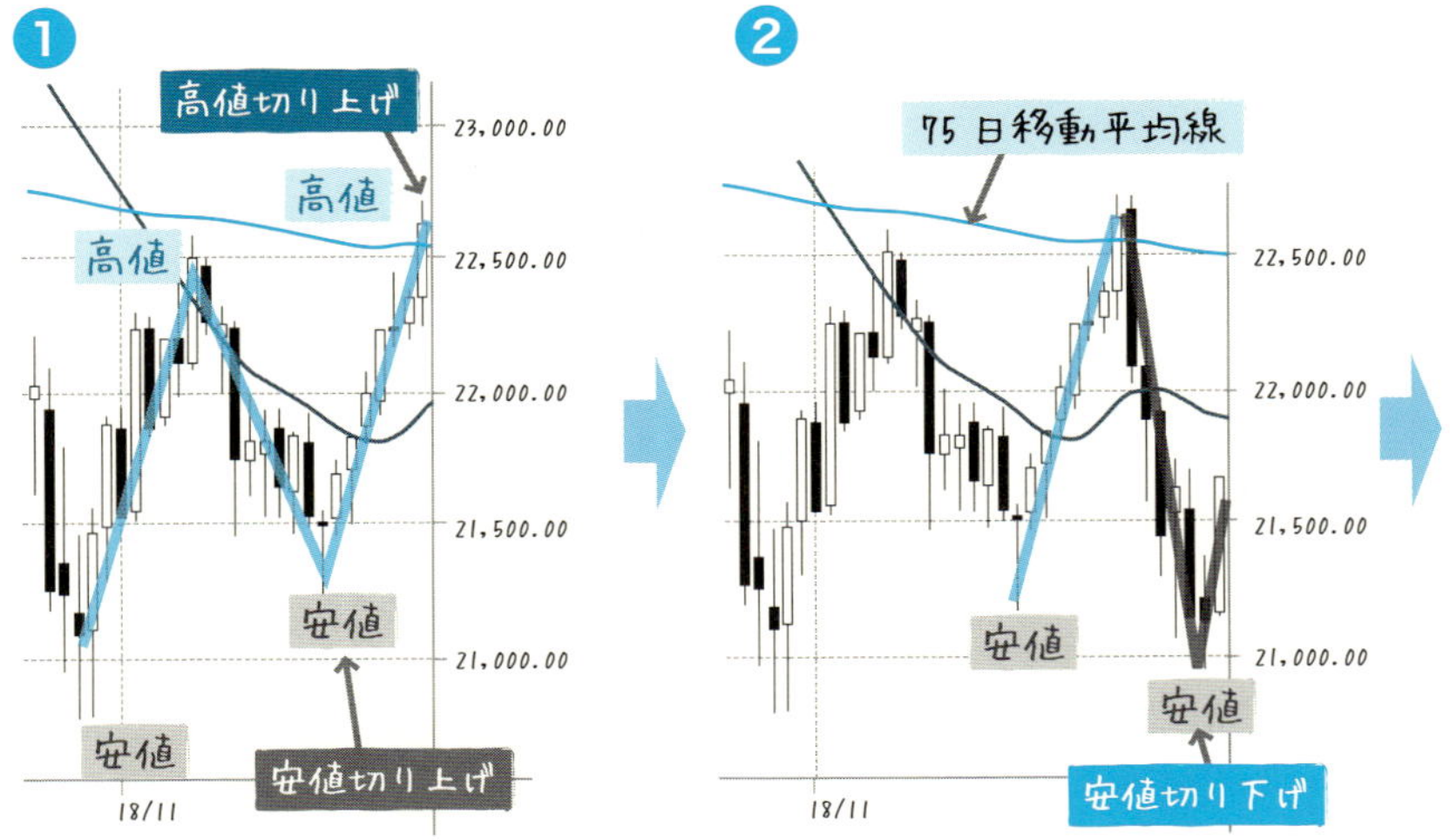

02 トレンドがわかったら、方向性とポイントを決める

1 3つの手順をマスターする

❶トレンドの方向を決める

トレンドが下落に変わったので、まずはトレードの方向を決めましょう。「トレードの方向を決める」というと難しく感じますが、実は難しいことではなく、買いか、売りか、戦略を決めるだけです。ここであなたは、下降トレンドが成立したので、日経を助けるために買って支えますか？　違いますね。トレンドは上昇から下降に変わったわけですから、「**素直にトレンドにしたがって〝売りからスタートする戦略〟を考えましょう**」。

❷トレンドの転換線を描いて、エントリーポイントを決める

次はトレンド転換線を描いて、実際にトレンド転換したかを確認します。このケースは目で見ても明確ですが、微妙なケースもあるので（後ほど例があります）、必ず線を引いてみて確かめてください。

では実際に、トレンド転換時の戦略にしたがってポイントを決めていきましょう。

「トレンド転換した日足の安値より1単位安くなるところが空売りの開始ポイント」になるので、**「2万1285円−5円＝2万1280円以下になると売り」**、というのがスタートポイントです（ミニの場合）。

③ロスカットポイントを設定する

このあとは？　はい、ロスカットのポイント設定ですね。トレンド転換線を引くときの高値はどこですか？　前日陽線が移動平均線をタッチするところが直近の高値なので、前日の高値を超えてくると心理が崩れて逃げ出したくなりそうです。そこで、「**前**

● トレードポイントの設定

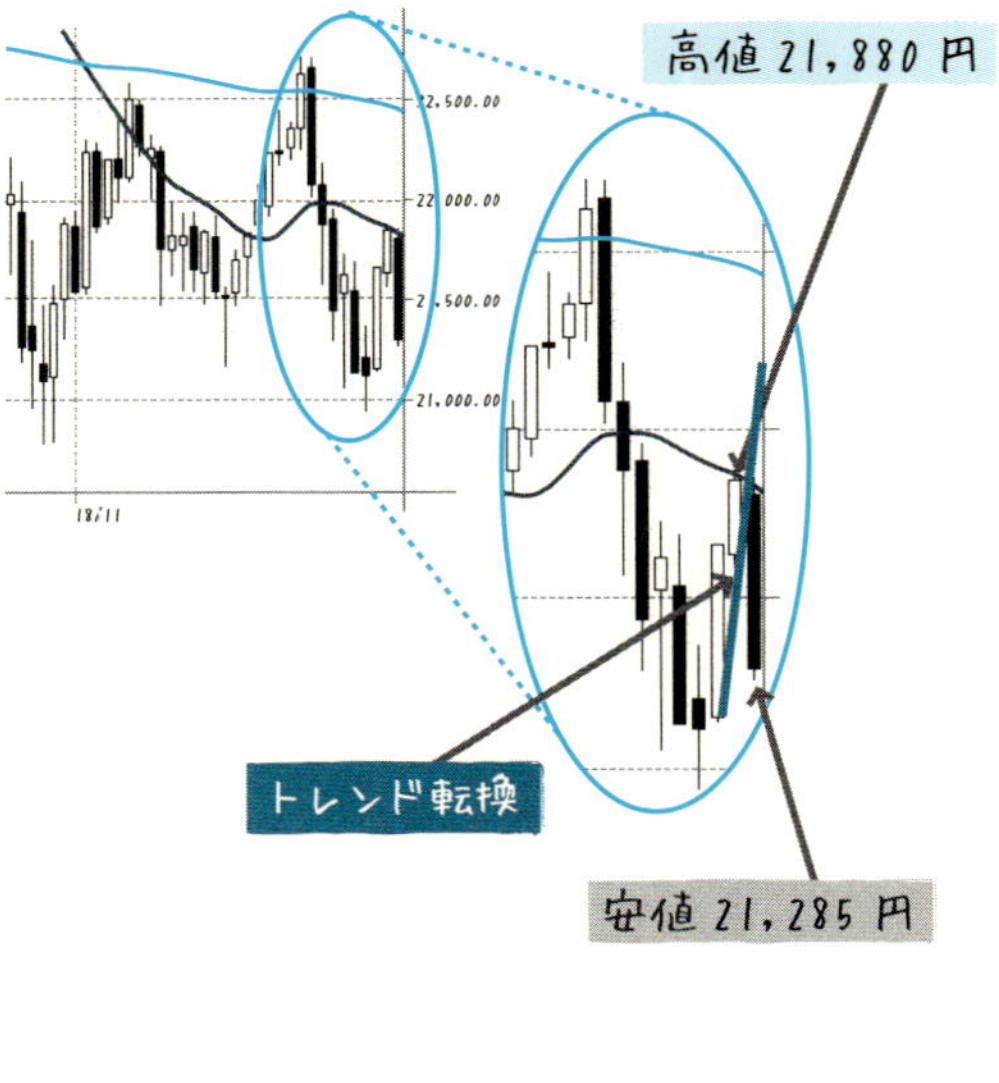

	トレード戦略
トレード根拠	トレンドの変化：高値・安値切上げから切り下げに転換＋トレンド転換
トレード方向	売り
トレードスタートポイント	安値 21,285 円－ 5 円＝ 21,280 円以下になると売り
ロスカットポイント	前日の高値 +2 単位 21,880 円 +10 円＝ 21,890 円以上になると買戻し

日の高値＋2単位の2万1880円＋10円＝2万1890円以上になると買戻しをする」というのが正しいロスカットポイントの設定です。

トレード戦略を立てるこの順番を図の中にまとめたので参考にしながら確認してください（前頁下図参照）。

2 約定の確認とフォロー

「**トレード戦略にしたがって、トレードのポイントを決めて注文を出したあとは、約定を確認して、日々の動きにあわせてフォローしていくだけ**」です。ここで大事なポイントは2つ。

❶ 約定は翌日とはかぎらない 数日横ばいが続くことはよくあるので、1週間くらいはそのままの設定にしておく ⇓ この例では、早速翌日に売りの注文が約定（❹）している

❷ 毎日のフォロー 約定したあとは、毎日、トレンド転換線を上から下に向かって引き、下げ止まりや上に向かってトレンド転換をしていないか確認する

❻

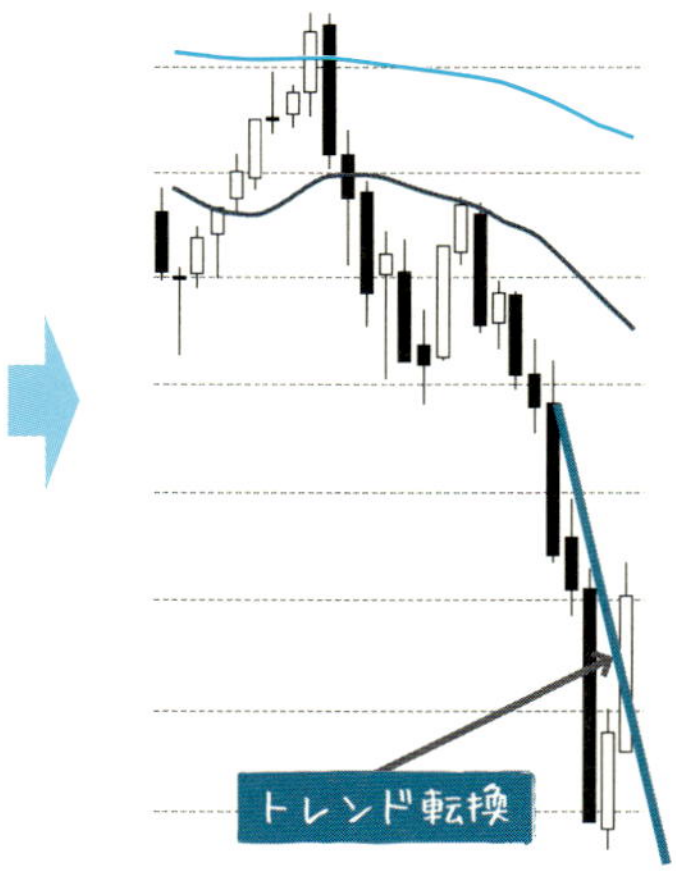

約定してからの動きを確認すると、心理的に崩れて大きく下げ続けているのがわかります。直近の高値からトレンド転換線を引いても、まだ日足がそれを超えられず下がり続けていることが確認できます（❺）。

❻で、下げ続けてきた流れが止まって陽線を形成しながら反転しました。トレンド転換線を引いて確認してみると、トレンドが転換したのは明らかです。いよいよ利益確定の戦略を考えるときです。

3 利益確定の戦略と確認

トレンド転換したので、しばらくは上に戻りそうです。トレンド転換の戦略にしたがって、利益確定のトレードポイントを設定してみましょう。

まずトレンド転換した動きで大事なポイントを

● 約定とフォロー

❹

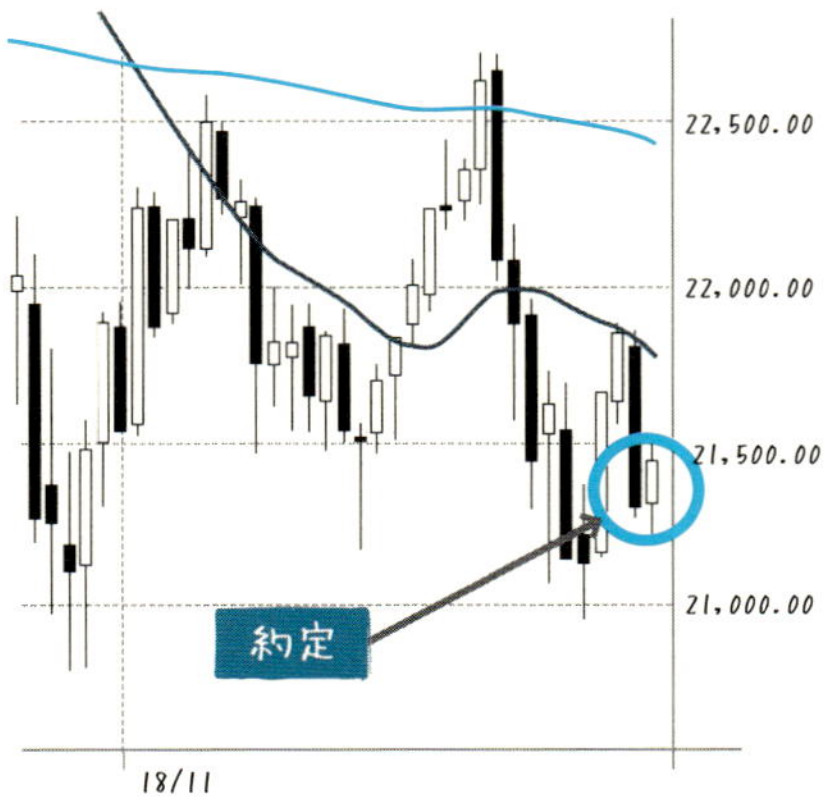

❺

洗い出してみると、本日の高値が2万210円です。このポイントを超えてくると、「やはり上昇して戻る」という心理が働きます。

一方、前日の安値1万8865円を下に抜ければ、「下げ続き！」という心理が働き、売りが膨らむポイントになります。現在は売りのポジションを持っているので、**「本日の高値を超えたら利益確定、その注文が約定せずに前日の安値を割り込んだら下げトレンドの継続になるので、そのまま保持」**して、毎日新たなトレンド転換線を描いてフォローします。

では、利益確定の買戻しポイントは、どこか言えますか？　はい、「トレンド転換した「**本日の高値＋2単位の2万210円＋10円＝2万220円以上になると買戻しをする**」というのが、利益確定の

● 利益確定の設定と約定

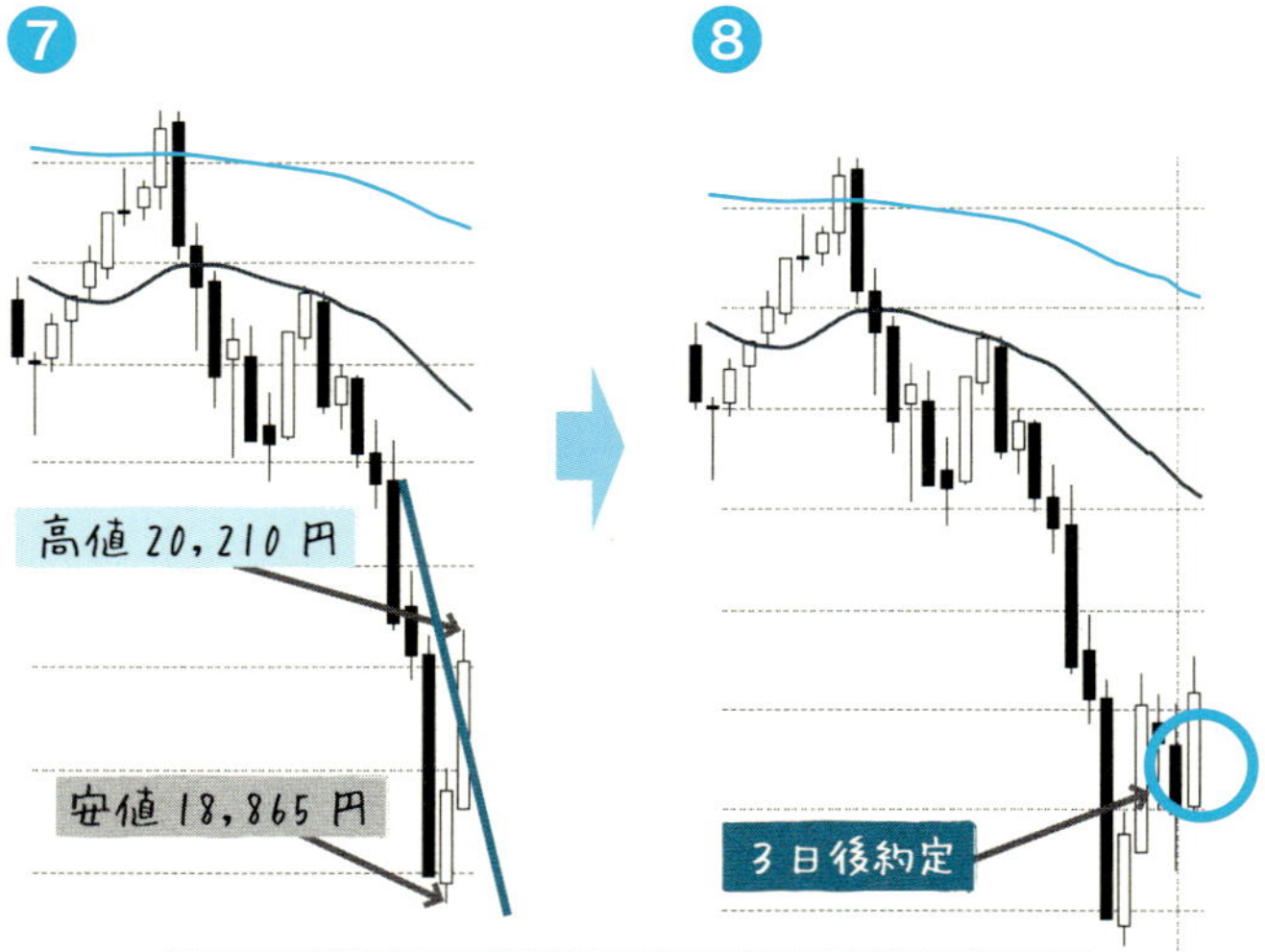

	トレード戦略
トレード	売りポジションの買戻し
買戻し設定ポイント	トレンド転換した高値 20,210 円 +10 円 ＝ 20,220 円以上になると買戻し

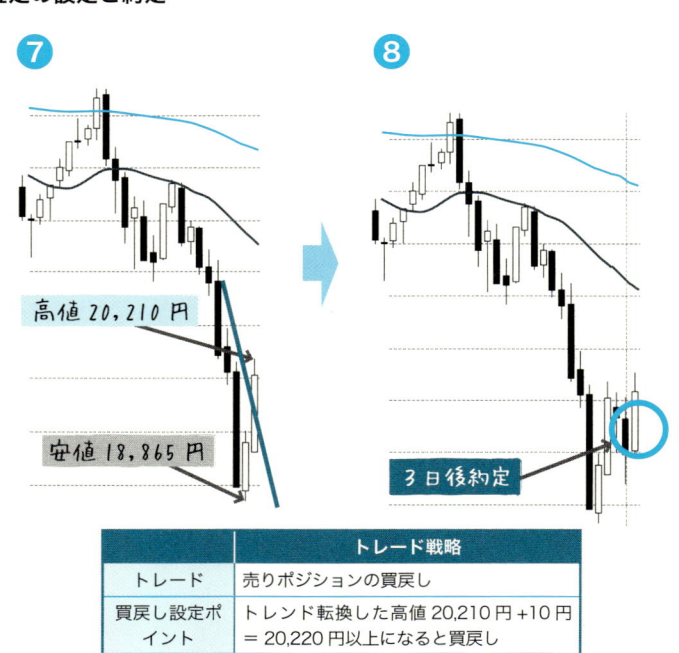

正しいポイントです（⑦）。

買戻しを設定したらトレードをスタートするときと同じ要領で1週間くらい、そのままにしておきます。実際にこのトレードでも、買戻しの注文を設定して3日経ってから約定している（⑧）のがわかります。

これで1回下げトレンドが終わり、戻りを試す動きに入るときにトレンド転換した高値を抜け、利益確定ができました。結果を見ると、2万1280円以下になるところで売り、2万2220円以上になるところで買戻したので、下げ幅1060円、利益は下げ幅の100倍なので、税引き前の利益は1060×100＝10万6000円、なんと10万6000円です。トレンドの威力が実感できる瞬間です。

めでたしめでたし、今日はぱっと行こうかと街に繰り出すのもいいですね。

いや、出かける前にちょっとお待ちを！　本当にここで何もせずに遊びに行ったり買い物に行ってしまっていいですか？　私がここまでいうときは、必ず何かがあるはずですね。

ここからが上級者になる道なので、出かけるのを30分だけ待って付きあってください。

4 利益を確定したあとのことを考える

売りポジションの利益確定ができたということの意味を、1回考えてみてください。「**トレンド転換した高値を上に抜けてきたということは、しばらくの間は戻りを試す上昇の動きが出る可能**

性が高い」ということです。

そこで考えることは？　はい、「**しばらく戻る間は、買いを入れて上昇のスイング幅を取りに行っても全然問題ない**」のではないでしょうか？　これが本当の意味でのトレンドフォローというものです。

実は利益確定のみならず、「トレードのあと」というのは非常に大事です。利益確定してもロスカットしても、次の利益のチャンスが待っているからです。大体の投資家は利益確定になると「よかった」と思って油断するし、ロスカットになると「もう見たくもない！」と関心が薄れてしまいます。しかし、トレードが1回終わる意味を、ここまで勉強してきたトレンドの流れという側面からもう一度考えてみてください。

「**利益確定ができたというのは1回調整に入ったことを意味し**」、その方向にトレンドが継続するか、大きくトレンドが変わるわけです。トレンドが継続するなら、増えた資金でさらに利益を取りにいけるし、トレンドが変わろうとする場合は、逆の方向にトレードを開始できるということです。

ロスカットされたら、自分が思うのとは反対にトレンドが行ったことになるので、反対のトレードを考えるか、失敗の原因を分析して次のトレードに生かせば、トレードのパフォーマンスは格段に向上します。このように考えると、利益確定でもロスカットでもトレードが1回終わってからのほうがもっと大事だというのがわかりますね。その例をこれから見ていくことにします。

では、ここから上昇する間の買い戦略を次節で考えてみましょう。

03 トレンドが転換したら、その方向についていく

1 利益を確定したその次のエントリーポイントを決める

先ほど売りの利益確定を確認したので、次のトレード方向は逆に考えます。つまり上に向かってトレンド転換したので、戻りを試す間「買い」をすることです。

トレードのスタートポイントになる買いのポイントは、トレンド転換時の買い戦略とほぼ一緒です。

「利益を確定した日の高値を確認して、その高値を1単位上に抜けるところが買いのポイント」になります。この例では、**「高値2万2270円に1単位5円を足して、2万2275円以上になると買い」**と設定します。

「ロスカットポイントは、トレンド転換のときに見つけた4日前の安値（直近安値）の－2単位」なので**「1万8865円－10円＝1万8855円以下になるとロスカットの売り」**を設定し

ます。また、売りのときと同じ要領で1週間くらい同じポイントでキープしておきます。

こちらの戦略も次頁以降の中にまとめてあるので、1行ずつプロセスをなぞりながら必ず確認しておいてください。

● **利益が確定したあとのスイング買いの設定**

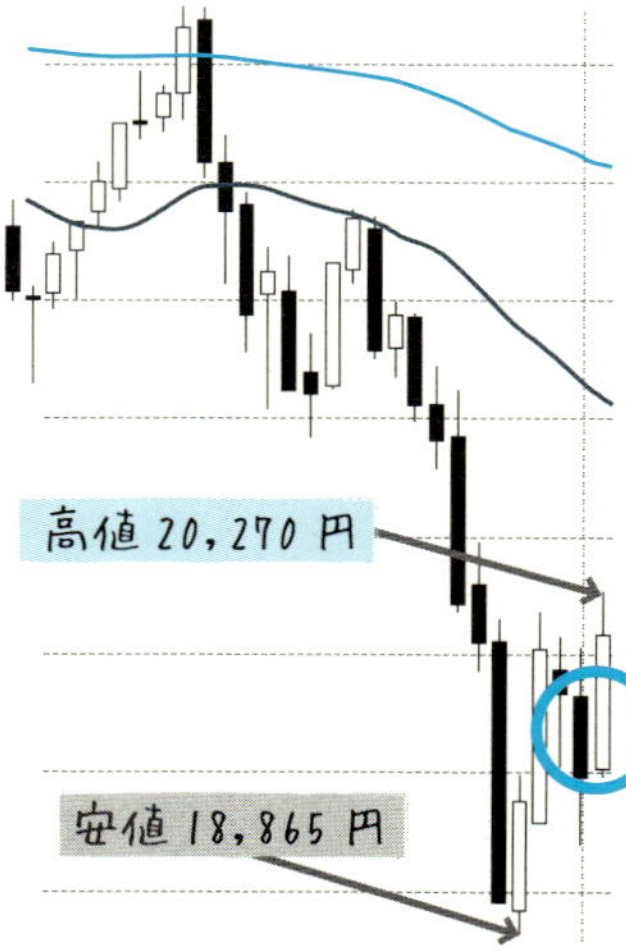

	トレード戦略
トレード根拠	トレンド転換
トレード方向	売りの利益確定とトレンド転換の買い
トレードスタートポイント	高値 20,270 円 +5 円＝20,275 円以上になると買い
ロスカットポイント	4 日前の安値－ 2 単位 18,865 円－ 10 円＝ 18,855 円以下になると売り

2 買いの約定確認とフォロー

注文を出したら約定するまで、毎日、高値を抜けたかどうか確認していきます。今度は戻りの勢いが強いようです。早速、翌日に買いが約定しました（❾）。

このあとやることは、売りのポジションを持ったときと何も変わりません。「**トレンド転換線を引く方向が反対**」であることだけが違いといえば違いです。

順調に上昇していく間は毎日トレンド転換線を描いて、上昇の勢いが止まるタイミングを待ちます。

上昇の勢いが強く、75日移動平均線まで戻って頭うちになったところで下に向かってトレンド転換しました。（⑩）

トレンド転換がよくわからないという人は、次項の「利益確定のポイント設定とフォロー」に拡大したものを載せているので、確認してみてください。

3 利益確定のポイント設定とフォロー

下に向かってトレンド転換したことを確認したので、買いポジションの利益確定戦略について考えてみましょう。トレンド転換した日足の安値を下に抜けると、しばらくの間、下げに入りそうです（次頁下図参照）。

75日移動平均線がまだ下向きのときに日足がここで止まったので、再び下げるというのは、十分起こり得ることです。

● 買いの約定とフォロー

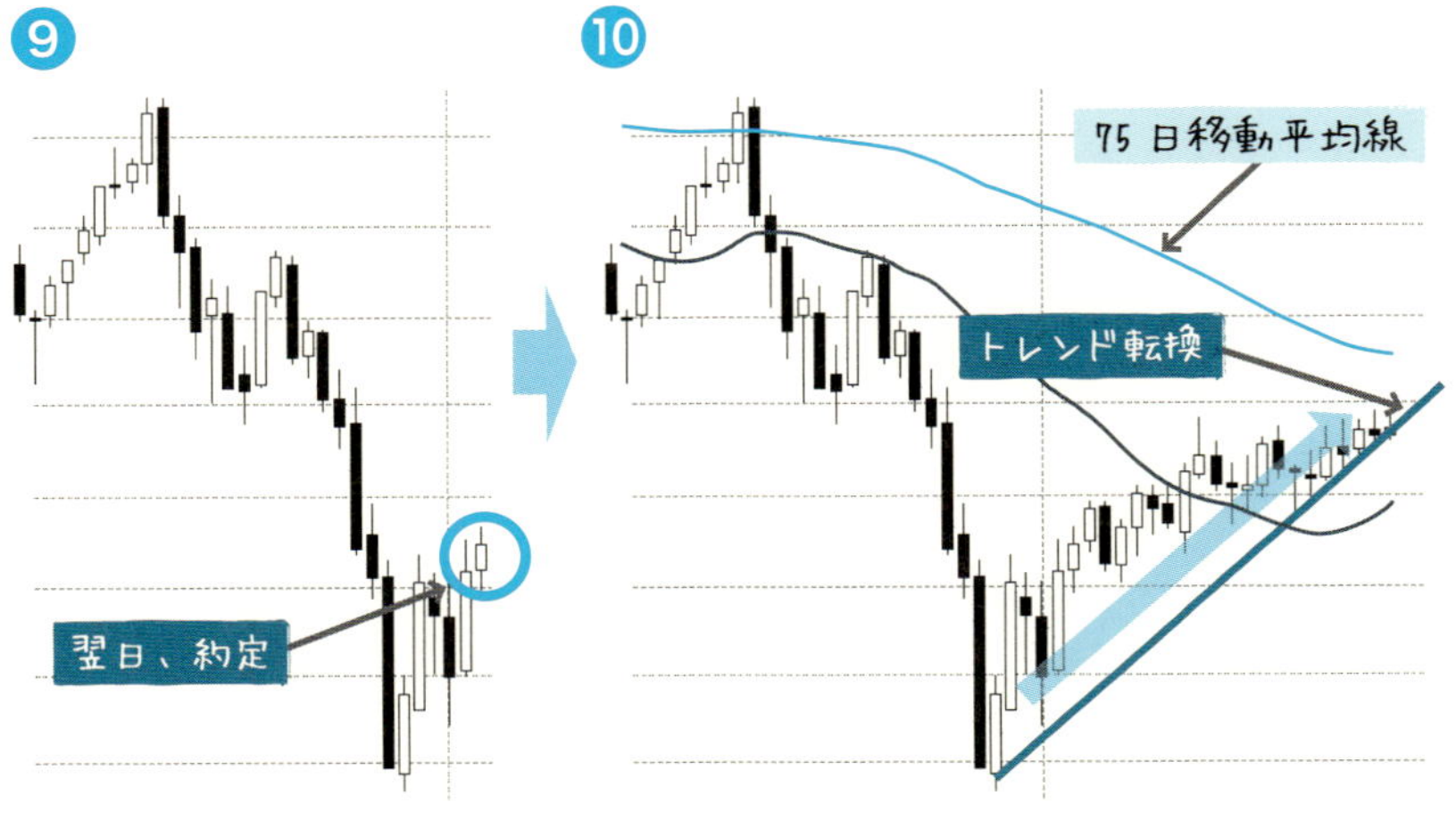

「利益確定の売りポイントは当日の安値を－2単位のところに設定」しておきます。**「トレンド転換した当日の安値2万825円から2単位の10円を引いて2万815円以下になると売り」**となるように設定します（下図左参照）。この注文が約定しないということは上昇が続くということなので、さらにトレンド転換線を引きながら利益を伸ばしていくだけです。

利益確定の売りポイントを設定したら、早速翌日には下落しながら安値を下に抜けました。これで売り注文が約定して、利益確定ができました。その翌日のチャートを見ると、陰線が大きくなりながらさらに下げが加速しているのがわかります（下図右参照）。

売りのトレードに引き続き、2万275円で1枚買って2万815円で売却できたので、上昇幅540円の100倍、5万4000円の利益が確定できました。

● 利益確定のポイント設定とフォロー

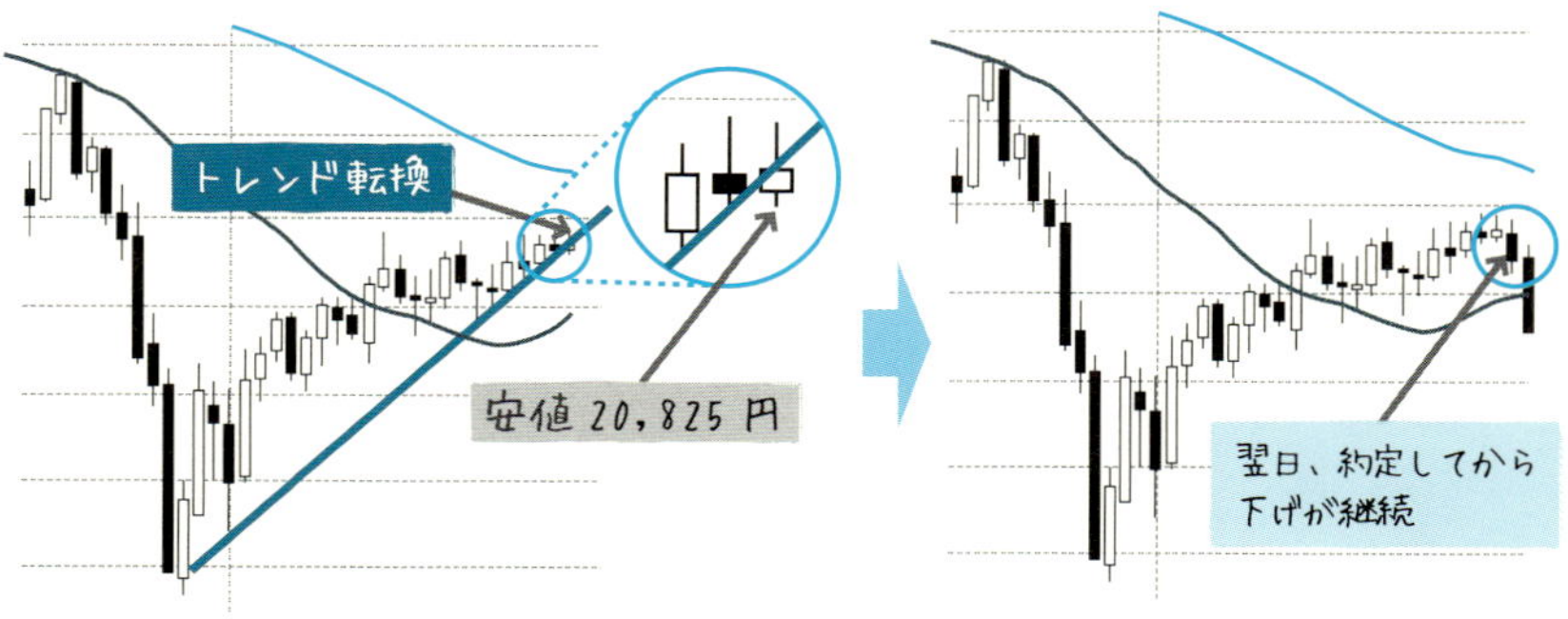

	トレード戦略
トレード	売りポジションの買戻し
買戻し設定ポイント	トレンド転換した高値 20,825 円－10 円＝ 20,805 円以下になると売り

今度こそ、美味しいものを食べに出かけてもよさそうです。

ここで「待って！」と、また私が止める前に、ここまでしっかり勉強してきた人は、すでに何かわかりますね。はい、トレンドはまだまだ続くので、**「ここまで繰り返してきたプロセスをたんたんと繰り返していけば、レバレッジを効かせながら安定して利益を出すことができる」**ということなのです。

2018年年末から2019年にわたって形成されたトレンドを、そのあとの動きまで含めて載せておくので、そのとき自分がどのようにトレードしていればよかったか、検証してみてください。

4 最大限利益を伸ばす中・短期トレードの組みあわせに挑む

これで、スイングトレードの実践感覚はしっかり身についたと思います。いよいよ最後の超短期トレード

● 日経225先物全体の動き

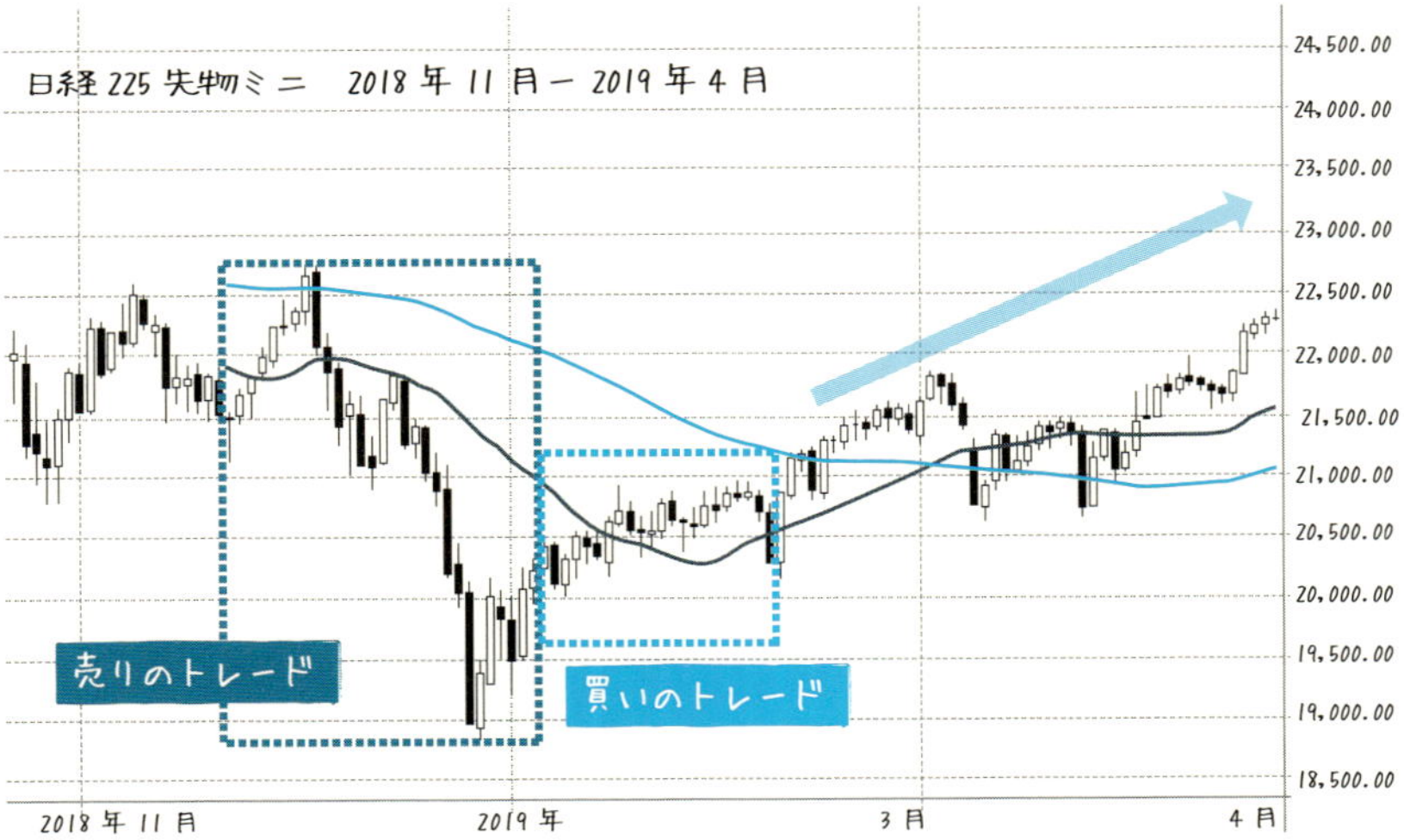

を組みあわせる戦略を考えるときがきました。

3時限目で「中・短期のトレードと短期のトレードを組みあわせる」といった基本概念を覚えていますか？　覚えていない場合は、1度読み直して理解したら戻ってきてください。

簡単に考えると、**「中・短期の買いポジションを持って利益を伸ばしながら、同時に1日の間で取引する超短期トレードを組みあわせると利益はより大きくなる」**と思いませんか？　そんな理想的な状態を最後の7時限を取得することで実現することができます。いよいよ、超短期の世界に飛び込む時間です。

あとひと踏ん張りです、がんばってついてきてください！

● 中・短期と超短期を組みあわせる

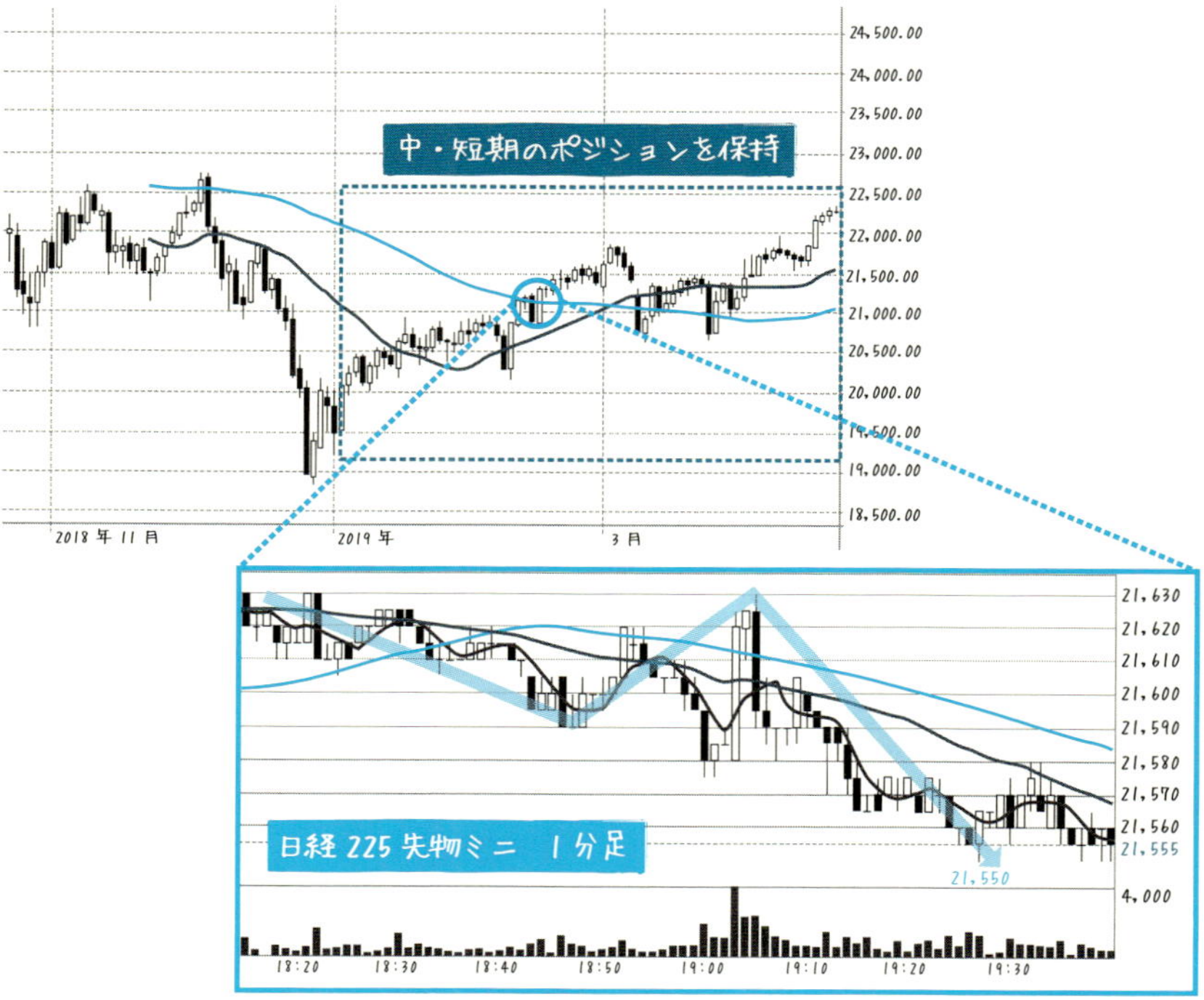

7時限目 「日経225先物」短期の勝ち戦略

最後の勝ち戦略は、短期＋超短期の組みあわせ。ここまで学んだことを総動員しましょう！

01 短期戦略の概要

1 デイトレードにも2つの時間軸が存在する

5時限目までで、中・長期の投資戦略について、テクニカル分析とファンダメンタルズ分析の2つの分析軸の使い方、その適用方法について詳しくお話ししました。そして6時限目で、実際のトレードを再現しながら実践感覚を身につけました。

最後の勝ち戦略でお話しする短期戦略は、時間の長さによって2つの戦略に分けます。ここでお話しする短期の戦略は、「**最長でも1日**」を想定しています。そう、いわゆる「**デイトレード**」です。

投資に少しでも興味を持って経験したことのある人は、デイトレードという言葉を聞いたことがあると思います。基本的には「**市場が開いている間に取引をはじめて、反対売買までして取引を完了するトレード方法**」と定義します。

実はデイトレードにも取引する時間の長さによって、次の2つの軸があります。

❶ デイトレード
❷ スキャルピング

「デイトレードは従来の定義どおり、その日のうちに取引を完了するトレード」です。一方、**「スキャルピングはデイトレードよりもさらに短く、数秒〜数分以内にトレードを完了するトレード方法」**です。

中・長期で使う戦略全般で考えると、戦略をそのまま使うことはできません。当然、デイトレード独特のトレード戦略が必要になりますが、実は、中・長期戦略で学んだテクニカル分析はそのまま使えます。

では、まずはざっと見ていきましょう。

● **短期トレードの時間軸**

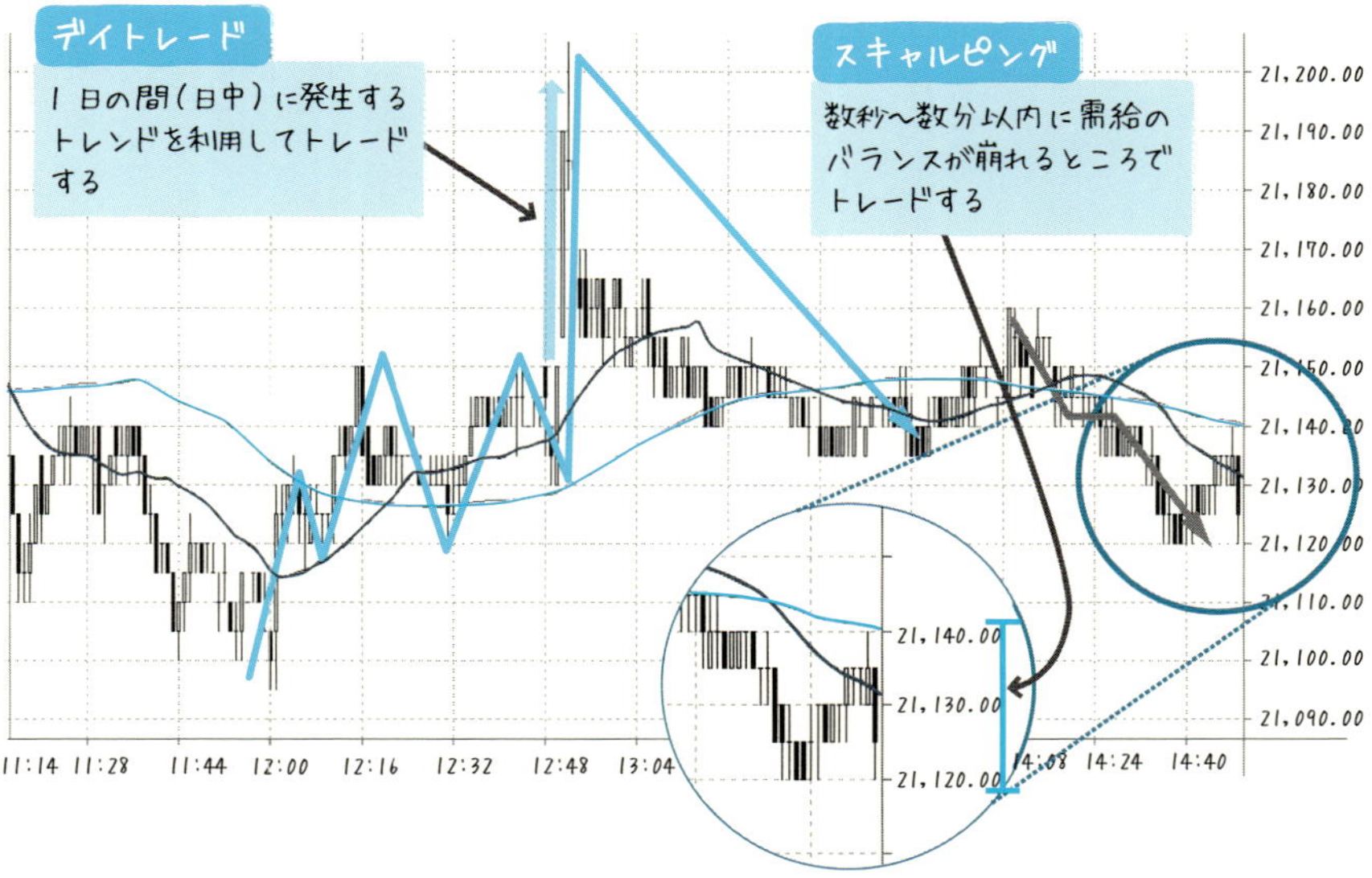

2 中・長期戦略を利用できる「ＩＲブレイク戦略」

1日の間にトレードを完了するデイトレードの場合、取引を開始してから閉じるまで、丸々1日かかることもあります。このような取引に適しているのが「**マーケットプロファイル**」という分析方法の中で「**ＩＲブレイク戦略**」です。

詳細は後ほどお話ししますが、「**1日の間にも市場が意識している価格帯が存在するので、その価格帯の範囲を抜け出すときに新たに発生するトレンドにあわせてトレードする方法**」です。これは前述した通り、中・長期で勉強したチャート分析がそのまま使えます。

3 上級者向けの「スキャルピング戦略」

「**デイトレードの中で、数秒〜数分という短い時間に取引を完了して、そのトレードを繰り返して行くことをスキャルピング**」といいます。チャートも重要ですが、スキャルピングを行う際に使うのは、「**板と歩み値という需給の状況を表す情報**」を使います。それゆえ、純粋なチャート分析だけでは難しく、新たな知識が必要です。この部分だけでも1冊の本ができるほど奥深い世界ですが、ここでは、初心者でも使える基礎的な戦略をわかりやすく見ていきます。

マーケットプロファイル、IR？　板と歩み値？　知らない単語ばかり並んでいて不安ですね。しかし、心配しないでください。読み進めていくと自然にわかるように工夫しておきました。その前に、最後のトレード戦略に関する心得をひとつ聞いてくださいね。

4 まずはシンプルな戦略を一つひとつ試す

ここまで長い道のりを、先物の基礎から実際の投資戦略まで広い範囲を旅してきました。まず意識してほしいことは、6時限目でお話しする戦略はここまでの知識を集約すると同時に、新たな知識を習得してあわせて適用していく必要があるということです。ひと言で言えば「難しい」ということです。

本を売るために「猿でもわかりますよ」的な嘘はつきたくありません。

つまり、「**難しいことはあとにしてもいいので、シンプルな戦略を一つひとつ実行しながら確実に身につけていくことが最善策となる**」ということです。最初は読んでも意味不明な場合もありますが、ひとつの戦略を読んだら実践してみて、自分のものになったと感じたら次の戦略を試してみるというプロセスが初心者には向いています。くれぐれもすべてのことを一気に試そうとはしないでください。

メンタルに関することは十分お話ししたと思うので、ここからは、いよいよ具体的なデイトレードの戦略について勉強する時間です。

02

短期の必勝戦略❶

「マーケットプロファイル」と「ＩＲブレイク戦略」

1 最もシンプルなメソッドが「ＩＲ」

最初に説明する「ＩＲブレイク戦略」は、「マーケットプロファイル」というマーケット分析方法の戦略のひとつです。**「デイトレードに適したトレード戦略」**で、デイトレーダーの間では有名ですが、はじめて聞いた人も多いでしょう。ここではじめて聞いた人にもわかるように、マーケットプロファイルの概念からわかりやすく見ていきます。

2 「マーケットプロファイル分析」をやってみよう

マーケットプロファイルは米国シカゴ生まれのマーケット分析手法で、ピーター・スタイドルマイヤー（**J.Peter Steidlemayer**）によって考案されました。

「1日の値動きを一定の時間の単位（通常30分単位）ごとに約定された価格を積みあげていき、その形状でマーケットの動向を分析する手法」です。そう言われても何だかさっぱりわからないと思うので、マーケットプロファイルの分析を最初のステップから見ていきましょう。

Step❶ 「取引時間」を区切る

取引時間を30分とか1時間など一定の間隔で区切り、ローマ字（**A、B、C、D**）の記号を割り振ることからスタートします。

たとえば、**A**は8時45分〜9時、**B**は9時〜10時といった要領です。この**A、B、C**一つひとつを、**「TPO（Time Price Opportunity）」**と呼びます。難しく考えることはなく、「**AのTPO＝Aの時間帯**」「**BのTPO＝Bの時間帯**」といったように、区分する単位だと思えばいいでしょう。

● Step❶ 取引時間をTPOで区切る

日中取引

TPO	時間帯
A	8:45〜8:59
B	9:00〜9:59
C	10:00〜10:59
D	11:00〜11:59
E	12:00〜12:59
F	13:00〜13:59
G	14:00〜14:59
H	15:00〜15:15

夜間取引

TPO	時間帯
I	16:30〜16:59
J	17:00〜17:59
K	18:00〜18:59
L	19:00〜19:59
M	20:00〜20:59
N	21:00〜21:59
O	22:00〜22:59
P	23:00〜23:59
Q	翌日00:00〜00:59
R	翌日01:00〜01:59
S	翌日02:00〜02:59
T	翌日03:00〜03:59
U	翌日04:00〜04:59
V	翌日05:00〜05:30

Step❷ 各TPOで約定した金額を記録していく

次は、約定した金額とそのTPOを表に記録していきます。作成した表から、その日のトレンドを分析するというのがマーケットプロファイルです。これも例を見ながらのほうがわかりやすいので、実際の分析結果（下図）を見てください。

この分析表は、2018年11月21日のマーケットプロファイル分析の一部です。表で最も高値となっている2万1405円は、**C**のTPOで現れています。その後の高値圏の価格も大体**C**が中心なので、**C**のTPO（10時〜10時59分）の1時間が最も盛りあがったのがわかります。ほかの価格帯を見ると、2万1360円は**B**と**C**のTPOに現れ、最も低い価格帯になっている2万

Step❷ マーケットプロファイルの分析例

価格帯	TPO
2万1,405円	C
2万1,400円	C
2万1,395円	C
2万1,390円	C
2万1,385円	C
2万1,380円	C
2万1,375円	C
2万1,370円	C
2万1,365円	C
2万1,360円	BC
2万1,355円	BC
2万1,350円	BC
2万1,345円	BC
2万1,340円	BC
2万1,335円	BC

価格帯	TPO
2万1,330円	BC
2万1,325円	BC
2万1,320円	BC
2万1,315円	BC
2万1,310円	BC
2万1,305円	BC
2万1,300円	BC
2万1,295円	BC
2万1,290円	BC
2万1,285円	B
2万1,280円	B
2万1,275円	B
2万1,270円	B
2万1,265円	B
2万1,260円	B

価格帯	TPO
2万1255円	B
2万1,250円	B
2万1,245円	B
2万1,240円	B
2万1,235円	B
2万1,230円	B
2万1,225円	AB
2万1,220円	AB
2万1,215円	AB
2万1,210円	A
2万1,205円	A
2万1,200円	A
2万1,195円	A
2万1,190円	A

最初の1時間の（8：45〜9：45、TPO上ではA、B）値幅がIR(Initial Range：初期レンジ)
この日のIRは上限21,360円、下限21,190円
IRブレイクは言葉どおり、このレンジをブレイクするときに行うトレード戦略のこと

ABが現れた最も高い価格（上限）

ABが現れた最も低い価格（下限）

1210円から2万1199円の間はAのTPOしか現れていないのがわかります。

このように、**「チャートを見ないで、記号を積みあげるだけの方法でも1日のトレンドが大体わかる」**ようになっています。マーケットプロファイル分析はこのように積みあがっていた形や分布によって投資戦略を立てるというのが中心理論です。**「マーケットプロファイル分析に基づく戦略の中でも、お勧めするのが〝IRブレイク戦略〟」**です。

3 「IRブレイク戦略」の概略を知ろう

「IR」は**Initial Range**（初期レンジ）の略で、言葉どおり**「最初の時間帯に現れた価格帯のレンジ」**を意味します。最初の時間帯というのは「1時間」、この間に表れた値段で構成される**「値幅＝IR」**です（厳密にいうと最初の15分（AのTPO）を含む1時間15分）。

IRブレイク戦略は、**「最初の1時間はトレードをせずにIRの値幅を決定して、そのレンジを超えるときだけトレードする」**というシンプルな戦略です。具体的には次のようになります。

レンジを超えるときに買って、「IRの上限」＋「値幅」のところを目標にして売る

IRブレイク戦略は、2段階で構成されます。その**Step**を見ていきましょう。

Step❶ IRを決定する

「場がはじまって最初の1時間は、取引をせずに値段の動きを観察して値幅を決めます」。

たとえば1時間の間に現れた高値が2万1250円、安値が2万1100円の場合、IRの上限は2万1250円、下限が2万1100円、値幅（IR）は150円になります（下図 ❶IRの決定 部分）。

Step❷ ターゲットを計算する

IRが決まったら、ターゲット（利益確定目標・買戻し目標）を計算します。次の2つのパターンを覚えてください。

この利益確定目標・買戻し目標の価格を、**「ターゲットプライス」**と呼びます（下図 ❷ターゲットの計算）。

● IRの決定とターゲットの計算

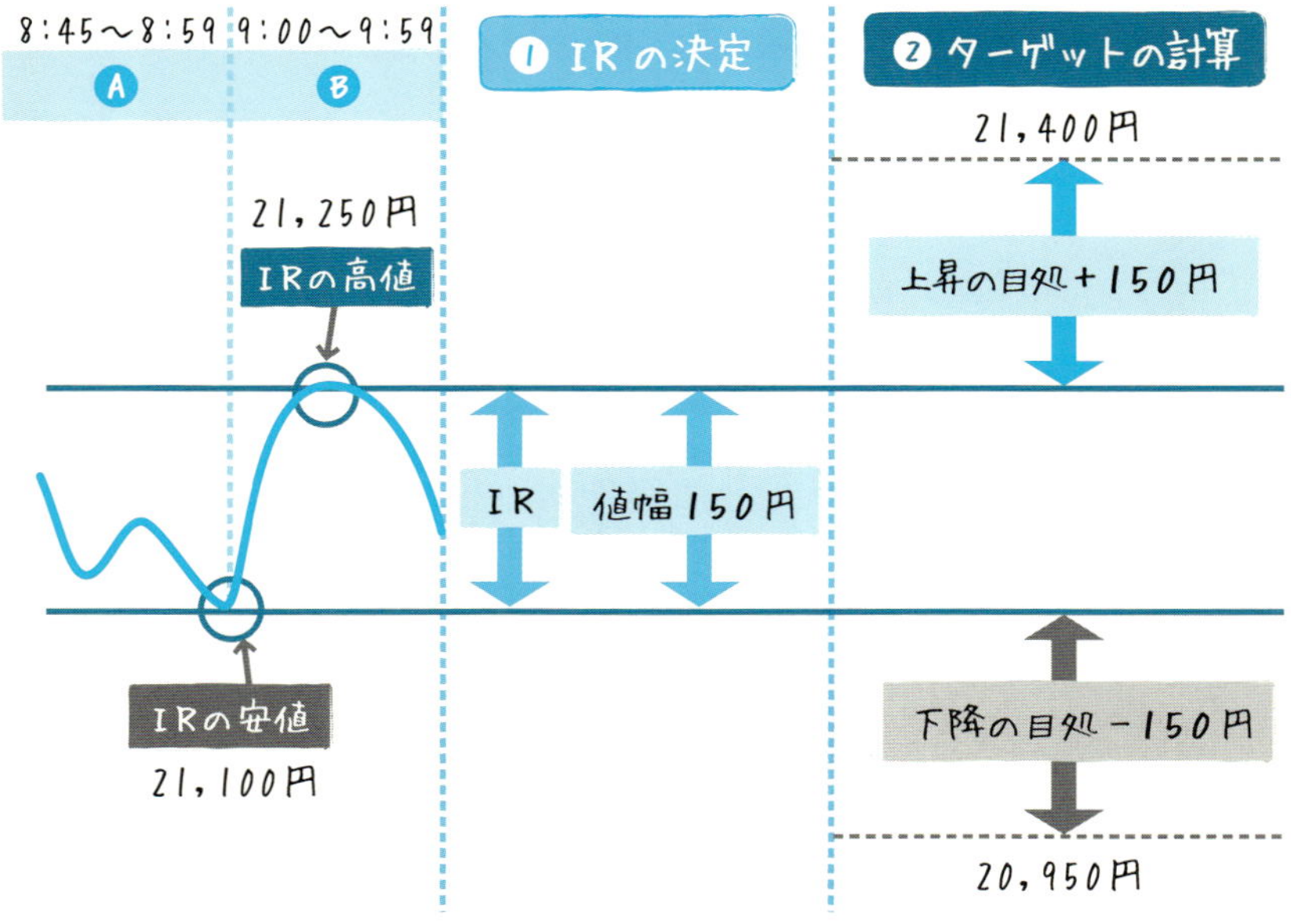

買い **IRの上限を超えるときに買った場合、利益確定目標は「IRの上限＋値幅」**

空売り **下限を下に抜けるときに空売りした場合、買戻し目標は「IRの下限－値幅」**

まとめ IRブレイク戦略の概要

Step❶＋Step❷で計算されたIRとターゲットに基づいて、作成した戦略をまとめたのが下図です。

ターゲットまで決めたら、「**IRを超えるか下に抜けるときにトレードをする**」というのがIRブレイク戦略の考え方です。

● IRブレイク戦略の概要

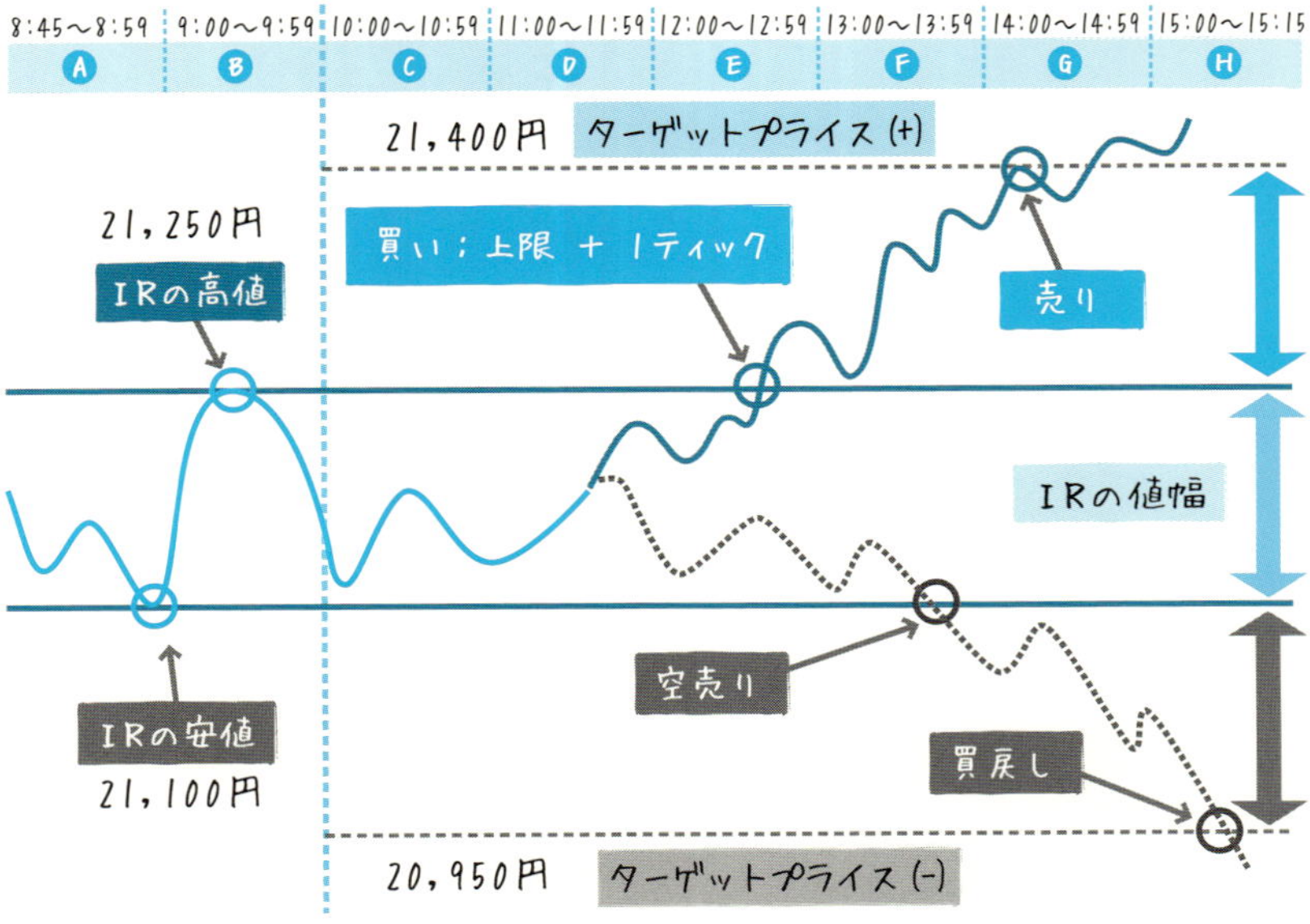

4 「IRブレイク戦略」の詳細

買いと売りのポイントだけを示すと、いざ実践するときに「あれ？　いくらで買って、いくらで売るの？」ということになってしまいます。まずは、下の黒板の公式を覚えてください。

これも言葉だけでは難しいので、マーケットプロファイル分析をした日の実際のデータ（次頁下図）に基づいて、具体的に見ていきましょう。

Step❶ IRの決定⇓この日の上限は2万1360円、下限は2万1190円で値幅は170円

Step❷ ターゲットの計算⇓上限の2万1360円に値幅170円を足して、買いのターゲットプライスは2万1530円、下限の2万1190円から値幅170円を引いた空売りのターゲットプライスは2万1020円

IRブレイク戦略の公式

戦略❶買い

・買いエントリー；IRの上限＋1ティック（5円）
・利益確定；IRの上限＋IRの値幅
・ロスカット；IRの上限－2ティック（10円）

戦略❷空売り

・空売りエントリー；IRの下限－1ティック（5円）
・利益確定；IRの下限－IRの値幅
・ロスカット；IRの下限＋2ティック（10円）

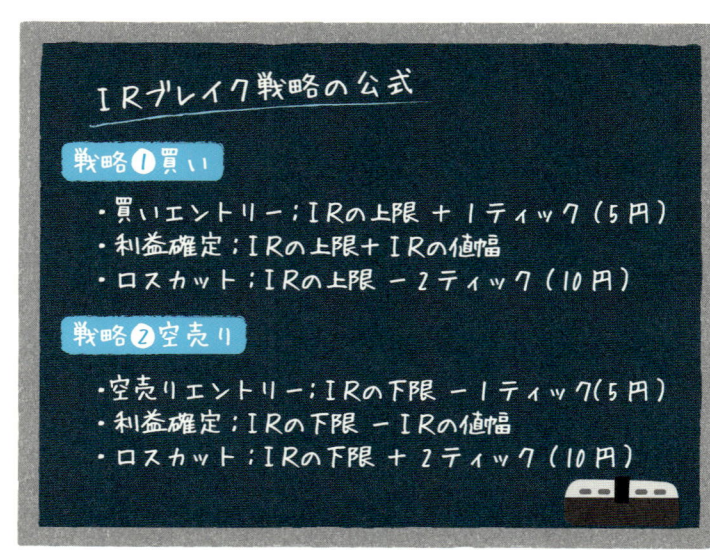

具体的な戦略は決まりましたか？　簡単ですね。公式にあてはめて計算してみましょう。

買いで入る場合 上限の2万1360円に1ティック（5円）を足して2万1365円でエントリーして、ターゲットプライスの2万1530円で利益確定、反対に2万1360円から2ティック（10円）を引いた2万1350円まで下がってくるとロスカットして撤退します。

空売りで入る場合 ご自身で公式にあてはめて計算してから、図の答えを見てください。

これが計算できなければ最初のところに戻ってもう一度読み返してください。

2回読んでもわからなければ私の説明が悪い（！）ということなので、メールしてください。直接説明します！

● IRブレイクの詳細戦略

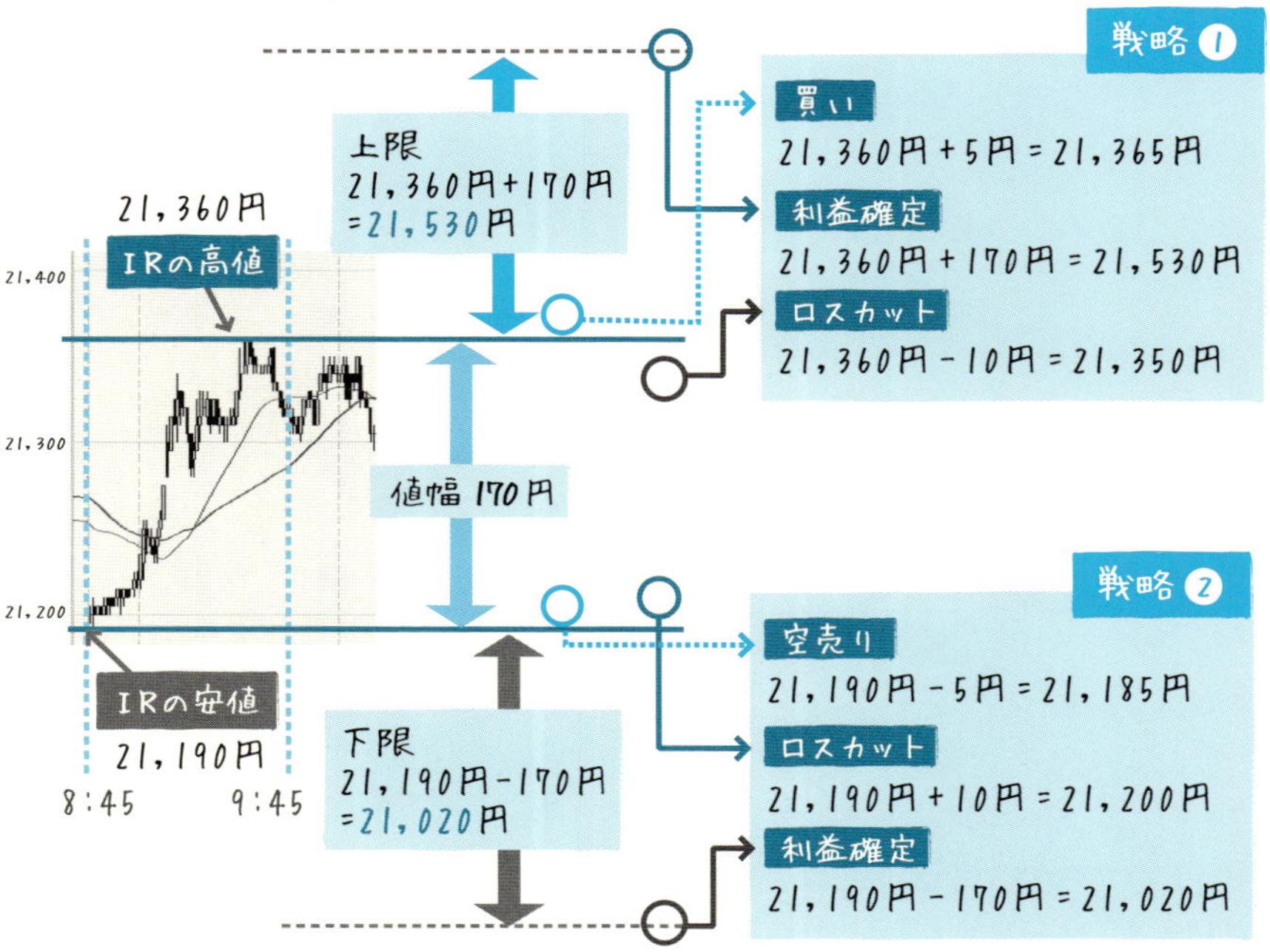

5 「IRブレイク戦略」の実践と結果

戦略と練習が十分にできたので、次は実践あるのみです。この日の実際の動きを見ると、場がはじまって1時間して、IRレンジとターゲットプライスを決めたあと1時間以内にIRの上限を上抜いて、買いエントリーの価格をブレイクしているのがわかります。その後は数時間に渡ってゆるやかに上昇しながら、午後に入ってターゲットプライスに到達、無事に利益確定ができました。

ここでは、説明しやすくするためにうまく利益確定できた例を取り上げましたが、反対に買いエントリーの価格をブレイクしてIRに戻ったり、さらにひどいときはIRの下限まで下抜ける場合もあります。

そのために必要なのがロスカットです。想定したようにうまくいかないことはいくらでもあるので、設定したロスカットは絶対に動かさずに守ってください。

IRブレイク戦略は、1日の間に現れるトレンドにあ

● IRブレイクの詳細戦略

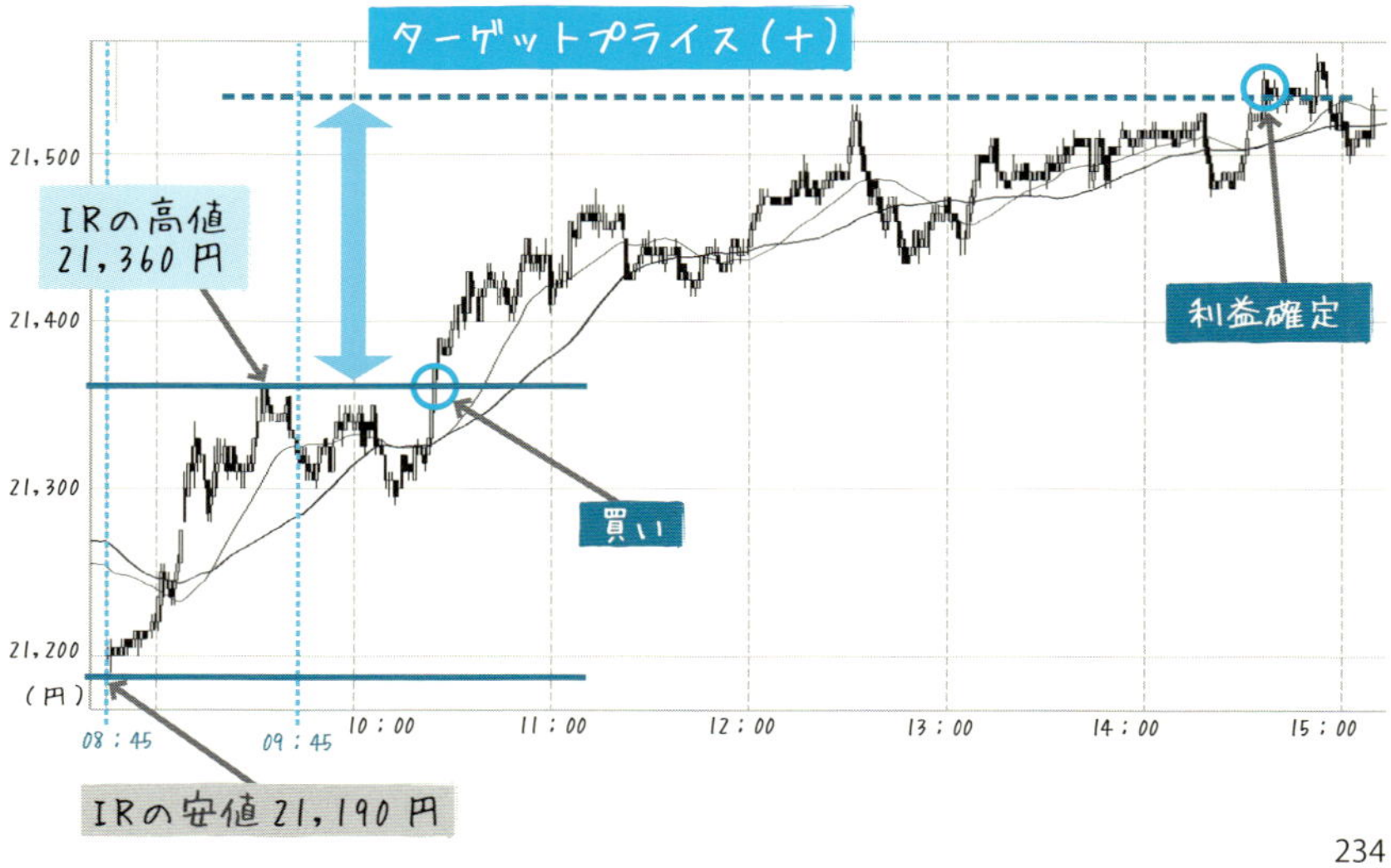

わせたトレード方法ですが、これよりもさらに短い時間軸で利益を積み重ねていくトレードもあります。

それがスキャルピングです。では次節ではいよいよスキャルピングの出番です。

1日の間に完了するというのは、
ロスカットも含まれます。
思ったとおりにいかないからと
いって、次の日まで持ち越さない
のがポイント！

03

短期の必勝戦略②

秒で勝負しよう、「スキャルピング」入門

1 スキャルピングでも「ブレイク戦略」を使う

短期戦略の最後は「超短期」と呼ぶべき、時間軸でトレードを繰り返すスキャルピングトレードです。投資の方法は投資家の数ほどあるというとおり、スキャルピングにも星の数ほどの戦略があります。

私がやっているスキャルピングの中で初心者にお勧めなのは、「**数秒～数分で需給のバランスが崩れて力関係が傾く〝ブレイク戦略〟**」です。数秒～数分で需給が崩れるところを利用するので、当然今まで使ってきたチャートだけでは通用しない部分が出てきます。そのために、使う情報と見る観点が今までとはまったく異なります。新たな情報と観点を用いて見つけたいのは、「**大口の行動とその方向にしたがう戦略**」です。

2 最強の組みあわせは「チャート＋歩み値＋株価の板読み」

「大口の行動とその方向にしたがう戦略」をどうして見つけたいのかというと、「**需給のバランスを崩して、ひとつの方向にブレイクさせる力を持っているのは〝大口〟か〝大勢の個人〟しかない**」からです。

ここで大口というのは、豊富な資金力と情報を持って市場を動かせる機関投資家のことを指します。大口投資家は明確な意思を持って市場の動きが傾くように働きかけます。

その行動はチャートには現れませんが、足跡だけは消すことができません。「**大口の足跡が明確に残る情報源が〝株価の板〟と〝歩み値〟**」です。

スキャルピングを成功に導くには、チャートのみならず板読みと歩み値の把握が欠かせません。チャートとファンダメンタルズ分析のみでトレードをしてきた人には馴染みの薄い言葉なので、基本概念から見ていくことにします。

「株価の板」と「歩み値」で大口投資家の行動を読む

投資家たち、特に「**大口投資家の行動を読み取ることができる情報は〝株価の板〟と〝歩み値〟**」です。詳しい概念は順番にお話しするので、まずそれぞれの意義を覚えてください。

株価の板 **実現していない現在の需給状況**
歩み値 **実現した需給状況と投資家行動の足跡**

これだけでは何が何だかわからないくらい難しいですね。では、「株価の板」から詳しく見ていきましょう。

3 「株価の板」の基本

「**〝株価の板〟は、各価格帯でどれくらいの〝売り注文〟と〝買い注文〟が出ているのかをリアルタイムで示してくれる**」情報のことです。実際の板の例を見てみましょう。

次頁下図は2019年3月限の日経225ミニの板です。真ん中に注文が出ている価格帯が並んでおり、「**右に買い注文、左に売り注文の数量が並んでいます**」。この時間には、2万1160円から2万1065円までの価格で注文が出ています。

具体的な例で見ると、2万1130円のところには561枚の売り注文が出ていて、2万1090円には500枚の買い注文が出ていることを示しています。現在出ている注文の状況なので、当然まだ約定してない状態の情報が並んでいます。これが「**実現していない現在の需給状況**」という理由です。「**まだ実現していないので〝気配〟と呼びます**」。

左上は少しでも高く売りたい注文が出るので、当然売りの注文が並びます。これを「**売り板**」と呼びます。一方、買う人は少しでも安い値段で買いたいので下の価格帯に注文が並んでいます。これを「**買い板**」と呼びます。

もうひとつ重要な概念は「**最良気配**」です。「**最良気配は、現在の気配の中で最も安い売り気配と最も高い買い気配を指します**」。成行注文を出したら約定する価格のことを意味します。

たとえばどうしても今すぐ買いたいと思って成行買いの注文を出すと、最も安く提示された売りの値段Ⓐ2万1115円（下図：実際は緑色）で約定されます。この値段を「**最良売り気配**」といいます。この場合は2万1115円が最良売り気配で、249枚の売り注文が出ています。

一方、成行で売る注文をすると、買い板の

● **株価の板※の基本**

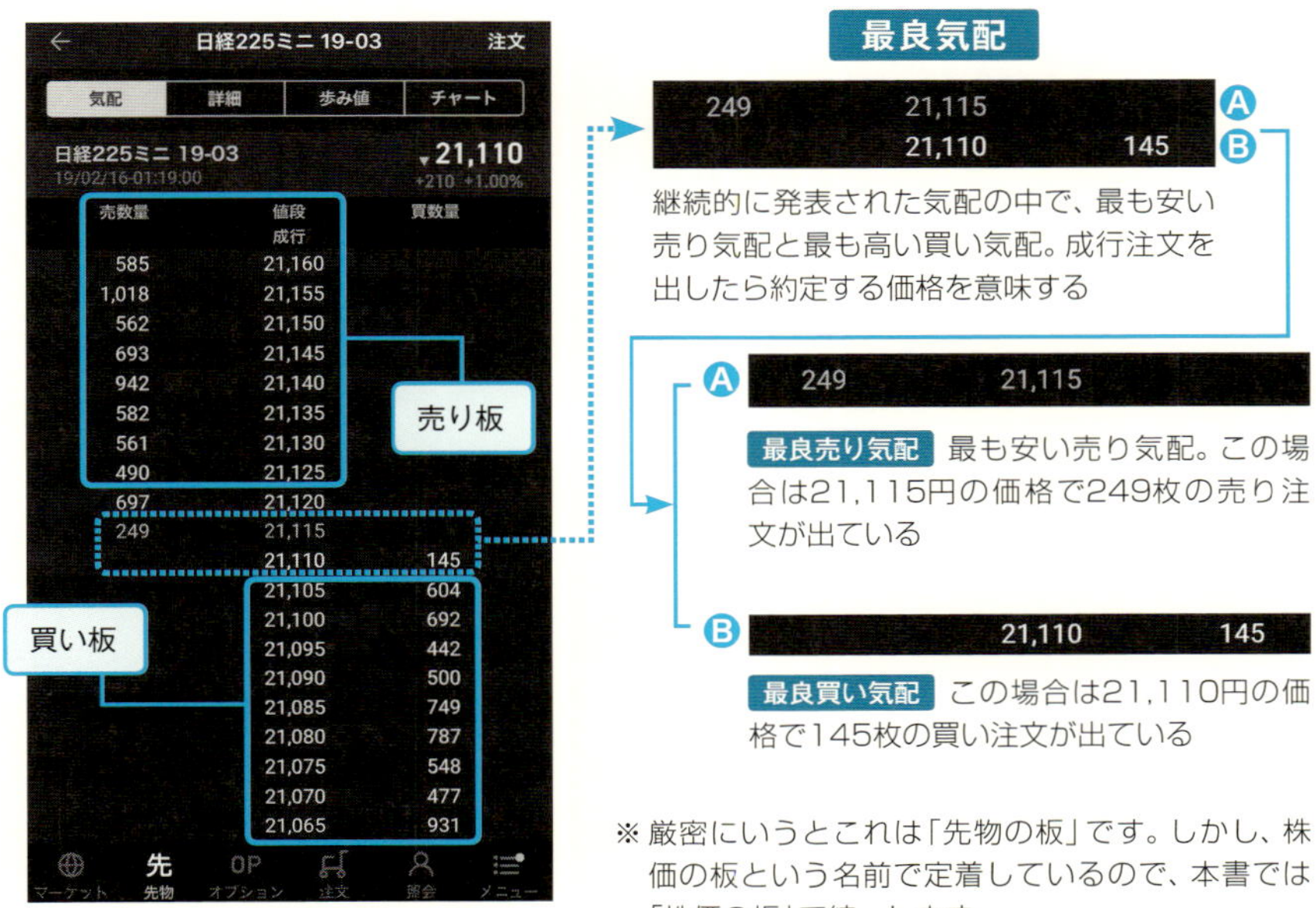

※ 厳密にいうとこれは「先物の板」です。しかし、株価の板という名前で定着しているので、本書では「株価の板」で統一します。

中で最も高く提示された**B**2万1110円で約定されます。この値段を「**最良買い気配**」といいます。この場合は2万1110円が最良買い気配で、145枚の買い注文が出ています。

「板」は止まっているわけではなく、売買が成立するとその数字を反映して刻々と変化していきます。「**売買が成立した実績が残るのが〝歩み値〟**」です。

4 「歩み値」の基本

売買が成立した実績が残るのが「**歩み値**」といいました。実際の板を見ると、ガチガチと点滅しながら目まぐるしく価格と注文数量が入れ替わっていくのがわかります。それは、注文が成立した数量と価格の変化が板に反映されるからです。しかし、「株価の板」はあくまでもまだ実現していない情報だといいました。反面、「**板を変化させる実際の取引状況は〝歩み値〟に現れます**」。

「歩み値」もはじめて見る人が多いと思うので、基本的なことから見ていきましょう。

次頁下図の歩み値は、マネックス証券がトレードステーションで提供する歩み値の画面です。証券会社が提供するツールによっては見た目が違う場合がありますが、内容は大体同じです。

まず簡単にいうと、「**〝歩み値〟は何時何分に何枚買われたか、もしくは売られたかの実績を示すもの**」です。「**1行がその価格で何枚約定したかを示します**」。

歩み値は新しい約定状況が上の行にどんどん書き込まれていくので、下の行ほど古い約定状況を表します。つまり下から上に向かって時系列で並んでいるということです。

そして1行を構成する項目は、「**時刻**」「**現在値**」「**前回比**」「**出来数量**」の4つで、知らないで見ると数字の羅列にすぎず、何のことかさっぱりわかりません。それでも1日見ていればすぐ慣れるので、心配しないでください。具体的な例でいうと、1番下の行は14：49に2万1125円で5枚の買い注文が成立し、これは直前の値段より5円高く約定したことを示しています。

では、ここでクイズです。

Q この画面に表示されていない直前の約定値段はいくらでしょうか？

A 何枚成立したかはわかりませんが、今回の値段より5円低い2万1120円だったはずですね。その上の行は？同じ値段2万1125円で（前回比0

● **「歩み値」の基本**

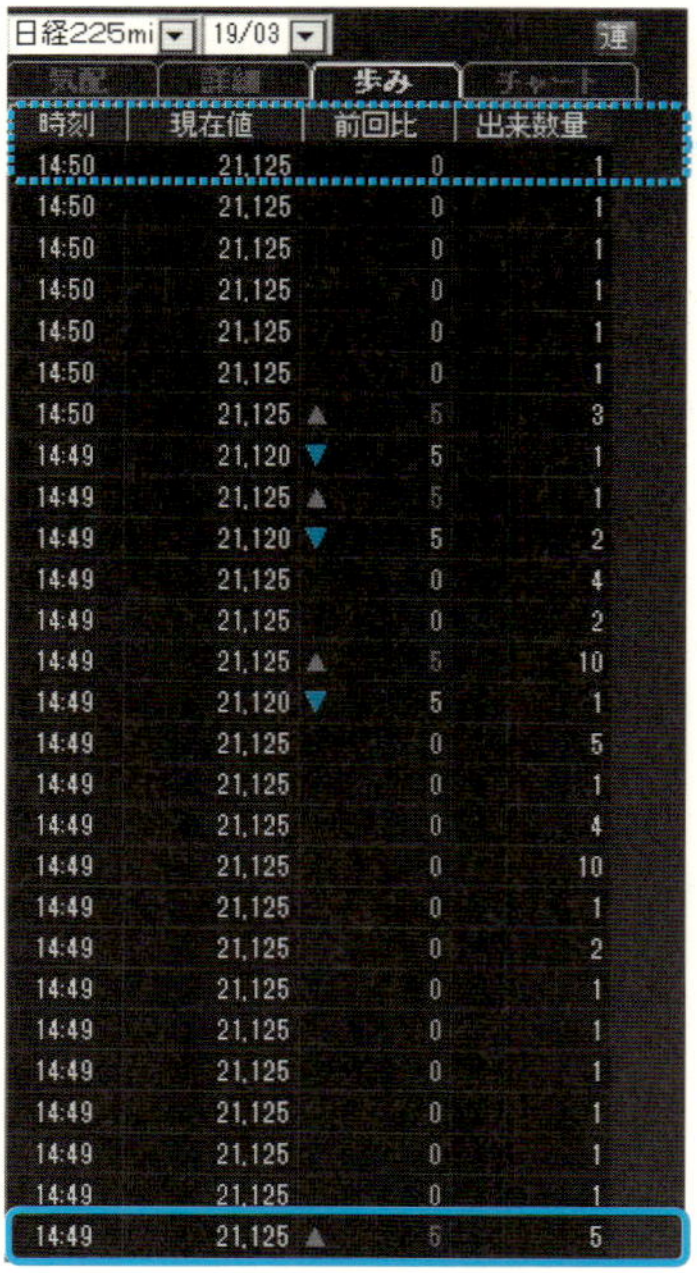

時刻	現在値		前回比	出来数量
14:50	21,125		0	1
14:50	21,125		0	1
14:50	21,125		0	1
14:50	21,125		0	1
14:50	21,125		0	1
14:50	21,125		0	1
14:50	21,125	▲	5	3
14:49	21,120	▼	5	1
14:49	21,125	▲	5	1
14:49	21,120	▼	5	2
14:49	21,125		0	4
14:49	21,125		0	2
14:49	21,125	▲	5	10
14:49	21,120	▼	5	1
14:49	21,125		0	5
14:49	21,125		0	1
14:49	21,125		0	4
14:49	21,125		0	10
14:49	21,125		0	1
14:49	21,125		0	2
14:49	21,125		0	1
14:49	21,125		0	1
14:49	21,125		0	1
14:49	21,125		0	1
14:49	21,125		0	1
14:49	21,125		0	1
14:49	21,125	▲	5	5

時刻	現在値	前回比	出来数量
14:50 ①	21,125 ②	0 ③	1 ④

❶ **時刻**：約定した時間（ツールによっては秒単位で表示される）

❷ **現在値**：約定した価格

❸ **前回比**：直前に約定した価格と比較しての価格の変化。この場合は0円なので、変化はない

❹ **出来数量**：その価格で約定した数量。この場合は1枚が約定されている

楽天証券の例

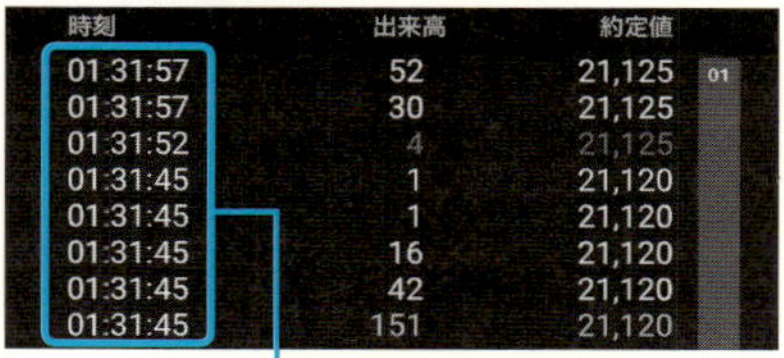

時刻	出来高	約定値
01:31:57	52	21,125
01:31:57	30	21,125
01:31:52	4	21,125
01:31:45	1	21,120
01:31:45	1	21,120
01:31:45	16	21,120
01:31:45	42	21,120
01:31:45	151	21,120

約定した時間が秒単位で表示される歩み値の例

円です)、1枚の買い注文が成立したことを意味します。

ここまで理解できましたか？　もしできなかったらもう一度読んでみてください。大事な話はここからですから、ここまでしっかり理解しておいてください。

歩み値の色には深い意味がある

読み直してばっちり理解できましたか？　それでは、「歩み値」について、もう少し深く見ていきます。次の話は「**歩み値の色**」です。並んでいる約定の情報を見ると、「〝前回比〟のところに3つの色」があります。

たとえば1番下の行は赤い上向きの三角と赤い5円の文字、その上は青い下向きの三角形と5円の文字、さらに3行上は三角形なしの0円が並んでいます。

今の説明を読んだら、大体の意味はわかると思います。「**赤色で表示される行は現在値より上の値段で成行の買いが入って約定した**」ことを表します。これを「**アップティック**」といいます。では、下げて約定したら？　はい、そのとおり、「**ダウンテ**

● **歩み値の色の意味**

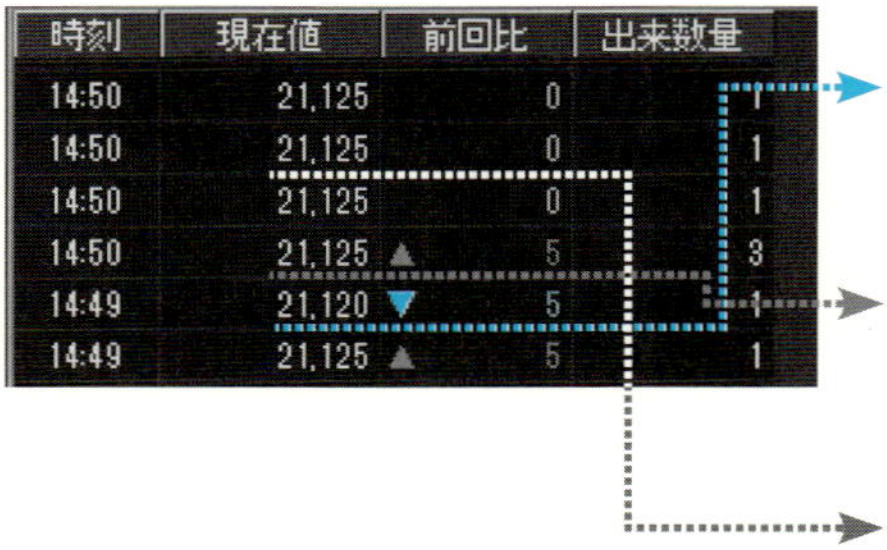

時刻	現在値	前回比	出来数量
14:50	21,125	0	1
14:50	21,125	0	1
14:50	21,125	0	1
14:50	21,125 ▲	5	3
14:49	21,120 ▼	5	1
14:49	21,125 ▲	5	1

青色：ダウンティックの成行売り注文
21,125円から5円低い21,120円の成行売りが出て約定した

赤色：アップティックの成行買い注文
21,120円から5円高い21,125円の成行買い注文が出て約定した

白色：1つ前の成行注文と同じ値段による約定
21,125円の成行買い注文と同じ値段で1枚が買われた

イック」といいます。「**ダウンティックで約定したのを表すのが青色**」です。では白は何を意味するのでしょう？「**1つ前の成行注文と同じ値段による約定を表すのが白色**」です。
まとめると次のようになります。

- **アップティックの成行買い注文は「赤色」**
- **ダウンティックの成行売り注文は「青色」**
- **ひとつ前の成行注文と同じ値段による約定は「白色」**

これで色の意味がわかりましたね。まずはここまで理解できたらＯＫです。

ここまでの知識を理解していれば、大口投資家または多くの個人投資家がどのように動いたのかまでわかります。これが「**実現した需給状況と投資家行動の足跡**」という理由です。詳しいことは後ほどお話しすることにして、もう一歩だけ進んで「株価の板と歩み値の関係」について考えてみることにしましょう。

5 「株価の板」と「歩み値」から読む投資家心理

ここまで説明してきたことをちゃんと理解していれば、この2つ間の関係はすんなりとわかると思います。

下図を見てみると、これは239頁の図と241頁の図でお話しした「株価の板」と「歩み値」がどのように関係しているのか、説明してくれる瞬間です。

では、ここでクイズです。

Q この瞬間の「最良買い気配」と「最良売り気配」、言えますか?

A はい、「最良買い気配」は2万1110円、「最良売り気配」は2万1115円です。

そして現在の価格は2万1110円です。

この状態でずっとにらめっこをしていても売買は成立しません。成立するためには成行売り注文を出して2万1110円で売るか、成行買い注文を出して2万1115円で買うしかありません。ここで、成行で1枚買う注文が入って、2万1115円で買いが約定した

●「株価の板」と「歩み値」から読む投資家心理

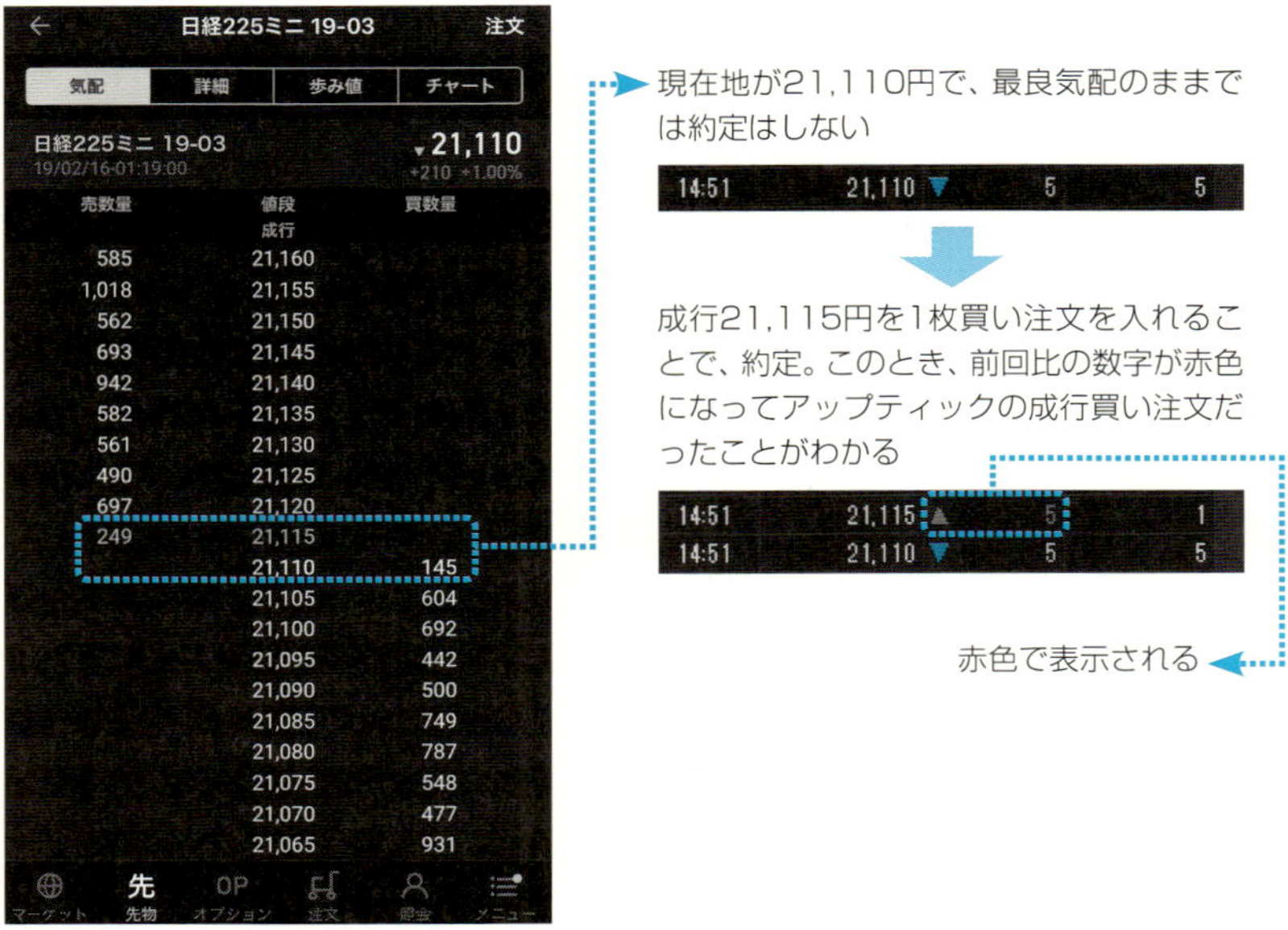

ことを表すのが次の歩み値です。前回比5円プラスが赤色で表示され、1枚の出来数量が刻まれます。これで**「誰かが急いで1ティック上の値段で買った」**というのがわかります。

実はここが1番難しいところなので、もう一度詳しく見てみましょう。

ここで難しい部分は「にらめっこしていた状態から2万1115円のアップティックの〝成行の買いが入った〟」というところのはずです。これは、逆のことを自問してみると容易にわかります。あなたが最良買い気配の2万1110円で注文を出していて、相手は最良売り気配の2万1115円で注文を出しています。次の注文が成立するためにはどうすればいいですか？　このままでは永遠に成立しないのはわかりますね？

今すぐ売買を成立させるためには、どちらかが譲るしか方法はありません。あなたが現在の注文を取り消して、成行で買い注文を出すか、相手が自分の指値売り注文を取り消して成行で売り注文を出すしかありません。または新たな参加者が成行で買いか売りの注文を出すことで最良気配のどちらかで約定することができます。この場合は？　はい、誰かが成行買い注文を入れたので最良売り気配の価格で約定しているわけです。

ここは1回で理解できなくても大丈夫です。むしろ知ったかぶりをしてパスするのがよくないので、何度も読み返してみてください。ここでお話しした「株価の板と歩み値の基本」から「お互いの関係」は、次の話を理解するのに大変重要なので必ず理解しておいてください。

「理解できた」と自信を持っていえるようになったら、いよいよ「チャート＋板＋歩み値」の組みあわせを駆使して、秒単位で利益を取っていくスキャルピングの世界にご案内します。

04 「スキャルピング戦略」の概要

1 心理的に意識するポイントが動き出すところ

「**株価の板と歩み値の基本から関係**」まで理解したところで、チャートまで含めた3つの情報で利益を取りにいきましょう。探したいところは何か、覚えていますか？

はい、「**大口の行動とその方向にしたがう戦略**」でした。では大口投資家が動き出すところはどこでしょうか？

それは、実は「みんなが動き出したくなるところ」です。

え？　みんなが動き出したくなるところ？　私はどこで動き出したいの？　という質問が聞こえてきそうですが、「それは自分に聞いてくださいね」と言っても、わかりませんね。では、逆にあなたが動き出したくなるところを聞いてみましょう。

次頁下図は、ある日の1分足チャートの中からランダムに取り出したものです。自分の心に次の2つのことを聞いてみてください。

❶ Ⓐで買った場合、どこまで上昇すると思いますか？
❷ Ⓑで買ってⒶまで戻ってきた場合、どこより安くなると逃げ出したくなりますか？

たとえば、こんなことを思わないでしょうか？

❶ Ⓐで買った人は前回の高値ⒸとⒹに近づくと、今回もその辺が高値になって下りはじめるのではないか
❷ Ⓑで買った人は1回上昇したけれどⒶまで戻ってきて、下に抜けるともっと下がるかもしれないと思い、逃げ出したくなる。つまりⒷだけは守ってほしいポイントになる。

実際の結果（次頁下図）を見ると、みんなが意識

● 心理的に動きたくなるポイントとは？

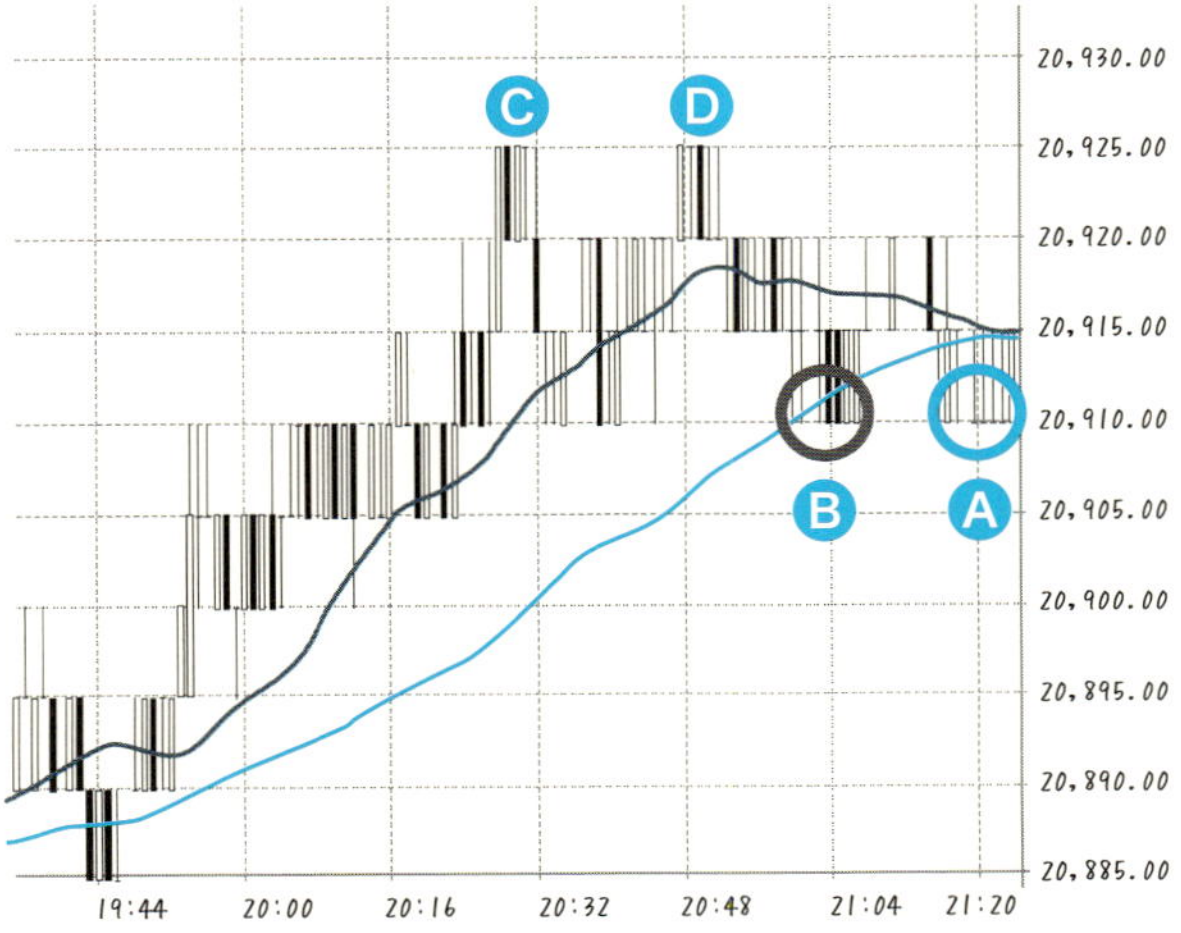

● 前回の高値と安値付近に近づくと……

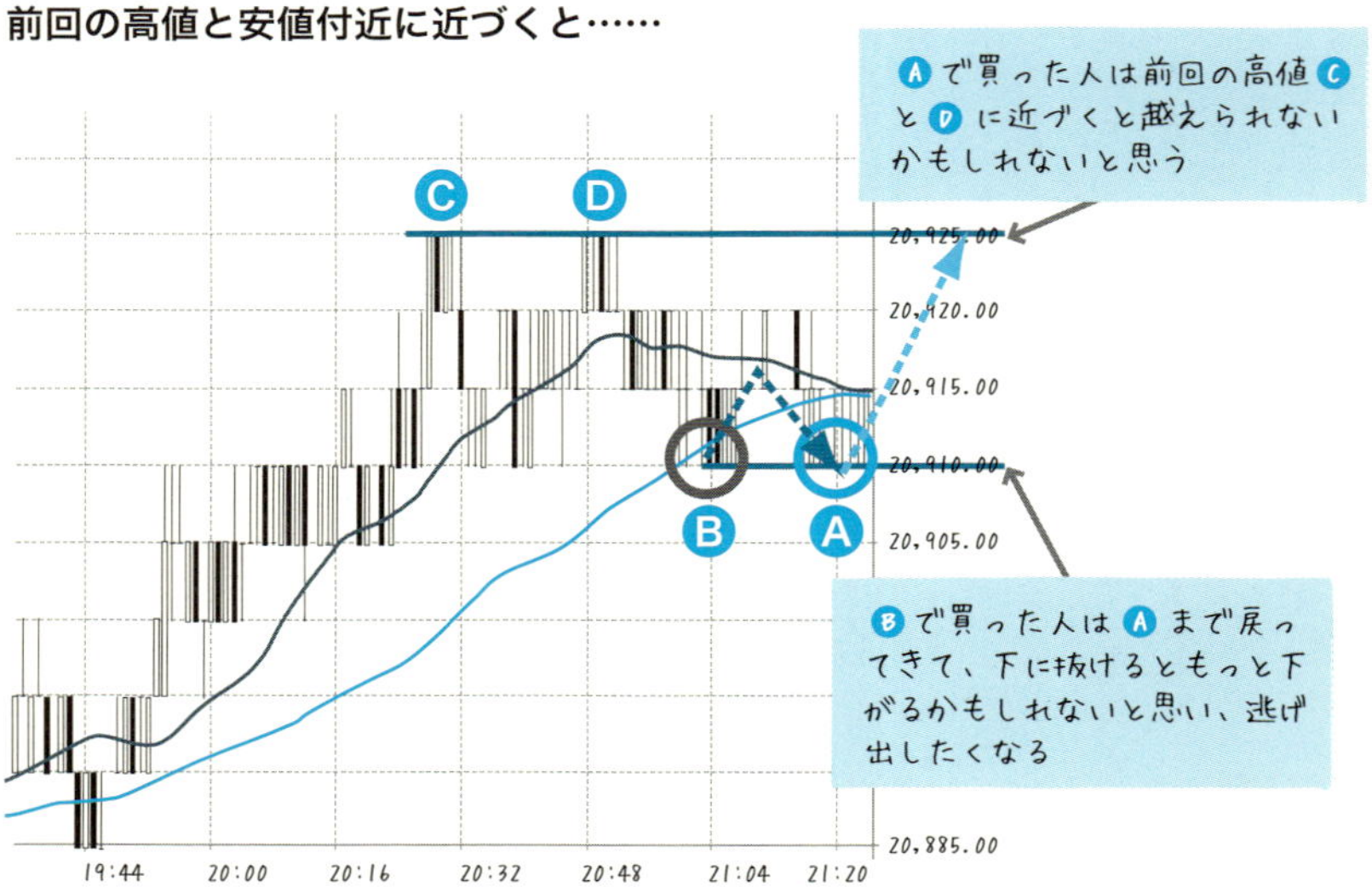

● 反応するところはみんな一緒

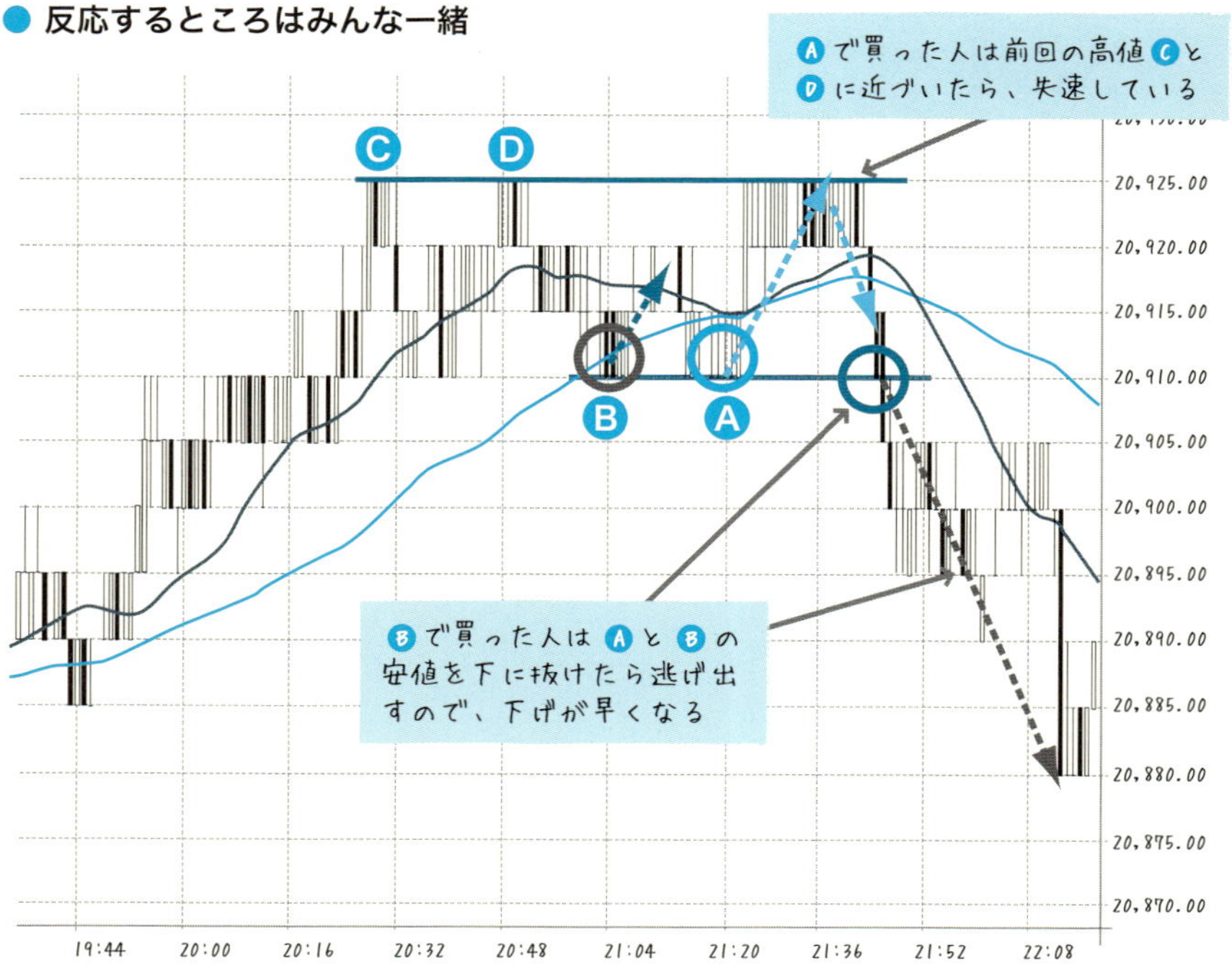

するところで反応しているのがわかります。

Ⓐで買った人は、前回の高値ⒸとⒹに近づいたら、失速して下げはじめています。一方、Ⓑで買った人はⒶとⒷの安値を下に抜け出すと、さらに下がると思ったので逃げ出し、下げが早くなっています。

「みんなが不安に思うポイント、守ってほしいポイントが崩れる（ブレイク）と動きたくなり、大口投資家もその心理を理解しているので、そのポイントに近づくと動かしたくなる」のが心理です。

2 「心理的に意識されるポイント」を覚えよう

ここまで投資家の心理が動く代表的な２つのポイントについて見てきました。それは、「直近の高値と安値」でした。そのほか心理的に意識されるポイントを、下の黒板にまとめてみましょう。

スキャルピングは、先物の価格が上記のポイントに近づいてくるときに投資家の足跡からブレイクする方向を読み取り、それにあわせて戦略を作成、実行するものです。概要がわかったので、具体的な実行プロセスを例題で見ていきます。

心理的に意識されるポイント

1. １日の間に形成された高値と安値
2. 自分が見た時間帯の中で形成された高値と安値
3. ダウ理論で形成される高値と安値
4. 方向感なしに動くレンジ相場の中での高値と安値

05 実践 スキャルピング戦略を実行する4ステップ

1 短期決戦だからこそあわてずに、慣れるまで頭に叩き込む

チャート、板、歩み値を組みあわせてスキャルピングトレードをするときは、4つのステップに沿って戦略を実行していきます（次頁下図参照）。最初は慣れていないので難しいと感じますが、数回実行してみると、ステップを一々確認しなくても自然に流れるようになるので、必ず実行しながら読み直してみてください。

言葉を読むだけではよくわかりませんね。1つずつわかりやすく見ていきましょう。

2 Step❶ 心理的に意識されるポイントの洗い出し

最初のステップは、自分がチェックしている時間帯の中で4つのポイントにあてはまるところ

を見つけ、チャート上に線を引くことです。次頁の下図は実際の1分足チャートに線を引いた例です。右端、現在のローソク足Ⓐに注目します！

ここが多くの投資家に意識される重要なポイントだということがわかりますか？

心理的に意識されるポイントの中でも、重要なポイントというのを探し出してみましょう。1番わかりやすい基準は、**「ポイントがいくつか重なるところ」**です。それが図でいうところのⒶです。

Ⓐは午後に入ってからずっと支えられている価格帯です。次頁下図のⒶを数えると3回に渡って支えられ、**「ここだけは守ってほしいという心理が読み取れるところ」**です。それと同時に、**「ダウ理論上の下落が続く間に形成された高値と安値の中で安値にもなっています」**。現在は同じところで止まっていますが、このポイントの下に抜けるとダウ理論の下落が再び成立、空売りとロスカットの売りが出そうです。

つまり「2万1120円が、ポイントがいくつか

● **スキャルピング戦略の4ステップ**

❶ 心理的に意識されるポイントの洗い出し	チェックする時間帯の中で心理的に意識されるポイントを洗い出し線を引く
❷「株価の板」と「歩み値」の変化を確認	心理的に意識されるポイントに近づくときに「株価の板」と「歩み値」の変化を確認、大口が動く瞬間を見つける
❸ 戦略の作成と実行	大口が動く方向に沿って自分の戦略を作成、実行する
❹ 経過の確認とエグジット	ポジションを持ったあと、実際の経過にしたがって戦略を修正するか利益確定かロスカットする

● Step❶ 心理的に意識されるポイントの洗い出し

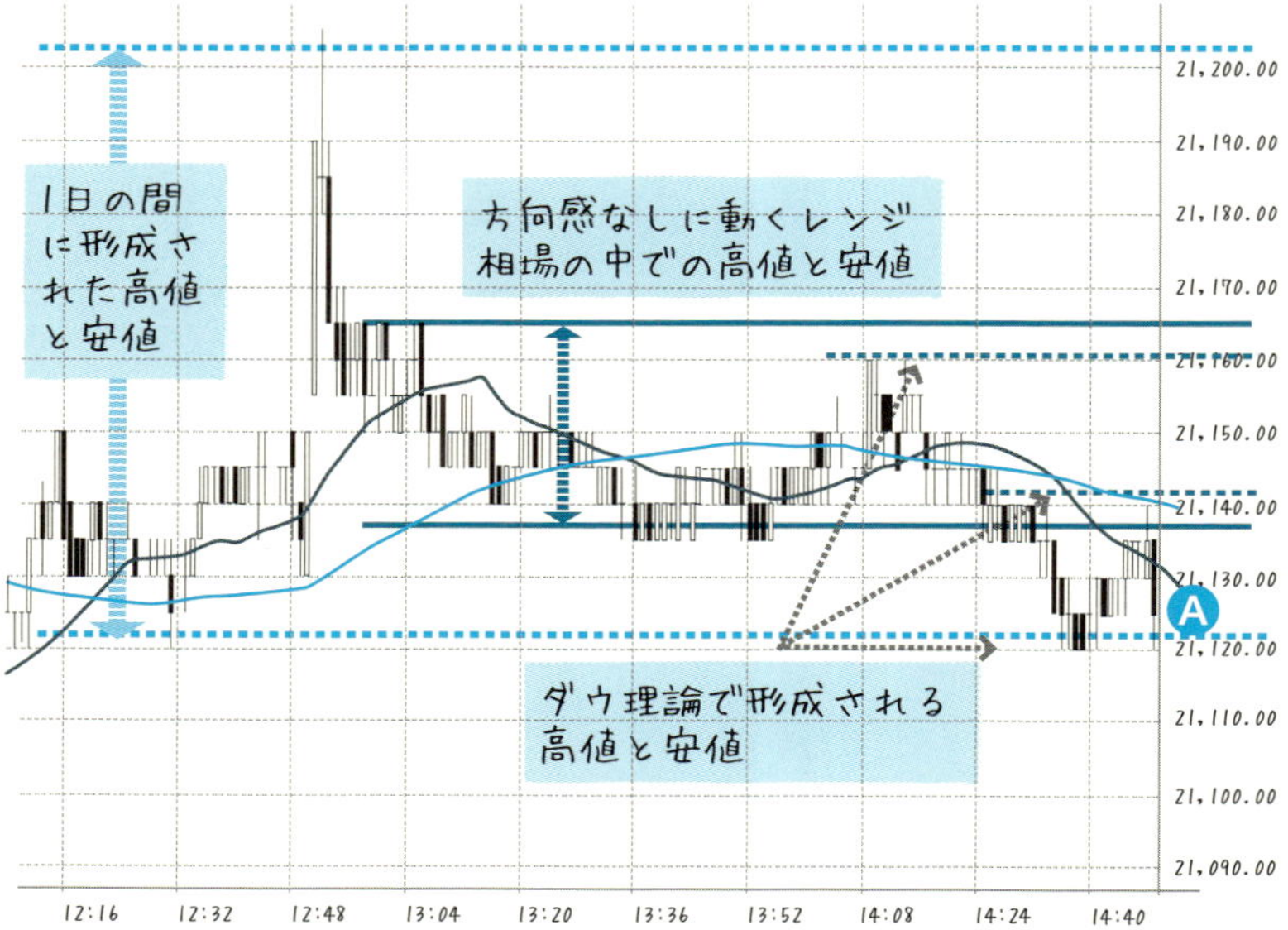

● 重なるポイントに近づくときがチャンス

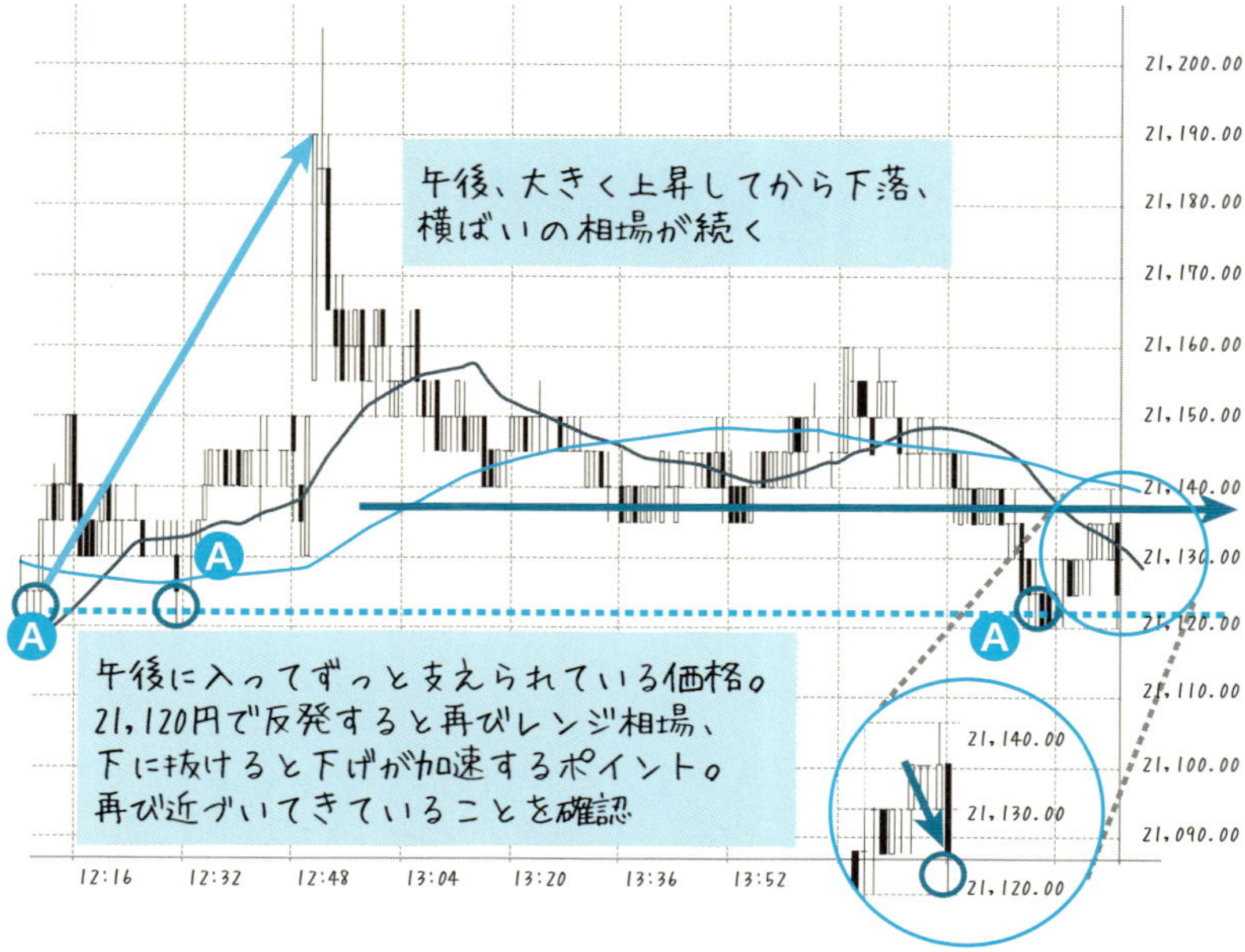

重なるところ」であり、ここで反発すると再びレンジ相場に戻りますが、下に抜けると下げが加速するであろうと思われるポイントです。このように、強力に意識されるポイントに現在値が近づいてきていることを確認したら、次のステップを実行します。

3 Step❷ 「株価の板」と「歩み値」の変化を確認

意識される重要なポイントに近づくときに、まず板をチェックします。チェックするのは「**どちらの板が厚くなるか**」です。次の2つのことを覚えておいてください。

❶ **この状態で、買いの注文が多くなって「買い板が厚くなる」と再びここで反発する可能性が高い**
❷ **この状態で、逆に「売り板が厚くなる」と下げようとする圧力が強まっている**

次頁下図を見ると、売り板が6379枚、買い板が5875枚と、買い板が薄くなり、売り板が脹らんでいるのがわかります。厚くなるわかりやすいサインは注文数量の桁数が変わるときです。たとえば2万1155円では4桁の注文が入って、今までとは様子が変わるのがわかります。

注意してほしいのは、「**ここで売り板と買い板の枚数を具体的に挙げたのは説明のためであって、実際のトレード時にはそんな時間はなく、感覚的につかむ必要がある**」ということです。

正確な枚数を数えようとしても、次の瞬間にすでに板の状況は変わっています。

「株価の板」の変化が確認できたら、次は「歩み値」の変化を確認します。確認することは「歩み値」の「SF」（下図）です。

S (Size) サイズ：約定する出来数量が増える
F (Frequency) 頻度：約定する頻度が増える

板の変化があった方向と同じ方向に向かって歩み値のサイズと頻度が増えると、大口投資家の仕掛けが入ってきたと判断します。

まず、S（Size）の変化を見ましょう。2万1120円に到達する前までは1枚～10枚程度の約定が淡々と続き、大きな変化は見られません（次頁下図の左側）。

次に右側の1番上を注目してください。「**さっきまでひと口くらいだった約定がダウンティックの成行売り注文が大きく入ってきて200枚も約定**」しています。

これは「**大口が下げる方向に動きはじめた**」というこ

Step❷ 「株価の板」が厚くなるのか薄くなるのかを確認する

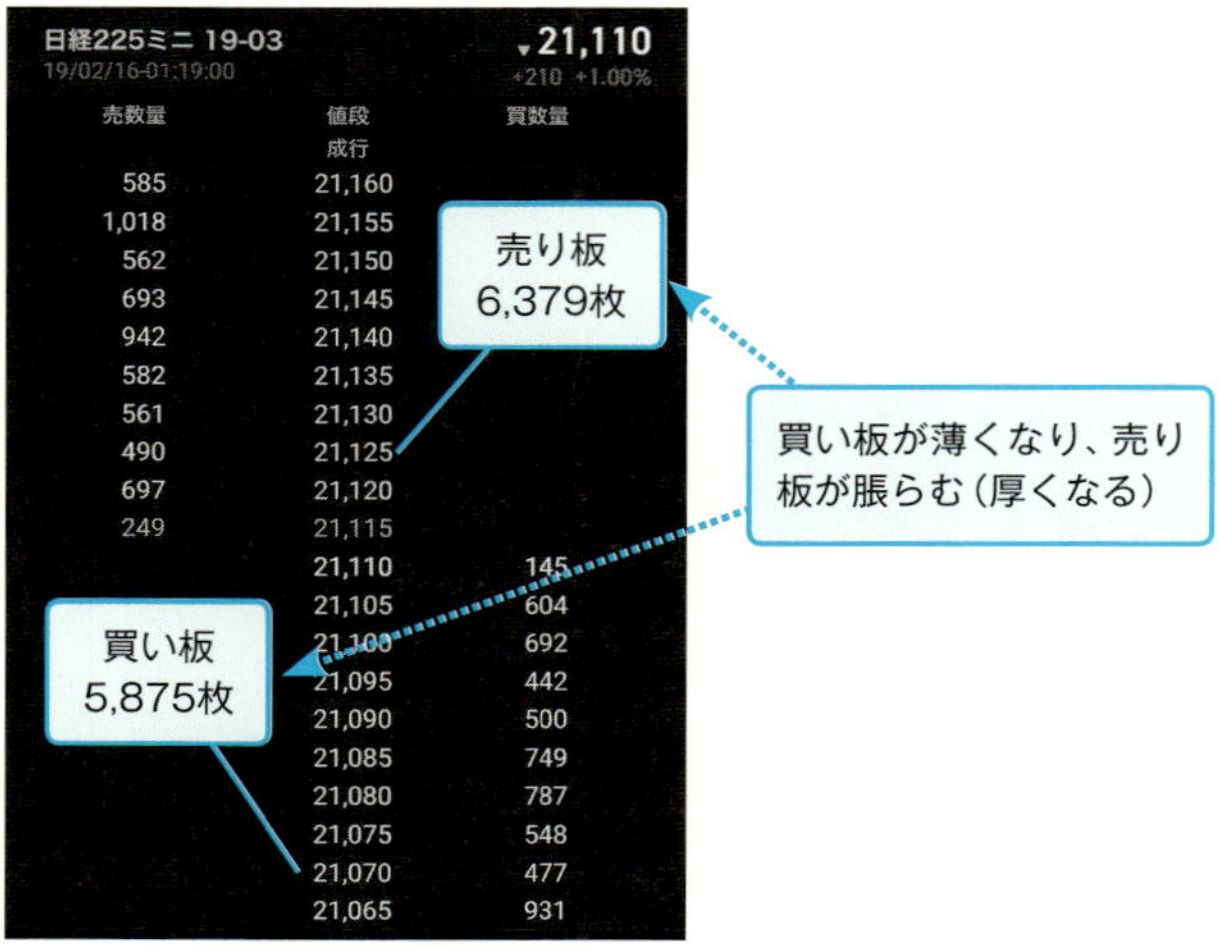

とです。

しかし、まだこれだけで空売りと判断してはダメです。ここから1〜2分観察を続けてください（下図の右側）。14：49分までの歩み値とはまったく異なってくるのがわかりますか？

「**2万1120円で約定する頻度が格段に上がっているうえに、同じ値段で売ってくるサイズも明らかに大きな桁数に変わっています**」。

ここでわかるのは、大口投資家は大きなサイズの売りを頻繁に投げているので、価格を下げる意図で動いているのがわかります。これは「株価の板」だけではなかなか気づけないことです。

大口の意図がわかったので、自分の戦略をつくりにいきます。ここで覚えることは「大口に逆らうな！」です。

●「歩み値」の変化、「S」「F」を確認

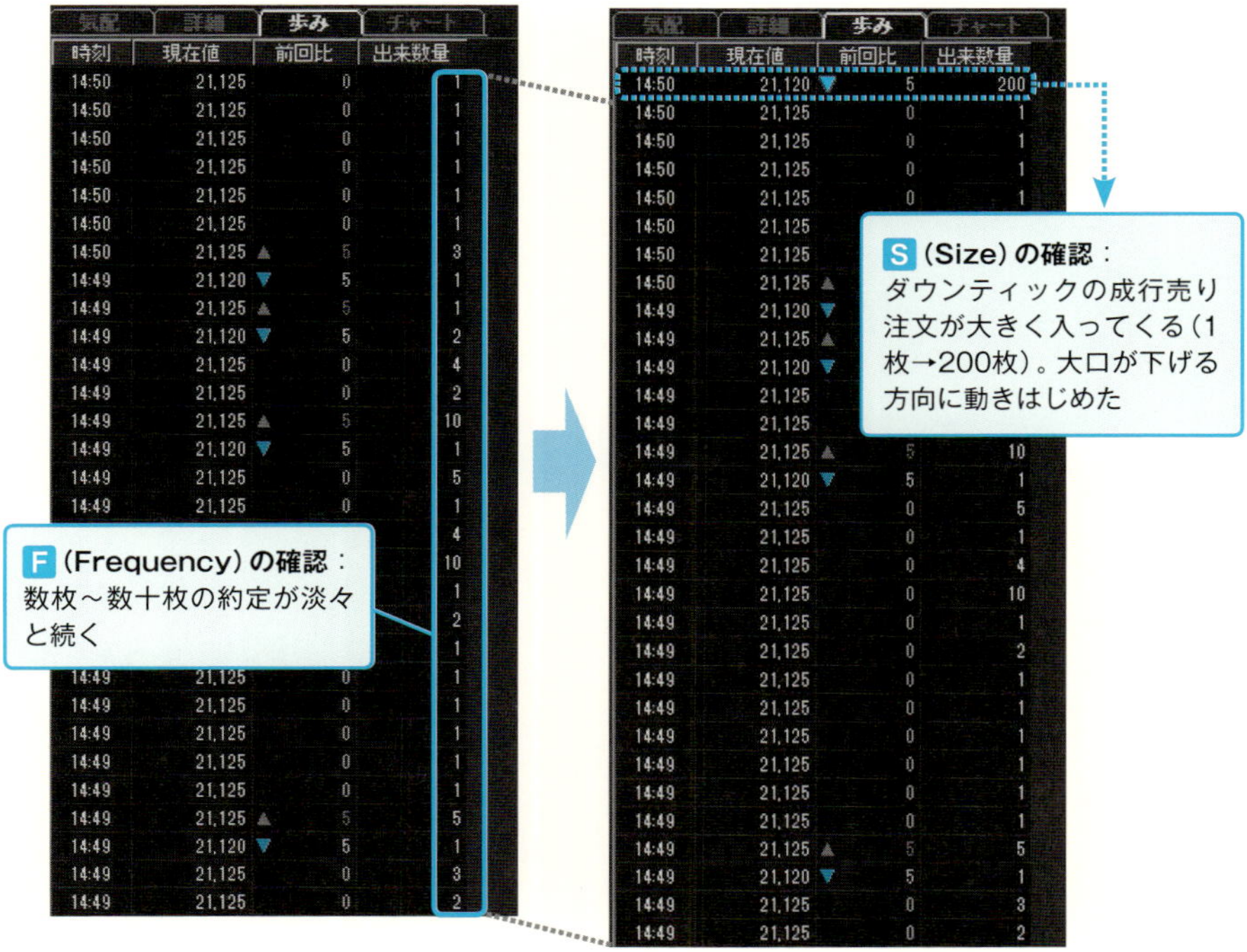
気配 詳細 歩み チャート
時刻 現在値 前回比 出来数量
F（Frequency）の確認：数枚〜数十枚の約定が淡々と続く
S（Size）の確認：ダウンティックの成行売り注文が大きく入ってくる（1枚→200枚）。大口が下げる方向に動きはじめた

4

Step③ 戦略の作成と実行

大口の意図がわかったので、その意図と同じ方向に沿って戦略を作成、実行します。歩み値の動きから価格を下げようとする意図はわかったので、同じ値段で空売りの戦略を立てるのが妥当に見えます（次頁の図）。

空売りという戦略の方向性が決まったので、さらに詳細を決めましょう。戦略の心得は下の黒板を見てください。

まず、エントリー（空売りの注文）は大口が圧力を掛けている価格と同じ２万１１２０円です。その後はすかさず利益が出る方向に３ティック（15円：ラージの場合は３円）のところに利益確定の目標を置きます。２万１１２０円でエントリーした空売りの場合はマイナス３ティック（−15円）して、２万１０５０円に到達したら利益確定をします。

意図した方向と反対に２ティックだけでも進んだらロスカットします。この場合は２万１１２０＋２ティック（10円）＝２万１

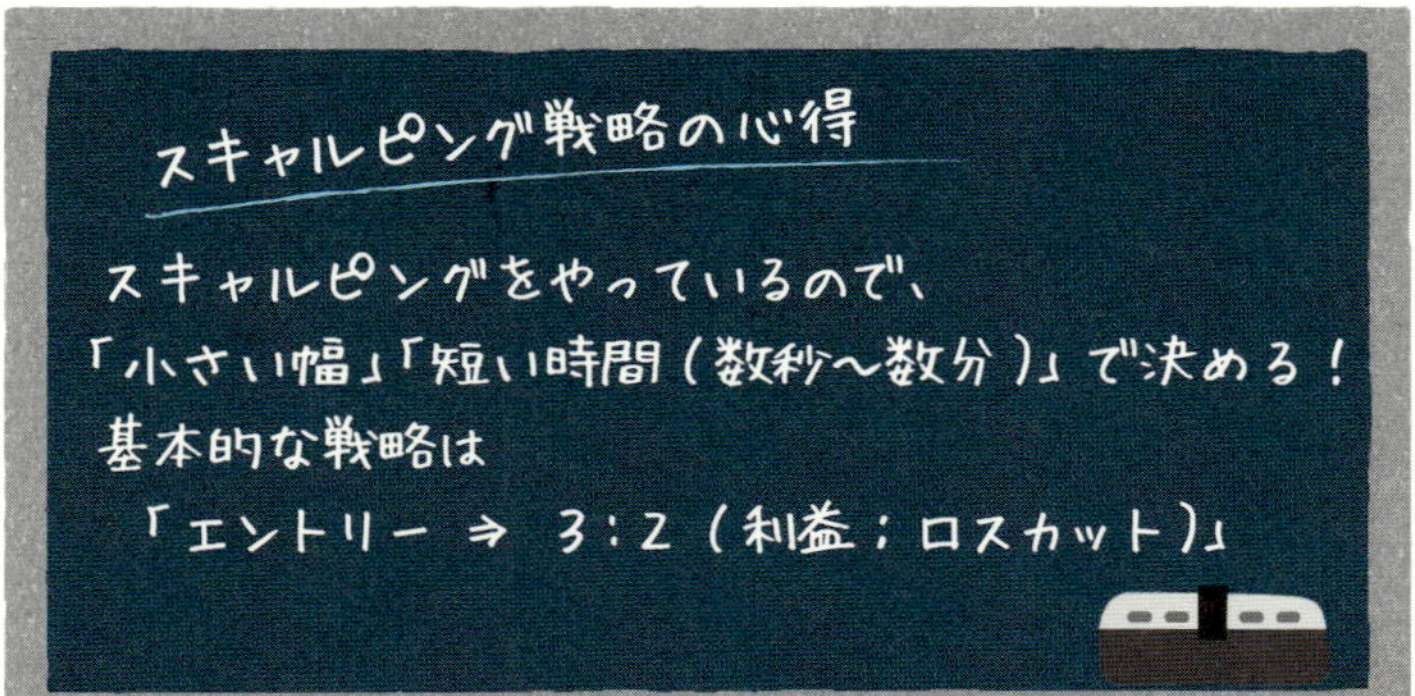

スキャルピング戦略の心得
スキャルピングをやっているので、
「小さい幅」「短い時間（数秒〜数分）」で決める！
基本的な戦略は
「エントリー ⇒ 3：2（利益：ロスカット）」

Step❸ 大口の意図に沿って戦略を作成、実行

「歩み値」の推移で大口の意図を確認

時刻	現在値	前回比	出来数量
14:50	21,120	0	2
14:50	21,120	0	175
14:50	21,120	0	5
14:50	21,120	0	9
14:50	21,120	0	2
14:50	21,120	0	8
14:50	21,120	0	6
14:50	21,120	0	2
14:50	21,120	0	13
14:50	21,120	0	4
14:50	21,120	0	4
14:50	21,120	0	13
14:50	21,120	0	11
14:50	21,120	0	6
14:50	21,120	0	6
14:50	21,120	0	6
14:50	21,120	0	6
14:50	21,120	0	69
14:50	21,120	0	6
14:50	21,120	0	12
14:50	21,120	0	32
14:50	21,120	0	9
14:50	21,120	0	35
14:50	21,120	0	76
14:50	21,120	0	9
14:50	21,120	0	350
14:50	21,120	0	5
14:50	21,120 ▼	5	64
14:50	21,125 ▲	5	1
14:50	21,120 ▼	5	200

F（Frequency：頻度）の確認：
1分間のトレード頻度が格段に上がっている

S（Size）の再確認：
200枚のあと、350枚、175枚のように1分前までの出来数量とは桁が違う数量が並ぶ

大口の意図は？
大きなサイズ **S** の売りを頻繁に投げているので、価格を下げる意図

スキャルピングの戦略の概要
価格を下げる意図で動いている大口にあわせて空売りの戦略を立てるのが妥当

スキャルピングの戦略の詳細
大口が圧力を掛けている2万1,120円で空売り

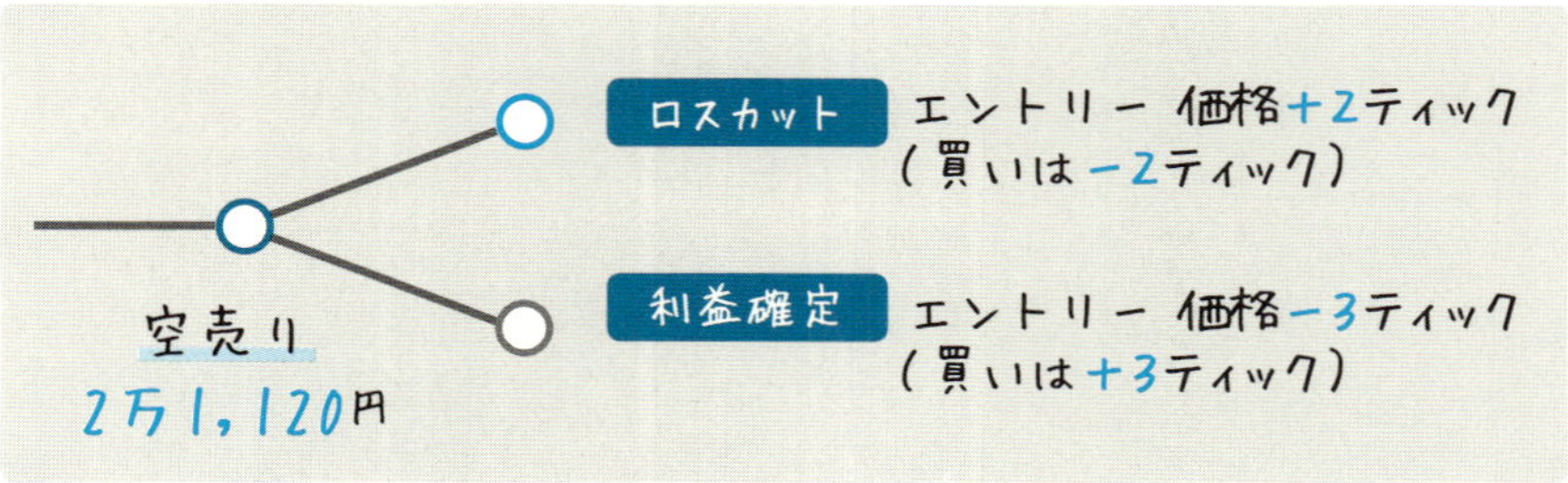

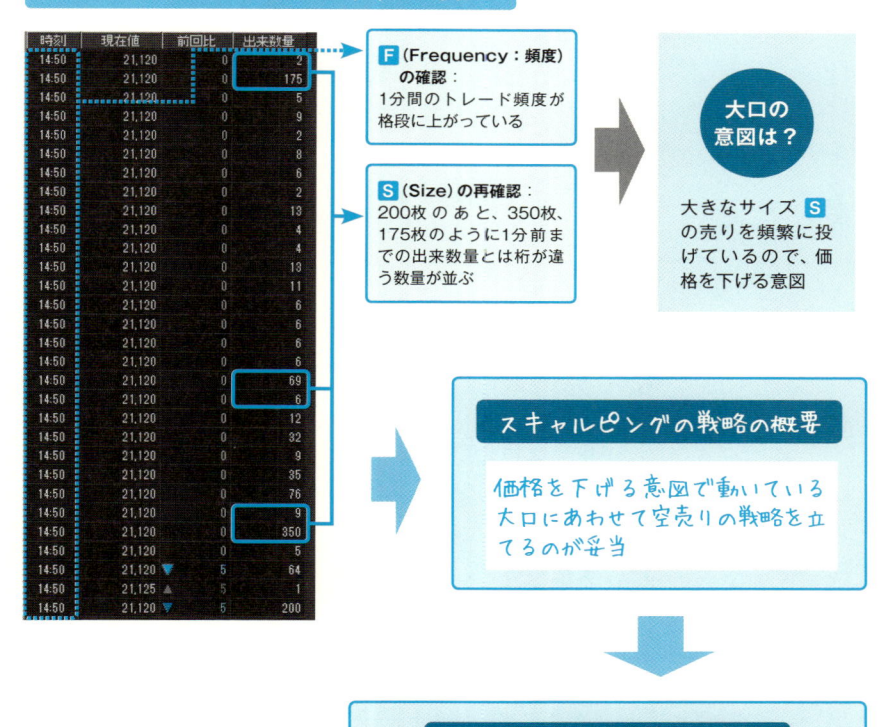

130円まで戻るとロスカットになります。「スキャルピングの場合、少しでも意図した方向とずれたら躊躇せずにロスカットすることが大事」です。これは、必ず守ってください。

戦略が詳細に決まったので、あとは実行あるのみです。実際の注文を出して、実行しましょう。最後のステップは経過にあわせて利益確定をするか、ロスカットすることです。

5 Step④ 経過の確認と利益確定とロスカット

経過を確認しながら、意図した方向に動いてゴールに到達したら、迷わずに利益を確定します。反対に動いてしまったら、ロスカットのポイントに到達するまでは何もせず、ロスカットポイントに到達したら、きちんとロスカットします。

● Step④ 戦略の実行と経過の確認

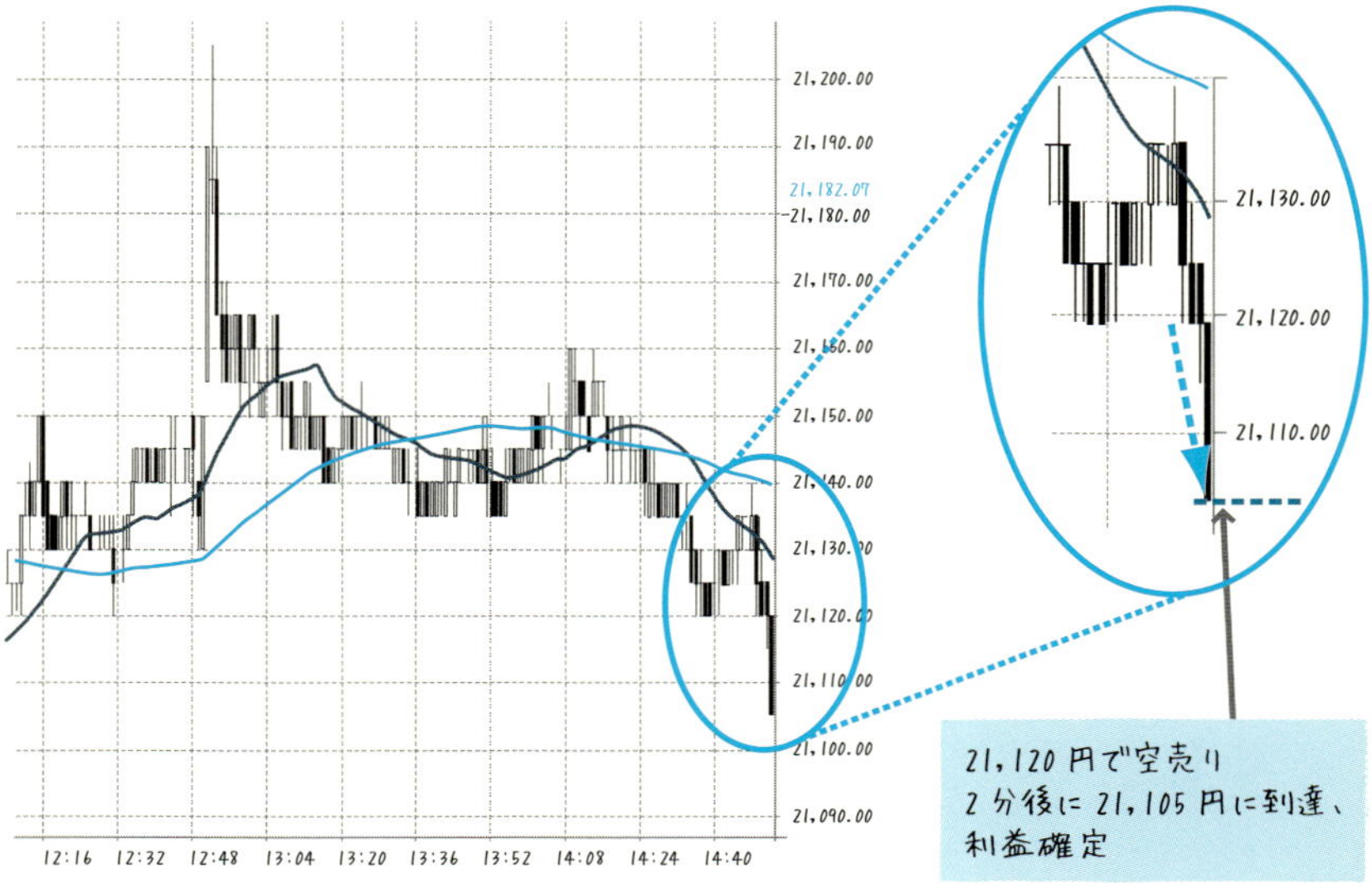

実際の結果を見ると、2万1120円で空売りエントリーしてから2分後には2万1105円に到達し、利益確定されています。

Step4の最後で注意してほしいことは、「**その日のうちに必ず決済する**」ということです。スキャルピングと決めたらスキャルピングに徹してください。「**決して翌日に持ち越すことはしないように！**」しましょう。

6 長い道のりでした。本当にお疲れ様でした！

これで、先物の意味からはじめ、スキャルピングに至るまで、日経225先物のトレードをひととおりカバーしました。「ひととおり」という言葉を覚えてください。本書では初心者の人が入りやすい範囲でありながら、相当深いところまでをカバーしましたが、それでも伝えたい部分の半分にも至りません。ファンダメンタルズ分析もまだまだ勉強してほしいことはいっぱいありますし、最後のスキャルピングだって、これだけで軽く本1冊できてしまうほど語りたいことが残されています。

しかし、急ぐ必要はありません。まずは、ここにある理論と実践が次の飛躍のためのベースだと思ってください。そして、「**理論を読んだら実践、読んだら実践して体で覚えながらしっかり身につけてください**」。次の旅もまた待っていますよ。

ここまでの道のりを一緒にしてくださりありがとうございました！

読んだら実践、
実践したら読み直して
自分のトレードを検証、
そしてまた読む。
継続は力なり！

あとがき

やっと答えることができました、しかしここからまた新たなスタートが

新たな旅はいかがでしたか?

馴染みの薄い「先物」という世界を案内するために、試行錯誤した1年でした。奥深い理論までわかりやすく、同時に面白く伝えたいという相反するリクエストを満たすべく走ってきました。その走りの息と情熱があなたにも伝われば幸いです。

この本に対するリクエストは、実は最初の本「世界一やさしい 株の教科書1年生」を出版した直後からずっとあったものでした。先物だけでなく、すべての金融商品に関してわかりやすく伝えてほしいというリクエストを多くいただいたので、身にあまる評価で、逆に身が引き締まる思いでした。まずは株式投資に関する知識をしっかり伝えたあと、新たな旅先として案内したいと思っていましたが、ここにきて、5年越しで「先物」について答えることができました。ほかの分野についても私が答えていいのか、そこまでの能力があるのか、迷いは尽きませんでしたが、それでも前に突き進める勇気を与えてくれるのは、読者であるあなたでした。

先物の最初の旅はここまでですが、これは終わりではなく新たなスタート地点だと思います。最後の7時限目でも伝えたとおり、伝えたいことはまだまだ残っているので、私たちの旅はさらにここからスタートします。

ずっとご一緒していただけますか？

これが私の新たな招待状です。

ずっとご一緒したい仲間たちを最後に紹介しないといけません。この本も前作同様、多くの人に支えられ誕生することができたからです。

今回も全力で編集、サポートしてくださったソーテック社の福田清峰編集部長に感謝の念を申しあげます。

英語で寝言を言いながら、1番好きなところは「大江戸温泉物語」という息子のJinwoo君、娘のAyeonちゃん、2人のお尻を叩くついでに私のお尻まで叩き、家族を支える妻のワジュンにも変わらない愛情を捧げます。

世界どこにいても会えるようになった読者のみなさま、TBL投資アカデミーの素晴らしい仲間たちにも感謝します。いつも申しあげるように、みなさまの声援なしに今の私はありません。

そのほか、私を覚え、私のここまでを支えてくださったすべての人に感謝します。新たな旅のガイドを持って戻って参ります！

「ありがとう」は、なんて素晴らしい言葉でしょう。いつもありがとうございます！

2019年　人生最高の日に　ジョン・シュウギョウ（J.Jung）

世界一《せかいいち》やさしい　日経225先物《さきもの》の教科書《きょうかしょ》　1年生《ねんせい》

2019年 6 月 30 日　初版第 1 刷発行
2020年 8 月 31 日　初版第 3 刷発行

著　者　ジョン・シュウギョウ
発行人　柳澤淳一
編集人　久保田賢二
発行所　株式会社　ソーテック社
〒102-0072 東京都千代田区飯田橋 4-9-5　スギタビル 4F
電話：注文専用　03-3262-5320
FAX：　03-3262-5326
印刷所　図書印刷株式会社

ISBN978-4-8007-2069-6